U0716686

# 坛经释义

王孺童 译注

中华书局

图书在版编目(CIP)数据

坛经释义/王孺童译注. —北京:中华书局,2013.7
(2017.4 重印)

(国民阅读经典)

ISBN 978 – 7 – 101 – 09482 – 4

Ⅰ. 坛…　　Ⅱ. 王　　Ⅲ. ①禅宗 – 佛经 – 中国 – 唐代②
《六祖坛经》– 译文③《六祖坛经》– 注释　　Ⅳ. B946.5

中国版本图书馆 CIP 数据核字(2013)第 146858 号

---

书　　名　坛经释义
译 注 者　王孺童
丛 书 名　国民阅读经典
责任编辑　李洪超
装帧设计　毛　淳
出版发行　中华书局
　　　　　(北京市丰台区太平桥西里 38 号　100073)
　　　　　http://www.zhbc.com.cn
　　　　　E-mail:zhbc@ zhbc.com.cn
印　　刷　北京市白帆印务有限公司
版　　次　2013 年 7 月北京第 1 版
　　　　　2017 年 4 月北京第 2 次印刷
规　　格　开本/880 × 1230 毫米　1/32
　　　　　印张 10¾　字数 220 千字
印　　数　10001 – 14000 册
国际书号　ISBN 978 – 7 – 101 – 09482 – 4
定　　价　29.00 元

# 出版说明

在二十一世纪的当代中国，国民的阅读生活中最迫切的事情是什么？我们的回答是：阅读经典！

在承担着国民基础知识体系构建的中国基础教育被功利和应试扭曲了的今天，我们要阅读经典；当数字化、网络化带来的"信息爆炸"占领人们的头脑、占用人们的时间时，我们要阅读经典；当中华民族迈向和平崛起、民族复兴的伟大征程时，我们更要阅读经典。

经典是我们知识体系的根基，是精神世界的家园，是走向未来的起点。这就是我们编选这套《国民阅读经典》丛书的缘起，也因此决定了这套丛书的几个特点：

首先，入选的经典是指古今中外人文社科领域的名著。世界的眼光、历史的观点和中国的根基，是我们编选这套丛书的三个基本的立足点。

第二，入选的经典，不是指某时某地某一专业领域之内的重要著作，而是指历经岁月的淘洗、汇聚人类最重要的精神创造和知识积累的基础名著，都是人人应读、必读和常读的名著。我们从中精选出一百部，分辑出版。

第三，入选的经典，我们坚持优中选优的原则，尽量选择最好的版本，选择最好的注本或译本。

我们真诚地希望，这套经典丛书能够进入你的生活，相伴你的左右。

中华书局编辑部
二〇一二年四月

# 目录

# 序

《坛经》者，为六祖惠能之所说，门人弟子之所录也。此开中土禅宗"不立文字"，而又以文字行世之滥觞。后代禅师多以"语录"标目流传，皆源出于此也。

此书为南禅一脉所付，于唐时即为北禅所斥，且不为他宗所尊，故千百年来实为传诵不广。就其义理，虽有独特之见，然贬他扬自之语，随处可见。如六祖云："内心谦下是功。"而其处处说偈示人，并严诫要"依此修行"，"莫违吾教"，岂真谦下者乎？六祖又云："心行平直是德。"而其援《梵网》引律宗持戒修身之禁，援《法华》引天台止观定慧之说，援《楞伽》引唯识转识成智之理，援《弥陀》引净土持名往生之法，复以"心平何劳持戒"、"行直何用修禅"、"有智还成无智"、"何须更愿往生"尽破之，岂真平直者乎？故学人当取其正见，摒其邪知，切不可以獦獠之说，而代佛陀之教也。

《坛经》于明，方得入藏。自唐至明，一千馀载，其间无人问津，后方崭露头角也。中土古疏极罕，故丁福保慨曰："余独怪《坛经》为宗门切要之书，自唐以来千二百馀年间，未见有人为之注者。"于今仅见明袁宏道《六祖坛经节录》一卷，明清响斋刊本，现存日本内阁文库，明林兆恩《坛经讯释》（简称《讯释》）一卷，收于《林子三教正统论》"贞"函第八册。

《节录》乃袁宏道删节《坛经》之作，其于《坛经节录引》云：

> 古今谭禅者，皆祖是经，数传之后，灯分派别，若不可诘，而智者了之，唯是一法。初祖曰："心如墙壁，可以入道。"大鉴曰："本来无物，何用扫除？"是即祖师门下，金刚圈棘栗蓬之前麈也。一切五位三句，玄要料拣，总不离是。夫扃箧闭钥，以防盗也，而盗之窃箧也，唯恐钥之不坚。我以干橹御，而彼即窃吾干橹以来。故曰为之符玺以防之，彼并吾符玺窃之。或铜或竹，或龟或鱼，或科斗或虎瓜，以示不可测，而伪滋甚，然终不得废符。唯智者善通其变，以救一时之诈，而所谓符乃益多。后来者见方圆之各异，黑白之各不相入，以为古法废尽，而不知本一符也。其用在可为信，不在符之同异也。

> 孔子曰："殷因于夏，损益可知。"今之读尊宿语录及提唱纲宗者，以为古人如是平常，后人如是奇特，疑谤取舍，罱然百出，而不知世道之机，实使之然，祖师无是也。且世道何过，法立而弊生，弊更而法移，法与弊自相乘除，要之世道亦无是也。世不信，不得已而有符；道不信，不得已而有法，法岂有实哉？《坛经》符之始也，中颇有赝者。夫披沙而见金，不若纯金之愈，故略删其赝与其俚而複者，

要以天下有道，守在四夷，虽符亦无所用之矣。

又据日僧义谛《禅籍志》卷上云：

> 大珠《顿悟要门论》、《坛经法宝记》。越州大珠慧海禅师，嗣法马大师。师事六载，结庵晦迹，自撰此二书，以示学者。法任玄要，以《顿悟要门》呈马大师。大师览毕，告众曰："越州有大珠圆明，光透自在，无遮障处也。"

此"大珠《坛经法宝记》一卷"，今不见存。若止现代，则还有丁福保《六祖坛经笺注》（简称《笺注》）、许圣可《法宝坛经解义》（简称《解义》）、贾题韬《坛经讲座》（简称《讲座》）、演培《六祖坛经讲记》（简称《讲记》），可供参详。故今释义时，皆择要而取，以存前人之功也。

《坛经》版本，流传非一，历代增删，翻刻纷杂。至于近代敦煌宝窟一开，唐本写卷面世，学人为之震动。研讨交流之盛，堪比无遮，校写论著之丰，足充栋宇。然大有立敦煌本，而否宗宝本之势。殊不知，敦煌本面目虽真，然发现仅百馀年；宗宝本添改虽甚，然流通已播海内。若从影响上论，当首推宗宝本，故今仍取宗宝本以为释义。

近来有人谓黑水城出土之汉文文献中，有一残页为《坛经》又一不同版本，此大谬也①。现依《黑城出土文书》公布之残页照

---

① 束锡红《西夏禅宗文献的多样性和禅教的融合》："在黑水城同样发现有另一系统的汉文《坛经》。""汉文本《坛经》发表在内蒙古文物考古研究所、阿拉善盟文物工作站的《内蒙古额济纳旗黑城考古报告之一·黑城出土文书》中，可惜仅发表一页照片。"文中还详加比对，得出结论认为"则内蒙古文管会所获汉文印本，非敦煌本、法海本系统，而是惠昕本以下的本子"。（本

片①，录文如下：

> 若欲以冥符，则衣法皆付。时上座神秀书偈云：身是菩
> 提树，心如明镜台，时时勤拂拭，莫使有尘埃。能在追坊，
> 忽聆诵偈，乃问同学，已知其详。曰："能亦以一偈和之。"
> 人皆相视而笑。至夜，告一童子写一偈云：

> 菩提本无树，心镜亦非台，

> 本来无一物，何假拂尘埃。

> 大师既见此偈，至夜，潜令人召能行者入室，分付衣
> □□，捧衣而出。是夜南迈。

> **惠能**，俗姓

此乃元清远《圆觉疏钞随文要解》卷七之文，其云：

> 弘忍住冯墓山，此山在蕲州黄梅县双峰之东，师徒众
> 七百，将付法传衣，语众各述一偈，若语意冥符，则衣法皆
> 付。时上座神秀书偈云：

> 身是菩提树，心如明镜台，

> 时时勤拂拭，莫遣有尘埃。

> 能在碓坊，忽聆诵偈，乃问同学，已知其详，曰："能
> 亦以一偈和之。"人皆相视而笑。至夜告一童子写一偈云：

> 菩提本无树，心镜亦非台，

（续）

文为中国博士后科学基金资助项目 200902330 成果，载《暨南史学》第六辑，第 216—219 页）

① 李逸友《黑城出土文书——内蒙古额济纳旗黑城考古报告之一》，北京：科学出版社，1991 年 11 月第 1 版，末页图版陆肆（3）F13：W17。

本来无一物，何假拂尘埃？

大师既见此偈，至夜潜令人召能行者入室，分付衣法。能捧衣而出，是夜南迈。

惠能，俗姓卢氏，其先是范阳人。父在官，于南海新州。三岁丧父，其母守志，家贫采樵。闻忍大师有道，直造黄梅之东禅云云。

故知目前除西夏文残页十二纸外，别无《坛经》最新版本之发现。

2013 年 2 月 5 日王孺童识于北京木樨斋

# 例　言

　　案底本为：民国三十三年甲申六月《普慧藏》第十六函第一册所收本，校本为：明《径山藏》"扶"字号所收本、民国《频伽藏》"腾"字号所收本、日本增上寺报恩藏明本（简称"增上本"）、日本万治二年（1659）刊大谷大学藏本（简称"大谷本"）、清康熙丙辰（1676）真朴重梓本（简称"真朴本"）、民国十八年（1929）十月金陵刻经处重刊本（简称"金陵本"），辅校本为：敦煌本及《笺注》。

　　"《普慧藏》"前有清道霈《六祖大鉴禅师宝像赞》、北宋郎简《六祖坛经序》、元德异《六祖大师法宝坛经序》、清道霈《重刊六祖法宝坛经缘起》、北宋契嵩《六祖大师法宝坛经赞》，后有唐法海《六祖大师缘起外纪》、《历朝崇奉事迹》、唐王维《六祖能禅师碑铭》、唐柳宗元《赐谥大鉴禅师碑》、唐刘禹锡《大鉴禅师碑》与《佛衣铭》、北宋苏轼《卓锡泉铭》与《见六祖真相》、元宗宝《跋》及"刊经题记"。卷首按语云："清道光戊戌（1838），鼓山涌泉寺重刻为霖禅师发愿流通之宗宝改编本。此本同径山，而卷首及附录较多，兹据以重刊。"又《像赞》云："自是獦獠根性利，著归槽厂息群疑。三更写偈知涂我，八月腰舂岂欠篩？怀会藏锋衰日下，风旛论义骇当时。曹溪从此波涛涌，得道如林万古事。远孙比丘道霈拜赞。"并有"道沛之印""为霖"之印文。后《历朝崇奉事迹》云："唐宪宗皇帝谥大师曰'大鉴禅师'；宋太宗皇帝加谥'大鉴真空禅师'，诏新师塔曰'太平兴国之塔'；宋仁宗皇帝天圣十年（1032）迎师真身及衣钵入大内供养，加谥大鉴真空普觉禅师；宋神宗皇帝加谥'大鉴真空普觉圆明禅师'。具见晏元献公《碑记》。"卷末"刊经题记"云："前住怡山沙门新灼、现住怡山沙门一祉、开化寺比丘天演、西峰寺比丘觉长、安澜馆比丘自得、浙船馆比丘自然、兴安馆比丘通才、本山、最圆、新條、思成、千顷、妙胜、超慧、在州、居士林文仪，共刊兹经，伏愿自利，愿利他，愿各得圆成如来禅、祖师禅，一交打彻，成等正觉，尽度众生。道光戊戌年仲春鼓山沙门通雨谨识。监寺比丘天明募刊流通。"

"《径山藏》"前有元德异《六祖大师法宝坛经序》、北宋契嵩《六祖大师法宝坛经赞》，后有唐法海《六祖大师缘起外纪》、《历朝崇奉事迹》、唐柳宗元《赐谥大鉴禅师碑》、唐刘禹锡《大鉴禅师碑》与《佛衣铭》、元宗宝《跋》。

"《频伽藏》"前后所附，同"《径山藏》"。

"增上本"前后所附，同"《径山藏》"。

"大谷本"前有元德异《六祖大师法宝坛经序》、唐法海《六祖大师缘起外纪》、《历朝崇奉事迹》。

"真朴本"前有《御制六祖法宝坛经序》（即明成化七年〔1471〕《叙》）、北宋郎简《六祖大师法宝记序》、《重刻法宝坛经凡例》、《六祖大师缘起外纪》（即"曹溪本"唐法海《略序》），后有"历朝崇奉事"、清真朴《重刻坛经书后》及"牌记"、墨书"题记"。"历朝崇奉事"云："宋太祖开国之初，王师平南海刘氏残兵作梗，师之塔庙鞠为煨烬，而真身为守塔僧保护，一无所损。寻有制兴修，功未竟会。宋太宗即位，留心禅门，诏新师塔七层，加谥'大鉴真空禅师太平兴国之塔'。宋仁宗天圣十年，具安舆迎师真身及衣钵入大内供养，加谥'大鉴真空普觉禅师'。宋神宗加谥'大鉴真空普觉圆明禅师'。本州复兴梵刹事迹，元献公晏殊所作《碑记》具载。以后宋□宗加谥'广照'，肉身迨今犹存。""牌记"云："岁次丙辰夏，金台弟子荆应元捐赀助刻，板藏本山藏经阁，永远流通。"墨书"题记"云："享保癸卯八年（1723）十月念八日，谷地邑居住田宫氏梅隐居士，法名物外施与云：此本邑之僧，法名道牧，字大牛，曾收柜久矣。与居士看祖意语，其故山野，书以记焉。梅龙无明明敬书。"

"金陵本"后有《六祖大师事略》（即"曹溪本"唐法海《略序》）。末有题记云："民国十八年（1929）十月经房出赀重刊金陵刻经处识。"

"《笺注》"前有丁福保《六祖坛经笺注序》、《后序》与《笺经杂记》、唐法海《六祖大师法宝坛经略序》、元德异《坛经序》，后有元宗宝《跋》、唐王维《六祖能禅师碑铭》、唐柳宗元《曹溪第六祖赐谥大鉴禅师碑》、唐刘禹锡《大唐曹溪第六祖大鉴禅师第二碑》、《历朝崇奉事迹》。又前有《慧能大师铜像》记云："像在广州北城六榕寺。前清末季，广东巡抚游智开，派委员至寺取像，以改铸铜圆。委员乃焚香默祝，谓此来系不得已，非其本意。方礼拜，而此像忽无故倾倒，有声如雷，屋瓦皆震。委员大惊，伏地不能起，左右掖之出。以状报游，游亦惊骇。像乃得保存至今。溧阳狄葆贤。"又丁福保于《略序》题下云："案后人增删此文，名为《六祖大师缘起外纪》，其所增之事实，间有穿凿附会之处，且文笔亦陋。"故今亦不附其文。

又有日本江户时期抄本，后有《六祖坛经记》云："《坛经》法宝，言下见性，善恶双遣，本来清净。入此门最上乘人，寂土安邦，总在自心。九载秘旨，三更顿传。是破暗灯，是度海船。重法印施，如珠示与，无价至宝，勿弃衣裹。万历甲申（1584）秋八节日恒照斋书。"

# 六祖大师法宝坛经<sup>①</sup>

风旛报恩光孝禅寺住持嗣祖比丘宗宝编<sup>②</sup>

## 行由第一<sup>③</sup>

【原文】

　　时大师至宝林<sup>④</sup>，韶州韦刺史名璩与官僚入山<sup>⑤</sup>，请师出于城中大梵寺讲堂<sup>⑥</sup>，为众开缘说法<sup>⑦</sup>。师陞座次<sup>⑧</sup>，刺史、官僚三十馀人，儒宗<sup>⑨</sup>、学士三十馀人<sup>⑩</sup>，僧尼<sup>⑪</sup>、道俗一千馀人<sup>⑫</sup>，同时作礼<sup>⑬</sup>，愿闻法要<sup>⑭</sup>。

【校注】

　　①"六祖大师法宝坛经"，金陵本作"坛经"。

　　②"旛"，《频伽藏》作"幡"。

　　"风旛报恩光孝禅寺住持嗣祖比丘宗宝编"，金陵本作"东土禅宗六祖慧能大师说、门人法海录"，真朴本作"赐紫当山主法第三十七世孙真朴重梓"，《笺注》作"唐释门人法海录"，大谷本无。

　　③"行由"，《笺注》作"行由品"，真朴本、金陵本作"自序品"。案《解义》："自序品者，详叙六祖当日，在大梵寺说法度生，先自述身

世，及得法事意。"然后文惠能自云："且听惠能行由，得法事意。"故当以"行由"为正。

④宝林：指宝林寺，即今广东省韶关市曲江县南华寺。《笺注》："时六祖自广州法性寺至宝林寺，即曹溪南华寺是也。《广东通志》二百二十九：'南华寺在县（韶州府曲江县）南六十里，梁天监元年天竺国僧智药建，后为六祖演法道场。唐万岁通天初，则天皇后锡赉宣诏。元和间，赐塔曰灵照之塔，其寺为岭外禅林之冠。'按《指月录》：'曹溪宝林，堂宇湫隘。六祖谒里人陈亚仙，捨宅广之，即此寺也。六祖传黄梅衣钵居此，今衣钵与真身俱存。开宝三年，赐名南华。塔毁，明成化六年建复。国朝康熙五年平藩重建，有降龙塔、伏虎亭、卓锡亭、避难石、曹溪水、十二景。'"《解义》："向后三十七年，悉在宝林演化，即今韶城外南华寺也。"

⑤"璩"，北宋赞宁《宋高僧传》卷八、北宋道原《景德传灯录》卷五、南宋普济《五灯会元》卷一作"据"，《笺注》引《广东通志》作"宙"。

韶州：指今广东省韶关市曲江县。《笺注》："韶州，府名。隋置州，寻废，唐复置。元为路，明改府，属广东，清因之。今废，曲江县其旧治也。"

韦璩：案清同治十二年《韶州府志》卷三《职官表》："韦据，先天二年（713）韶州刺史，据郝《通志》。"

刺史：指官名。《笺注》："汉置，其职各代不同。隋唐之刺史，犹清之知府及直隶州知州。"

山：指南华山。《笺注》："此山指南华山而言，在曲江县南六十里，宝林寺即在此山。"

⑥城中大梵寺：指曲江县大梵寺。《笺注》："《广东通志》二百二十九：'韶州府曲江县报恩光孝寺，在河西。唐开元二年僧宗锡建，名开元寺，又更名大梵寺，刺史韦宙请六祖说《坛经》处。宋崇宁三年，诏诸州建崇宁寺，政和中改天宁寺。绍兴三年，专奉徽宗香火，赐额曰报恩光孝寺。'"

讲堂：指寺院中讲经说法之殿堂。

⑦开缘说法：指为听众开启因缘而演说妙法。《解义》："言大师自法性寺回至曹溪，刺史韦璩，率官僚入山请师，出至城中大梵寺说法，是为大师开缘度生之始。"

⑧"陞"，真朴本、金陵本作"升"。

座次：指按尊卑长幼依次而坐。此谓惠能于讲堂升高座说法。

⑨儒宗：指儒者的老师。

⑩学士：指学者。

⑪僧尼：指出家的比丘与比丘尼。

⑫道俗：指未出家的俗世信众。

⑬作礼：指行礼。

⑭法要：指佛法之枢要。

## 【释义】

当时，惠能从广州法性寺回到韶关宝林寺，刺史韦璩会同诸官僚上南华山，请惠能到城中大梵寺讲堂，为大众开缘说法。因为惠能当时躲避神秀一派的迫害，一直隐迹南华，而应韦璩之请，就成为惠能正式公开说法度化众生之肇始。惠能于大梵寺讲堂升座坐好后，刺史韦璩与官像从属三十多人，儒师、学者三十多人，出家比丘、比丘尼及在俗信众一千多人，同时向惠能行礼，并希望听闻其演说法要。

## 【原文】

大师告众曰："善知识①。菩提自性②，本来清净③，但用此心，直了成佛④。善知识。且听惠能行由⑤，得法事意。惠能严父⑥，本贯范阳⑦，左降流于岭南⑧，作新州百姓⑨。此身不幸⑩，父又早亡，老母孤遗，移来南海⑪，艰辛贫乏，于市卖柴。时有一客买柴，使令送至客店。客收去，惠能得钱，却出门外，见一客诵经。惠能一闻经语，心即开悟⑫，遂问：'客诵何经？'客曰：'《金刚经》⑬。'复问：'从何所来，持此经典？'客云：'我从蕲州黄梅县东禅寺来⑭，其寺是五祖忍大师在彼主化⑮，门人一千有馀⑯。我到彼中礼拜⑰，听受此经。大师常劝僧俗⑱，但持《金刚经》，即自见性⑲，直了成佛。'惠能闻说，宿昔有缘，乃蒙一客取银十两与惠能，令充老母衣粮，教便往黄梅参礼五祖。惠能安置母毕，即便辞违⑳，不经三十馀日，便至黄梅，礼拜五祖。"

## 【校注】

①善知识：梵 kalyāṇa-mitra，指有助于进业修道之人。此为惠能对与会听众之尊称。

②菩提：梵 bodhi，指觉智之道。

自性：梵 svabhāva，指自体之本性。

③清净：梵 śuddha，指远离一切恶行烦恼。

④案《解义》："'菩提自性，本来清净'者，谓世间凡有知觉之众生，无不各具菩提之性。此性，不生不灭、不垢不净、不来不去、不增不减，一名菩提，亦名如来，亦名佛性。而且无言无说、无相无貌、无善无恶、无背无面、无名无字，不在中间及其内外，犹如虚空，不可得故，与一切法相了不相应，故曰清净。世人但能善用此心，即可见性，直了成佛。"

⑤"惠能"，大谷本作"慧能"。下同。

行由：指惠能一生行状之由来。

⑥严父：指父亲对子女要求严格，故有"严父慈母"之说，后为子女对父亲之尊称。案南唐静、筠《祖堂集》卷二："父名行瑫。"

⑦贯：指籍贯。

范阳：指今河北省涿州市。《笺注》："范阳，地名，唐郡。今直隶大兴、宛平、昌平、房山、宝坻等县之地。"

⑧左降：指贬谪。《笺注》："古以右为尊，故谓迁秩为左降。"

流：指流放。《笺注》："为五刑之一，安置远方，终身不返也。分远近为三等。"

岭南：指五岭之南。所谓"五岭"，即：越城岭、都庞岭、萌渚岭、骑田岭、大庾岭。岭南地区，唐时包括今广东省、广西壮族自治区、海南省全境，及江西省、湖南省、越南北部等少量地区。

⑨新州：指今广东省云浮市新兴县。

⑩"此"，真朴本、金陵本作"出"。

⑪"移来南海"，金陵本作"住居南路"。

南海：指南海郡。唐时改南海郡为广州。

⑫开悟：指开启智慧，悟入真理。

⑬《金刚经》：指后秦鸠摩罗什译《金刚般若波罗蜜经》。案南唐静、筠《祖堂集》卷二："偶一日卖柴次，有客姓安名道诚，欲买能柴，其价相当。送将至店，道诚与他柴价钱。惠能得钱，却出门前，忽闻道诚念《金刚经》。惠能亦闻，心开便悟。惠能遂问：'郎官此是何经？'道诚云：'此是《金刚经》。'"

⑭"东禅寺"，南唐静、筠《祖堂集》卷二作"东冯母山"。

蕲州：指唐时地名，辖蕲春、蕲水、浠水、黄梅、罗田五县。《笺注》："《大清一统志》二百六十三：'蕲州在黄州府东一百八十里。'"

黄梅县：指今湖北省黄冈市黄梅县。

东禅寺：指今湖北省黄冈市黄梅县五祖寺。《笺注》："《湖广通志》七十八《黄州府黄梅县》：'东禅寺在黄梅县西南一里。'《名胜志》：'东禅寺号莲华寺，乃五祖传衣钵于六祖处，有六祖簸糠池、坠腰石及《吴道子传衣图》。'"

⑮五祖忍大师：指弘忍（601—674），俗姓周，湖北黄梅人，为禅宗第五祖。南唐静、筠《祖堂集》卷二、北宋赞宁《宋高僧传》卷八、北宋道原《景德传灯录》卷三、南宋普济《五灯会元》卷一、明瞿汝稷《指月录》卷四有传。

⑯门人：指弟子。

⑰"彼"，金陵本作"此"。

⑱僧俗：指出家人与在家人。《笺注》："在家之人曰俗人，出家之人曰僧。又三人以上方称僧。"

⑲见性：指彻见自心之佛性。

⑳辞违：指辞别。

# 【释义】

惠能大师告诉众人道："诸位善知识。每个人的菩提自性，本来都是清净无染的，只要能够用此清净本心，就可直接了脱成佛。诸位善知识。暂且先听我惠能讲说自己的生平，以及获得传法的过程。我惠能的父亲，本是河北范阳人，后为官被贬谪流放于岭南地区，成了广东新州的平民百姓。我自降生以来就频遭不幸，父亲早亡，老母亲与我孤苦相依，移居至广东南海，由于生活艰辛贫乏，我便于街市上卖柴为生。一天，有一位客人买柴，让我将柴送到他所住的客店去。客人将柴收去，惠能得到钱后，刚走出客店门外，就又见到一位客人在讽诵佛经。惠能一听到他所诵念佛经中的语句，当下心即开悟，于是便问道：'您讽诵的是什么经？'客人答道：'是《金刚经》。'惠能又问道：'您从什么地方来，而能持诵这部经典？'客人答道：'我从湖北蕲州黄梅县东禅寺来，这座寺院是五祖弘忍大师所住持教化的道场，从其受学的门人有一千多人。我到寺中礼拜，从而听闻受持此经。弘忍大师经常劝谕僧俗大众，只要修持《金刚经》，就能自见本性，直接了脱成佛。'惠能听完客人所说，自感过去宿世与五祖有缘，又蒙一位客人取出十两银子给惠能，让他为老母亲购买充足的衣物和粮食后，教他前往黄梅县参礼五祖。惠能妥善安置完母亲后，就立刻辞行，用了不到三十多天，就来到了黄梅县，礼拜五祖。"

**【原文】**

"祖问曰：'汝何方人？欲求何物？'惠能对曰：'弟子是岭南新州百姓，远来礼师，惟求作佛，不求馀物。'祖言：'汝是岭南人，又是獦獠①，若为堪作佛？'惠能曰：'人虽有南北，佛性本无南北②。獦獠身与和尚不同③，佛性有何差别？'④五祖更欲与语，且见徒众总在左右，乃令随众作务。惠能曰：'惠能启和尚⑤，弟子自心常生智慧，不离自性，即是福田⑥，未审和尚教作何务？'祖云：'这獦獠根性大利⑦，汝更勿言，著槽厂去⑧。'惠能退至后院，有一行者差惠能破柴踏碓⑨。经八月馀⑩，祖一日忽见惠能曰：'吾思汝之见可用，恐有恶人害汝，遂不与汝言，汝知之否？'惠能曰：'弟子亦知师意，不敢行至堂前，令人不觉。'⑪"

**【校注】**

①"獦"，增上本作"獵"。下同。

獦獠：指对南方少数民族之蔑称。《笺注》："《一统志》八十一：'肇庆府，秦为南海郡，地属岭南道，风俗夷獠相杂。'"《解义》："獦獠，即语言駃舌，如猡猡之类。"

②佛性：梵 buddha-dhātu，指众生所具与佛无异之本性。

③和尚：梵 upādhyāya，指德行贵重之高僧。此为对弘忍之尊称。

④案《解义》："意谓言语不通，为山川所隔；形貌有异，惟衣冠是别。故语有南北之殊，人有獦獠、和尚之分。究之言语身形，皆外法相也，与本性毫无关系。若獦獠不能作佛，则西域佛法，亦不合传至震

旦。乃祖师竟西来传法，则佛性等无差别可知矣。"

⑤"惠能"，大谷本无。

⑥福田：梵 puṇya-kṣetra，指能生福德之田。

⑦根性：指人性能生善恶，犹如树根能生枝叶。

利：指极速、敏锐。

⑧"著"，真朴本作"着"。

槽厂：指马房。《笺注》："按：槽厂，即后院之碓坊也。"

⑨行者：梵 yogin，指修行之人。《笺注》："行者，禅院之侍者也。
《禅林象器笺》八：'有发而依止僧寺，称为行者。'《释氏要览》上：
'经中多呼修行人为行者。'《善见律》十一：'有善男子欲求出家，未得
衣钵，欲依寺中住者，名畔头波罗沙。'未见译语。按：即此方行者也。
男生八岁毁齿，十六阳气全，以其有意乐信，忍修净梵行。故自晋时，
已有此名，如东林远大师下有辞蛇行者。"

破柴：指砍柴。

踏碓：指用脚踩踏杵杆而舂米。

⑩"经八月馀"，真朴本、金陵本作"八月馀日"。

⑪案《解义》："衣钵渊源，心心相印，早基于见面之日，谓非天纵
之圣，能如是乎？"

## 【释义】

"五祖问惠能道：'你是什么地方人？来我这里想求得什么东西
呢？'惠能答道：'弟子是岭南新州的普通百姓，远道而来礼拜大师，只
求作佛，不求其他任何东西。'五祖问道：'你是岭南人，又是獦獠，怎
么能够作佛呢？'惠能答道：'人之生处虽有南北之分，但人本具之佛性

并无南北之别。我的身体虽然与和尚不同，但本具之佛性与和尚又有何差别呢？'五祖更进一步想和惠能单独交谈，但看到弟子们总在自己左右，于是就让惠能随大众去做杂务。惠能问道：'我惠能启禀和尚，弟子的自心经常生起智慧，从不远离自性，这已经是种下福德之田了，不知道和尚还教我去做什么事务呢？'五祖答道："你这獦獠根性极大敏锐，你不要再说了，到槽厂去干活吧。'惠能退下来到后院，有一行者差遣惠能砍柴春米。这样过了八个多月，五祖一天忽然见到惠能问道：'我想你的见地是可用的，但怕有恶人加害于你，于是就不和你说话，你知道我的心意吗？'惠能答道：'弟子也知道师父的心意，所以不敢到殿堂前面去，令旁人无所察觉。'"

## 【原文】

"祖一日唤诸门人总来：'吾向汝说，世人生死事大①，汝等终日只求福田②，不求出离生死苦海③，自性若迷，福何可救④？汝等各去自看智慧⑤，取本心般若之性⑥，各作一偈⑦，来呈吾看。若悟大意，付汝衣法⑧，为第六代祖。火急速去⑨，不得迟滞，思量即不中用⑩，见性之人，言下须见⑪。若如此者，轮刀上阵⑫，亦得见之。喻利根者⑬，见机而作⑭。'"

## 【校注】

①生死事大：佛家以了生脱死为修行第一要务，亦为人一生中最为重要之大事。此生死非指人从出生到死亡之一期生死，而是指人受业力牵引于轮回之中生死往复不得解脱。

②福田：指人天福报。此福报只能使人往生善道，而不能令人出离轮回，永脱生死之苦。

③生死苦海：指人于轮回之中承受无尽生死之苦，犹如沉溺无边大海而永无出期。

④"救"，金陵本作"求"。

案《讲座》："学佛不是求来生的福报，而是要出离生死苦海，不认识这点，是谈不上修道的。要解决这个问题，就必须开悟。这是佛法的根本，是禅宗的命脉，不论禅宗的机锋、棒喝和教下的种种方便，都是围绕这一问题的展开，没有这个明确的目标，怎么能得解脱呢？"

⑤智慧：指智与慧。《笺注》："《大乘义章》九：'照见名智，解了称慧。此二各别，知世谛者名之为智，照第一义者说以为慧。'通则义齐。"

⑥般若：梵 prajñā，指智慧，为六度之一。

⑦偈：梵 gāthā，指偈颂，一般以四句字数相同的韵句组成一偈。

⑧衣法：指袈裟与正法。禅宗之传承，以师授徒袈裟为表征，故传衣即传法也。

⑨"急"，真朴本作"忽"。

⑩思量：指思虑与度量。《笺注》："思量，思虑事理而量度之也。"

不中用：指一有思量就生分别，非是真实本性之体现。《讯释》："佛之妙义，虽曰不属之言语文字矣。而其所以发之言语见之文字者，亦非有待于拟议而安排也，故曰'思量不中用'。"

⑪案《讯释》："或问林子：'尝曰见性性见，岂其见性之有可见邪？'林子曰：'但听其言也，便能知之矣。而《坛经》所谓莲花从口发

者，岂非见性之有可见邪？'"

⑫轮刀上阵：《笺注》："轮刀上阵者，言舞刀如车轮之转而入军阵作战也。"

⑬"喻利根者"，金陵本无。

又此夹注，《普慧藏》排作单行正文字号，于前标一<mark>注</mark>字，于末标一<mark>本</mark>字，后皆同此例。

利根：指根性锐利。

⑭"见机而作"，原无，据大谷本、真朴本补。

## 【释义】

"五祖一天召集所有弟子说道：'我告诉你们说，世间之人以了脱生死为第一大事，你们终日只求人天福报，不求出离生死苦海，自性如果迷失了，流转于轮回生死，到那时仅凭福报又如何能救得了你们呢？你们各自回去观照自心智慧，以自己取得的本心般若之性，各自作一首偈颂来表明自己修证见地，写出来呈给我看。如果你们其中有谁能够悟得佛法大意，我就传付衣法给他，他就是禅宗第六代祖师。你们火速散去，不得迟疑停滞，将你们本性之境写成偈颂，如果一旦思量琢磨，那就不是你们的真实本性了。能够彻见佛性之人，当下就必须见到，不是靠揣摩推理而得到的。如果能够当下见性之人，就算他正在轮刀上阵打仗，同样也是可以见到自心佛性。（这比喻的是利根之人，可见机随时而作。）'"

## 【原文】

"众得处分①，退而递相谓曰：'我等众人，不须澄心用意作偈，将呈和尚，有何所益？神秀上座现为教授师②，必是他得③。我辈谩作偈颂④，枉用心力。'馀人闻语⑤，总皆息心，咸言：'我等已后依止秀师⑥，何烦作偈。'"

## 【校注】

①处分：指处置、吩咐。

②神秀（605—706）：俗姓李，河南开封人，为禅宗北宗之祖。北宋赞宁《宋高僧传》卷八、北宋道原《景德传灯录》卷四、南宋普济《五灯会元》卷二有传。

上座：梵 sthavira，指对腊高德重出家人的尊称。《笺注》："僧寺有上座一职，在住持之下，为一寺之领袖。又其位最高，上更无人，故名上座。为一切沙门所尊敬者。"

教授师：指教授弟子威仪作法之阿阇黎。

③"是"，真朴本作"至"。

④"颂"，真朴本、金陵本作"诵"。

谩：指莫、不要。

⑤"馀"，真朴本、金陵本作"诸"。

⑥依止：指依存住止德高比丘，受其监督教诲而学法也。

## 【释义】

"众弟子听从五祖的吩咐，都退下并相互说道：'我们这些人，不须要澄心用意而作偈颂，就算作偈呈给和尚看，又有什么好处呢？神秀上座现在是我们的教授师，禅宗六祖的法位必定是他获得。我们这些人不要作偈颂，枉费心力。'其他人听到议论后，也全都停息心念，并说道：'我们以后就依止神秀教授师学法，何必再烦劳而作偈颂。'"

**【原文】**

"神秀思惟：'诸人不呈偈者，为我与他为教授师。我须作偈将呈和尚，若不呈偈，和尚如何知我心中见解深浅<sup>①</sup>？我呈偈意，求法即善，觅祖即恶，却同凡心夺其圣位奚别<sup>②</sup>。若不呈偈，终不得法。大难！大难！'五祖堂前有步廊三间<sup>③</sup>，拟请供奉卢珍画《楞伽经》变相及《五祖血脉图》<sup>④</sup>，流传供养。神秀作偈成已，数度欲呈，行至堂前，心中恍惚<sup>⑤</sup>，遍身汗流<sup>⑥</sup>，拟呈不得。前后经四日，一十三度，呈偈不得。秀乃思惟：'不如向廊下书著，从他和尚看见，忽若道好<sup>⑦</sup>，即出礼拜，云是秀作；若道不堪，枉向山中数年，受人礼拜，更修何道。'是夜三更<sup>⑧</sup>，不使人知，自执灯书偈于南廊壁间<sup>⑨</sup>，呈心所见。偈曰：

　　　　身是菩提树<sup>⑩</sup>，心如明镜台<sup>⑪</sup>，

　　　　时时勤拂拭<sup>⑫</sup>，勿使惹尘埃<sup>⑬</sup>。

秀书偈了，便却归房，人总不知。秀复思惟：'五祖明日见偈欢喜，即我与法有缘；若言不堪<sup>⑭</sup>，自是我迷，宿业障重<sup>⑮</sup>，不合得法<sup>⑯</sup>。'圣意难测<sup>⑰</sup>，房中思想，坐卧不安，直至五更<sup>⑱</sup>。"

**【校注】**

①见解：指修行见地。

②圣位：指皇帝之位。

奚：指疑问代词。

③步廊：指有顶的步道。

三间：指有三间房屋的长度。

④"供"，金陵本作"共"。

"供奉"，北宋道原《景德传灯录》卷三《弘忍大师》、南宋普济《五灯会元》卷一《五祖弘忍大满禅师》、明瞿汝稷《指月录》卷四《五祖弘忍大师》作"处士"。

"楞"，金陵本作"棱"。

"经"，真朴本、金陵本无。

供奉：指唐时于皇帝身边供职人的称呼。《笺注》："供奉，官名。唐时凡有一材一艺者，得供奉内廷，故有翰林供奉诸名。至宋时，尚有东西头供奉官。清代之在南书房行走者，亦自称内庭供奉。"《解义》："供奉者，执事内廷之人也。"

《楞伽经》：指南朝宋求那跋陀罗译《楞伽阿跋多罗宝经》四卷。

变相：指将佛经中之内容，以图像绘画的形式表现出来。《笺注》："画《楞伽经》中说法时会处众等之变相。"《解义》："《楞伽》变相，即《楞伽经》说佛身三变相也。"

《五祖血脉图》：指将中土禅宗初祖达磨、二祖慧可、三祖僧璨、四祖道信、五祖弘忍，其先后师承关系画成图像。《笺注》："《五祖血脉图》，谓传受列祖之奥旨，而记其相承之名也。"

⑤恍惚：指神志不清，精力不能集中。

⑥"遍"，原作"徧"，据增上本、大谷本、真朴本、金陵本改。

遍身汗流：形容内心惶恐不安而汗流浃体。

⑦忽若：指倘若、假使。

⑧三更：指丙夜，即晚上十一时至次日凌晨一时。

⑨南廊：古时殿堂建制均为面南坐北，故堂前步廊即为南面之廊。

⑩菩提树：梵 bodhi-druma，佛陀曾坐于此树下成道。此处比喻躬身行道。《笺注》："《西域记》八：'金刚座上菩提树者，即毕钵罗之树也。昔佛在世，高数百尺，屡经残伐，犹高四五丈。佛坐其下成等正觉，因而谓之菩提树焉。茎干黄白，枝叶青翠，冬夏不凋，光鲜无变。每至如来涅槃之日，叶皆凋落，顷之复故。'"

⑪明镜台：指装有明镜之梳妆台。此处比喻自心澄净。《笺注》："镜奁之大者，上可架镜，故名镜台。"

⑫拂拭：指擦揩尘土。此处比喻去除染污。

⑬"勿"，南唐静、筠《祖堂集》卷二《弘忍和尚》、南宋普济《五灯会元》卷一作"莫"。

"使"，北宋道原《景德传灯录》卷三《弘忍大师》作"遣"。

尘埃：指飞扬之尘土。此处比喻妄念烦恼。

案《讲座》："神秀'时时勤拂拭，勿使惹尘埃'那一套方法，六祖实际上仍在提倡，这是什么道理？五祖问的是见地，而不是行持，行持并不能代表见地。六祖文化不高，直说见地，并没有向五祖汇报他的行持。而神秀则见不到，只能就行持来表现自己的见地。要知道，在实地的修行中，又怎能反对神秀的这种方法呢？神秀也并不丢人，见地不是在分别思维中来的。"

⑭"言"，真朴本作"然"。

⑮宿业：指宿世所造之业。

⑯不合得法：《解义》："菩提树枝干挺直，以比立身；镜台光明，以比存心，然皆不离相也。不得传佛心印，岂无由哉。"

⑰圣意：指圣人之意志。

⑱五更：指戌夜，即凌晨三时至五时。

## 【释义】

"神秀想道：'诸人之所以不呈交偈颂，皆因我是他们的教授师。我必须作一首偈颂呈交和尚，如果不呈交偈颂，和尚如何能够知晓我心中所证见地之深浅？我呈交偈颂之本意，如果是为了求法，那么这种心念就是善的；如果是为了寻求六祖法位，那么这种心念就是恶的，与世俗凡夫争夺皇帝之位没有什么区别。如果我不呈交偈颂，终究是不能获得传法的。这真是太难了！太难了！'五祖所居止的堂前有步廊三间，准备请供奉卢珍在廊壁上绘画《楞伽经》的变相，以及禅宗五代祖师的传承法系图，以便流传后世，令信众供养。神秀作完偈颂后，数次想呈给和尚，但他走到五祖堂前，心中恍惚不定，周身流汗不止，不能得以呈交偈颂。像这样前后经过了四天，十三次走到堂前，但都没能得以呈交偈颂。神秀于是想道：'不如我在廊下将偈颂书写出来，等到和尚他自己看见，倘若说好，我就出来现身礼拜，然后说这首偈颂是我作的；假使说不好，那就枉在山中出家这么多年，受人尊敬礼拜，我还再去修什么道呢。'就在当天夜里三更时分，不让别人知道，神秀自己拿着灯，将偈颂书写于南边步廊的墙壁上，以表明自心所证之见地。偈颂的内容是：

　　　　我修道的身体犹如菩提树般坚定，

　　　　我修道的内心犹如明镜台般澄净，

　　　　我每时每刻都在精勤地擦拭身心，

　　　　不要让身心沾染上任何妄尘烦恼。

神秀书写完偈颂，就回到自己房中，其他人全然不知。神秀又想道：'五祖明天如果看到偈颂后心生欢喜，就说明我与法有缘；如果说这个偈颂所表明的见地十分不堪，就说明是我自心迷惑，宿世业障深重，不适合传得法位。'圣人的心意是难于揣测的，神秀在房中辗转思想，坐卧不安，直到第二天五更时分。"

## 【原文】

"祖已知神秀入门未得①，不见自性。天明，祖唤卢供奉来，向南廊壁间绘画图相。忽见其偈，报言：'供奉却不用画，劳尔远来。经云：凡所有相，皆是虚妄②。但留此偈，与人诵持。依此偈修，免堕恶道③；依此偈修，有大利益。令门人炷香礼敬④，尽诵此偈，即得见性⑤。'门人诵偈，皆叹善哉⑥。

祖三更唤秀入堂，问曰：'偈是汝作否？'秀言：'实是秀作，不敢妄求祖位，望和尚慈悲⑦，看弟子有少智慧否？'祖曰：'汝作此偈，未见本性⑧，只到门外，未入门内⑨。如此见解，觅无上菩提了不可得⑩。无上菩提，须得言下识自本心，见自本性不生不灭⑪。于一切时中⑫，念念自见万法无滞⑬，一真一切真⑭，万境自如如⑮。如如之心⑯，即是真实⑰。若如是见，即是无上菩提之自性也⑱。汝且去，一两日思惟，更作一偈，将来吾看。汝偈若入得门，付汝衣法。'神秀作礼而出。又经数日，作偈不成⑲，心中恍惚，神思不安，犹如梦中，行坐不乐。"

## 【校注】

①入门：指蒙师剃度收为弟子，从而进入佛门修道。

②凡所有相，皆是虚妄：此句出后秦鸠摩罗什译《金刚般若波罗蜜经》。《解义》："五祖引《金刚经》：'凡所有相皆是虚妄。'虽因绘画图相而说，实则暗暗针对秀偈而发，以反证秀之尚未见性。"

③恶道：指三恶道，即：畜生道、饿鬼道、地狱道。

④炷香：指烧香。

⑤案《解义》："为小根人说此偈，亦未可厚非。"《讲座》："五祖对神秀仍然是爱护的，对神秀的成就也是肯定的：'依此偈修，有大利益。'这不是敷衍的话，对一般人来讲，能达到神秀这种程度也是困难的。对某种根器的人来讲，也是适用的。那些人有那么多业力，有那么多烦恼，要让他们顿悟是很困难的，指导顿的善知识也不多。所以，照神秀的办法，对自己的烦恼、妄念时时警惕，随时照了，也是不可或缺的践履，这样修行，当然'有大利益'，至少也可以'免坠恶道'。"

⑥善哉：梵 sādhu，指合意之赞叹语。

⑦慈悲：指慈（梵 maitrya）与悲（梵 karuṇa）。《笺注》："与乐名慈，拔苦名悲。"

⑧本性：指本有之性德。

⑨案《解义》："言修学人未见本性，不知其中妙理，犹如门外之人不见室内之物。"

⑩无上菩提：梵 anuttara-samyak-saṃbodhi，指为佛所证得之阿耨多罗三藐三菩提，此菩提非世间言语所能描述，故称无上正等正觉。《解义》："云何无上菩提？即阿耨多罗三藐三菩提，译言无上正等正觉，为

修佛乘之极致。"

⑪不生不灭：指自本心佛性，过去无始故不生，未来无终故不灭，如如恒常。《解义》："佛性即菩提种子，无有种子，如何结实？故最上一乘，以见佛性，为入门初步，须言下自见，始得入门。未入门之先，须将一切前尘虚妄法相，及四大、五阴、六尘、四相、见闻觉知等，一齐打破，而后本心本性，始能识能见。何以故？本心本性，不生不灭，不来不去，不垢不净，不增不减，故也。"又《讯释》："不曰心，而曰本心，不曰性，而言本性。岂所谓本心本性，乃真心真性邪？抑岂心是地，而性是王邪？性在作用，应物随现，不识本心，安见本性？"

⑫一切时：指过去、现在、未来一切相续时刻。

⑬念念：指极短的时间。《笺注》："念念，即刹那刹那也。凡物变化于极短之时间，若心念然者。"

万法无滞：指世间一切有为诸法皆空无自性，由此空性，万法方能任运自在而无有滞碍。

⑭一真一切真：指空性为绝对真理，此一空性之绝对真理，又可普及一切诸法，故一切诸法之本性亦皆为空性。

⑮万境自如如：指空性之绝对真理是不生不灭的，那么一真一切真，一切诸法之本性亦是不生不灭的，故万境自性都是如如空性。《笺注》："一真，指绝待真理而言。离虚妄谓之真，所谓真如也。真如即自性，念念自见性者，则一切皆离虚妄，故云一真一切真。"

⑯如如：指无有生灭变异之真如境界。

⑰真实：指破除一切迷妄所见之境界。

⑱"菩提"，《频伽藏》、增上本作"菩萨"。

⑲案《解义》："奈神秀不悟，祖嘱再作一偈，数日不成。明此，则知顿渐优劣之不同矣。"

## 【释义】

"五祖早已知道神秀自入佛门以来，还未证得法要，不见本心自性。次日天亮以后，五祖叫来供奉卢珍，让他到南边步廊的墙壁间绘画图像。五祖忽然看到墙上神秀写的偈颂，便说道：'卢供奉您就不用画了，劳烦您大老远赶来。《金刚经》云：凡是世间的所有形相，都是虚妄不实的。图像既然不画了，就留下墙上这首偈颂，让大家读诵受持。如果能够依此偈颂修行，可以避免堕入三恶道中；如果能够依此偈颂修行，可以获得拥有极大利益。让弟子们焚香礼敬，全都诵持这首偈颂，即可得以获见本性。'弟子们诵读偈颂，全都赞叹善哉。

五祖三更时分叫神秀进入自己居止的堂中，问他道：'这首偈颂是你作的吗？'神秀答道：'确实是我神秀所作，不敢妄想谋求六祖法位，还望和尚慈悲，看弟子我是否具有少许智慧呢？'五祖说道：'你作的这首偈颂，还未见到本性，只到法门之外，还未进入门内。像这样的见地，是不可能求得无上菩提的。无上菩提，必须得当下识知自己本心，见到自己本性不生不灭。在一切时间之中，每一个心念都能自见万法空性、无有滞碍，得见一法真实空性，则能见一切诸法真实空性，万法境界自性全都是如如空性的。此见性如如之心，就是不生不灭之真实境界。如果能够像这样见到的自性，就是无上菩提之自性。你暂且退去，用一两日进而思惟，再作一首偈颂，拿来给我看。你新作的偈颂如果能够入得法门，就传付给你衣法。'神秀作礼退出堂外。又经过数日，神秀怎么也作不出新的偈颂，心中恍惚不定，神智思绪不安，犹如处于梦中，行坐起居全都郁闷不乐。"

## 【原文】

"复两日，有一童子于碓坊过①，唱诵其偈。惠能一闻，便知此偈未见本性。虽未蒙教授，早识大意，遂问童子曰：'诵者何偈？'童子曰：'尔这獦獠，不知大师言：世人生死事大，欲得传付衣法②，令门人作偈来看。若悟大意，即付衣法为第六祖③。神秀上座于南廊壁上书《无相偈》，大师令人皆诵。依此偈修，免堕恶道；依此偈修，有大利益。'惠能曰：'一本有：我亦要诵此，结来生缘④。上人⑤，我此踏碓八箇馀月，未曾行到堂前，望上人引至偈前礼拜。'童子引至偈前礼拜。惠能曰：'惠能不识字，请上人为读。'时有江州别驾⑥，姓张，名日用，便高声读。惠能闻已，遂言：'亦有一偈，望别驾为书。'别驾言：'汝亦作偈，其事希有⑦。'惠能向别驾言：'欲学无上菩提，不得轻于初学⑧。下下人有上上智⑨，上上人有没意智⑩。若轻人，即有无量无边罪。'别驾言：'汝但诵偈，吾为汝书。汝若得法，先须度吾，勿忘此言。'惠能偈曰：

菩提本无树⑪，明镜亦非台⑫，

本来无一物⑬，何处惹尘埃⑭？

书此偈已，徒众总惊，无不嗟讶，各相谓言：'奇哉！不得以貌取人，何得多时使他肉身菩萨⑮。'祖见众人惊怪，恐人损害，遂将鞋擦了偈曰：'亦未见性。'众以为然。"

## 【校注】

①童子：梵 kumāra，指未满二十岁，尚未剃度的求道男子。《笺注》："《玄应音义》五：'童子，是彼土八岁未冠者，童子总名。'《寄归传》三：'白衣诣比丘所，专诵佛典，求落发，号童子。'"

碓坊：指春米之作坊。

②"衣"，金陵本作"依"。

③"衣"，金陵本作"依"。

④"一本有：我亦要诵此，结来生缘"，真朴本、金陵本无。又"我亦要诵此，结来生缘"，《笺注》为正文。

⑤上人：梵 puruṣarṣabha，指智行兼备之上德之人。此为惠能对童子之尊称。

⑥江州：指唐时地名，即今江西省九江市。《笺注》："《一统志》卷五十二：'九江府，《禹贡》荆扬二州之境。隋初废郡，后改州曰九江郡。唐复为九江。'"

别驾：指别驾从事史。《笺注》："官名，为州刺史之佐吏。因从刺史行部别乘传车，故谓之别驾。后世通称通判为别驾，照汉制也。"

⑦希有：梵 āścarya，指希奇少有之事。

⑧初学：指刚刚学法之人。《笺注》："初学，谓甫经求学、未克深造之人也。"

⑨下下、上上：惠能将人事分成九等，即：上上、上中、上下；中上、中中、中下；下上、下中、下下。

⑩没意智：指没有任何思维分别作用之智慧。此为上上根器之人所具智慧，非为平庸凡夫之辈可得。《解义》："没意智者，不用意识思想，

即般若也。"

⑪"无"，北宋道原《景德传灯录》卷三《弘忍大师》作"非"。

"菩提本无树"，南唐静、筠《祖堂集》卷二《弘忍和尚》作"身非菩提树"。

⑫"明"，南唐静、筠《祖堂集》卷二《弘忍和尚》、北宋道原《景德传灯录》卷三《弘忍大师》作"心"。

⑬"本来无一物"，敦煌本作"佛性常清净"。

⑭"处"，北宋道原《景德传灯录》卷三《弘忍大师》作"假"，北宋延寿《宗镜录》卷三一作"用"。

"惹"，南唐静、筠《祖堂集》卷二《弘忍和尚》作"有"，北宋道原《景德传灯录》卷三《弘忍大师》、北宋延寿《宗镜录》卷三一作"拂"。

此下敦煌本复有一偈："心是菩提树，身为明镜台，明镜本清净，何处染尘埃。"

案《解义》："按六祖此偈，已将五蕴、六尘、十八界，及一切法相身心，完全勘破，悟彻本来面目，得入门内，与秀大师所作，迥然不侔。秀师所作犹有身心存在，放不下、摆不脱。既为身心缚束，则生灭心生、菩提心息。一切时中均以意识为主，而不知内外一切法相皆是幻妄。"

⑮肉身菩萨：指生身菩萨。《笺注》："肉身菩萨，谓生身之菩萨也。以父母所生之身，而至菩萨深位之人也。"

## 【释义】

"又过了两天，有一位童子于碓坊前路过，口中唱诵着神秀的偈颂。惠能一听，就知道这首偈颂的作者还未见到本性。惠能虽然还未蒙任何人教授，但因慧根深厚，早已识得佛法大意，于是就问童子道：'你诵的是什么偈颂？'童子答道：'你这獦獠，不知道五祖大师说：世间之人以了脱生死为第一大事，想要获得其传付衣法，就令弟子们各以自本心，作一首偈颂呈给他看。如果谁能够悟得佛法大意，就传付衣法给他，他就是禅宗第六代祖师。神秀上座于南廊墙壁上书写了《无相偈》，五祖大师让大家全都诵持。如果能够依此偈颂修行，可以避免堕入三恶道中；如果能够依此偈颂修行，可以获得拥有极大利益。'惠能说道：'我也要诵持这首偈颂，以结来生之因缘。上人，我在此踏碓舂米八个多月，从未走到五祖堂前去，还望上人将我引至偈颂之前礼拜。'童子将惠能引至偈颂前礼拜。惠能说道：'惠能我不识字，请上人代为读一下墙上的偈颂。'当时有一位江州别驾，姓张，名叫日用，便高声朗读偈颂。惠能听完之后，说道：'我也有一首偈颂，还望别驾代为书写于墙上。'别驾说道：'你也能作偈颂，这事倒是希有得很。'惠能向别驾说道：'想要求学无上菩提，不能轻视初学之人。看似平庸之人却能拥有极高的智慧，而真正高人所拥有的，又是常人难以察觉的无分别智慧。如果轻视他人，就会遭受无量无边的罪业。'别驾说道：'你只管诵出偈颂，我为你书写于墙上。你如果获得传法，首先必须来度化我，切勿忘了这个要言。'惠能偈颂的内容是：

> 无上菩提自性并非如菩提树实有，
>
> 澄净自体本心亦非如明镜台实有，
>
> 我的身心本来空寂无有一物可得，
>
> 又以何处去沾染任何妄尘烦恼呢？

张日用书写完这首偈颂，弟子大众看后全都十分震惊，无不嗟叹讶异，互相说道：'真实奇怪啊！不能够以貌取人，惠能来此没有多长时间，竟然成就了肉身菩萨。'五祖看到众人惊讶怪异，担心有人会加害惠能，于是拿鞋子将墙上的偈颂擦掉，并说道：'这偈颂也未见到本性。'众人便信以为真。"

## 【原文】

"次日，祖潜至碓坊，见能腰石舂米<sup>①</sup>，语曰：'求道之人，为法忘躯<sup>②</sup>，当如是乎！'乃问曰：'米熟也未<sup>③</sup>？'惠能曰：'米熟久矣，犹欠筛在<sup>④</sup>。'祖以杖击碓三下而去<sup>⑤</sup>。惠能即会祖意，三鼓入室<sup>⑥</sup>。祖以袈裟遮围<sup>⑦</sup>，不令人见，为说《金刚经》。至'应无所住而生其心'，惠能言下大悟一切万法不离自性<sup>⑧</sup>，遂启祖言：'何期自性本自清净，何期自性本不生灭，何期自性本自具足，何期自性本无动摇，何期自性能生万法。'祖知悟本性，谓惠能曰：'不识本心，学法无益。若识自本心，见自本性，即名丈夫<sup>⑨</sup>、天人师<sup>⑩</sup>、佛。'三更受法，人尽不知，便传顿教及衣钵云<sup>⑪</sup>：'汝为第六代祖，善自护念<sup>⑫</sup>，广度有情<sup>⑬</sup>，流布将来，无令断绝。'听吾偈曰：

　　　　有情来下种<sup>⑭</sup>，因地果还生<sup>⑮</sup>；

　　　　无情既无种<sup>⑯</sup>，无性亦无生<sup>⑰</sup>。

祖复曰：'昔达磨大师初来此土<sup>⑱</sup>，人未之信，故传此衣以为信体，代代相承。法则以心传心，皆令自悟自解。自古佛佛惟传本体，师师密付本心。衣为争端，止

汝勿传；若传此衣，命如悬丝。汝须速去，恐人害汝。'
惠能启曰：'向甚处去？'祖云：'逢怀则止⑲，遇会则
藏⑳。'惠能三更领得衣钵㉑，云：'能本是南中人㉒，素不
知此山路，如何出得江口㉓?'五祖言：'汝不须忧，吾自
送汝。'"㉔

## 【校注】

①腰石：指在腰间坠石增加身体重量，以便踏碓舂米。此石现存有
二：一在广东韶关南华寺，上刻"龙朔元年镌，师坠腰石，卢居士志，
桂林龚邦柱书"；一在湖北黄梅五祖寺，上刻"六祖坠腰石"。案此二石
皆后代仿制。

②"为法忘躯"，金陵本无。

③米熟：指米已经去壳。案此五祖双关之语，乃问惠能见性没有。
《笺注》："五祖以目前事试其行解熟否，六祖答以自所履践。"

④筛：指用竹子编制成之过滤工具。案此惠能双关之语，乃谓自己
早已见性，但还未蒙五祖教授而最终大彻大悟。《解义》："皆机锋语。意
谓：我已知修道大概，只是欠师指点。筛者，师也。"

⑤案《解义》："五祖乃以杖击碓三下而去，此何意耶？虑别人窥破，
暗中谋害也。"

⑥三鼓：指三更。

⑦袈裟：梵 kaśāya，指出家僧众所穿着之法衣。《笺注》："袈裟，
僧衣也。避青、黄、赤、白、黑之五正色，而用其他之杂色染之。其衣
为长方形，而以诸小片割截而成者也。"

遮围：指遮挡围绕。《解义》："此佛家神通妙用，有此袈裟遮围，

无异铜墙铁壁。"

⑧大悟：指大彻大悟。《笺注》："破无始之迷妄，开真实之知见，曰大悟。"

⑨丈夫：梵 puruṣa，指佛为世间最尊贵勇健之人。《笺注》："丈夫，勇健之人。勇修正道，而不退转修行者之称。又丈夫即指谓御丈夫言，为佛十号之一也。"《解义》："按《大般涅槃经》云：'若人不明佛性，只名女人。虽女人，若见佛性，亦名丈夫。佛者，觉也，自觉觉他，故称大丈夫。'"

⑩天人师：梵 śāstā deva-manuṣyāṇāṃ，指佛为天道及人间之导师。《笺注》："如来十号之一。天与人之教师，故名天人师。"

⑪顿教：指顿悟成佛之教法。《笺注》："顿悟之教，使速疾成佛果也。"

衣钵：梵 pātra-cīvara，指三衣一钵，即袈裟与钵之合称。此为禅宗传法之信物。《笺注》："衣与钵二物，为僧资物之最重大者。禅家以道授受，亦曰授受衣钵。"

⑫护念：指护持忆念。

案《讲座》："需要留心的是'善自护念'。许多人对悟后是否继续修行争执不休，看来五祖是强调悟后必修的。对悟后必修这一点，大家不要怀疑，因为我们功德和力量都明显不够。以烦恼来说，开悟的人对烦恼肯定有力量，若没有力量，这个开悟就不是真实的。"

⑬有情：梵 sattva，指具有情识之众生。

⑭下种：指种下成佛之因。

⑮因地：指修行成佛之道，但还未成佛之时。

果：指果地，即成就佛果。

案《笺注》："譬如众生下种于田，是当渐生觉芽，而生佛果。"《解义》："言一切有情众生悉有佛性，明此佛性，即阿耨多罗三藐三菩提种子。何以能明佛性而下种子？须知因地法行，不生不灭，常住不易。因地既真，结果自然成熟也。"

⑯无情：指无有情识之物，如土木瓦石等。

无种：指无有成佛之因。

⑰无性：指无有佛性。

无生：指无有成佛之果。

案《笺注》："言无情如木石之类则无佛性，既不下种子于田，则无生佛果之望。"《解义》："言顽空之人不见自性，譬彼木石，既无性情，岂有佛种？已入断灭，更何能生起一切善法耶？"

⑱达磨：指菩提达磨（？—536），梵Bodhidharma，为南印度香至国国王之三子，后出家精研佛法，于南朝梁普通（520—527）年间，从海路来至中国，为中国禅宗之创始人。唐道宣《续高僧传》卷一六、唐智炬《大唐韶州双峰山曹溪宝林传》卷八、南唐静、筠《祖堂集》卷二、北宋道原《景德传灯录》卷三、南宋普济《五灯会元》卷一有传。

⑲怀：指今广东省肇庆市怀集县。

⑳会：指今广东省肇庆市四会市。

㉑"惠能"，真朴本、金陵本无。

㉒南：指南海郡。《笺注》："肇庆府新兴县，《禹贡》扬州之南境，秦为南海郡地。六祖新兴人，故云南中人，犹言岭南人也。"

㉓江口：指蕲水入江之口。

㉔ "云：'能本是南中人，素不知此山路，如何出得江口？'五祖言：'汝不须忧，吾自送汝'"，真朴本、金陵本无。

## 【释义】

"第二天，五祖秘密来到碓坊，看见惠能正在腰间坠石舂米，便说道：'追求大道之人，为法能够舍身忘躯，就应当像这样啊！'于是问道：'米舂好了吗？'惠能答道：'米早就舂好了，就是还差将皮壳筛去。'五祖用拄杖敲击石碓三下后便离去了。惠能立即领会五祖的意思，便于当夜三更时分进入五祖禅室。五祖以袈裟将自己与惠能遮挡围绕起来，不让外人看见，为惠能讲说《金刚经》。当五祖讲到'应无所住而生其心'这一句经文时，惠能当下便大悟一切万法均不离自性的道理，于是启禀五祖道：'岂料我的自性本来就是清净无染的，岂料我的自性本来就是不生不灭的，岂料我的自性本来就是具足圆满的，岂料我的自性本来就是无所动摇的，岂料我的自性本来就是能生万法的。'五祖知道他已经悟到本性，便对惠能说道：'如果不能识得本心，再精勤学法也是无有益处的。如果能够识得自己本心，见到自己本性，就可称之为大丈夫、天人师、佛了。'三更授受教法，众人全不知晓，五祖便传顿教法门及衣钵给惠能，并说道：'你现在就是禅宗第六代祖师，要善自护持忆念，广泛度化有情众生，将此禅法流传后世，不要使之中断灭绝。'听我所说偈颂的内容是：

> 众生具有情识方能播下佛性种子，
>
> 因地有了佛种才能产生成佛之果；
>
> 无有情识之物既然无有佛性种子，
>
> 无有佛性也就无有成佛之果产生。

五祖又说道:'昔日达磨大师刚刚来到中国,世人还不能完全相信他的教法,故传此袈裟作为信物,代代相承。佛法是以心传心,全都需要受法者自行体悟和理解。自古以来,诸佛之间惟独传授本体,诸师之间秘密传付本心。袈裟为争端之根源,到你为止就不要再往下传了;如果继续传付此袈裟,你的性命就如同悬丝般危急。你必须急速离去,恐怕有人要害你。'惠能启禀道:'向什么地方去?'五祖说道:'逢到有怀字的地方就停下来,遇到有会字的地方就藏起来。'惠能于三更时分,领受获得衣钵后说道:'我惠能本是南海郡人,素来不知道由此山路,如何能够出去抵达长江渡口?'五祖说道:'这你无须担忧,我亲自送你出去。'"

## 【原文】

"祖相送直至九江驿①。祖令上船②,五祖把橹自摇③。惠能言:'请和尚坐,弟子合摇橹④。'祖云:'合是吾渡汝⑤。'惠能云:'迷时师度,悟了自度⑥。度名虽一,用处不同。惠能生在边方⑦,语音不正⑧,蒙师传法⑨,今已得悟,只合自性自度。'祖云:'如是。如是。以后佛法,由汝大行⑩。汝去三年,吾方逝世⑪。汝今好去,努力向南,不宜速说,佛法难起。'惠能辞违祖已,发足南行⑫。"

## 【校注】

①"祖相送直",真朴本作"五祖送"。

九江驿:指位于湖北蕲州蕲水之驿口,非在江西九江也。案北宋司马光《资治通鉴》卷一七七:"蕲州总管王世积以舟师出九江。"南宋胡三省《注》："按《班志》：'庐江郡寻阳县，《禹贡》九江皆在南，东合为大江。'应劭曰：'江自庐江寻阳分为九。'汉之寻阳县在今蕲州界，王世积以舟师自蕲水出九江。"

②"令"，金陵本作"惠"。

③艣：即橹，指一种划船之工具。《笺注》："艣，行舟之具，所以拨水而使之前进者也。通作橹。"

④"五祖把艣自摇。惠能言：'请和尚坐，弟子合摇艣'"，真朴本、金陵本作"惠能随即把艣"。

合：指应该。

⑤渡：指双关语。一指渡江，一指度人。

⑥案明《永乐大典》卷一四七〇七："《六祖坛经》云：祖因五祖忍禅师，送至九江驿边上船，能即把艣，五祖云：'合是吾度汝。'能云：'迷时师度，悟了自度。'"

⑦边方：指边远之地。

⑧语音不正：指口音浓重，非中原正统。

⑨"传"，真朴本、金陵本作"付"。

⑩"行"下，真朴本、金陵本有"矣"。

⑪"汝去三年，吾方逝世"，真朴本无。

案北宋赞宁《宋高僧传》卷八《唐蕲州东山弘忍传》："以高宗上元二年（675）十月二十三日告灭，报龄七十有四。"

⑫发足：指启程出发。

## 【释义】

"五祖相送惠能直到九江驿。五祖让惠能上船，然后自己去摇橹。惠能说道：'请和尚坐下，弟子应该来摇橹。'五祖说道：'应该是我渡你才对嘛。'惠能说道：'迷惑的时候由师父度化，我现在已经悟道了，就应该自己度化自己了。师度、自度，看起来都是度，但各自用处不同。惠能生在偏僻之地，口音又不纯正，幸蒙师父传法给我，现在已经得以开悟，就应该自性自度了。'五祖说道：'就是这样。就是这样。以后世间之佛法，就由你大行天下了。你离去三年之后，我就会逝世圆寂。你现在好自离去，努力向南方发展，但不宜马上宣教，否则佛法是很难弘扬兴起的。'惠能辞别五祖，启程向南方行进。"

## 【原文】

"两月中间，至大庾岭①。五祖归，数日不上堂。众疑，诣问曰：'和尚少病少恼否？'曰：'病即无，衣法已南矣。'问：'谁人传授？'曰：'能者得之②。'众乃知焉。逐后数百人来③，欲夺衣钵。一僧俗姓陈，名惠明④，先是四品将军⑤，性行粗慥⑥，极意参寻⑦，为众人先，趁及惠能⑧。惠能掷下衣钵于石上云⑨：'此衣表信，可力争耶？'能隐草莽中⑩。惠明至，提掇不动⑪，乃唤云：'行者！行者⑫！我为法来，不为衣来。'惠能遂出，坐盘石上⑬。惠明作礼云：'望行者为我说法。'惠能云：'汝既为法而来，可屏息诸缘⑭，勿生一念，吾为汝说。'明良久，惠能云⑮：'不思善，不思恶，正与么时⑯，那箇是明上座本来面目⑰。'惠明言下大悟，复问云：'上来密语密意外⑱，还更有密意否？'惠能云：'与汝说者，即非密也。汝若返照⑲，密在汝边。'⑳明曰：'惠明虽在黄梅，实未省自己面目。今蒙指示，如人饮水，冷暖自知㉑，今行者即惠明师也㉒。'惠能曰：'汝若如是，吾与汝同师黄梅，善自护持。'明又问：'惠明今后向甚处去？'惠能曰：'逢袁则止㉓，遇蒙则居㉔。'明礼辞。明回至岭下，谓趁众曰：'向陟崔嵬㉕，竟无踪跡㉖，当别道寻之。'趁众咸以为然㉗。惠明后改道明㉘，避吾上字㉙。"

## 【校注】

①大庾岭：指五岭之一，又称梅岭，位于江西省与广东省交界处，为赣江和北江的分水岭。《笺注》："大庾岭，在江西大庾县南，与广东南雄县分界。一名台岭，亦名庾岭，为五岭之一。当赣粤之要冲，极险峻。"

②能者：双关语，一谓有能力者，一谓惠能。

③"数"，南唐静、筠《祖堂集》卷二《弘忍和尚》作"七"。

④"惠明"，大谷本作"慧明"，敦煌本作"惠顺"。下同。

惠明：俗姓陈，江西鄱阳人，为陈宣帝之孙，为五祖弘忍之弟子。北宋赞宁《宋高僧传》卷八、北宋道原《景德传灯录》卷四、南宋普济《五灯会元》卷二有传。

⑤"四品"，敦煌本作"三品"。

将军：指武官名称。北宋赞宁《宋高僧传》卷八《唐袁州蒙山慧明传》："以明未捨家，曾署诸卫，故有将军之号矣。"北宋道原《景德传灯录》卷四："袁州蒙山道明禅师者，鄱阳人，陈宣帝之裔孙也。国亡落于民间，以其王孙尝受署，因有将军之号。"

⑥ "粗"，增上本作"麁"，《径山藏》、《频伽藏》、真朴本、金陵本作"麤"。《笺注》："麤，与粗通，不精也。"

"憕"，《笺注》作"糙"。

憕：指急促仓猝。

⑦参寻：指参访寻找。

⑧趁：指追赶。

⑨ "云"，金陵本作"曰"。

案《笺注》："《一统志》八十：'南雄府有放钵石，在云封寺，石高数尺，相传唐时卢能放钵其上。'"

⑩ "能"，金陵本作"即"。

"于石上云：'此衣表信，可力争耶？'能"，真朴本无。

草莽：指丛生杂草。

⑪提掇：指提拉拾取。《解义》："未几明至，提掣不动，知衣钵于己无缘。"

⑫行者：《解义》："因六祖此时尚未受戒，故称行者。"

⑬ "坐盘石上"，《笺注》作"盘坐石上"。

盘石：指磐石，即厚大之石头。

⑭屏息：指抑制停止。

⑮ "惠能"，大谷本作"谓明"。

"云"，大谷本、真朴本、金陵本作"曰"。

⑯正与么时：指此时。《笺注》："犹言即此时也。"

⑰ "箇"，《笺注》作"個"。下同。

本来面目：指身心脱落后之无染自性。

案《解义》："意谓一切凡夫，妄认缘虑为心，意识为主，殊不知心念一起，即属妄觉。觉有觉无，即名二法。如能息念忘虑，非善非恶，即本心也。"《讲座》："'不思善，不思恶'这两句，实际上概括了一切思维活动中的相对观念。如空色、有无、前后、远近、中边等等，一切总不思，这时哪一个是你的本来面目呢？又在什么地方呢？宗师的方便恰恰是想方设法把你思维的路子堵了，把分别思维斩断，还要你'速道速道'！只有这个时候，忽然铁树开花，一个真正的'我'才跳得出来。这样的宗风，在禅宗之外是找不到的。就这一点，说禅宗是'不立文字、教外别传'真是恰当不过，因为你把三藏十二部翻完，也找不到这个答案。"

⑱上来：指历代禅宗祖师。

密语：指依密意所说之语。

密意：指隐而未发之意趣。

⑲返照：指返观自性。世俗之人追逐外缘，故妄念频生；若能屏息外缘，回返观照自性，方能见己本来面目。《笺注》："返照者，犹言鉴于前事，而穷明自性之本源也。"

⑳案《讲座》："惠明因六祖开示而开悟后，又问：'上来密语密意外，还更有密意否？'看来，祖师传法时是否有密法这个疑问，早在那时就有了，还不是今天的发明。明确地说，禅宗若讲密法，那就成了密宗，而不是禅宗了。所以六祖极其明白地说：'与汝说者，即非密也。汝若返照，密在汝边。'自性本自清净，本自具足，就是你自己。这么贴近，哪有半点密呢？自己对自己还有什么秘密吗？若要捨内求外，那自然就有密了。你懂，别人不懂，对别人而言是密，但经反观自照，自己明白了自己，密又何成密呢？这是最简单明白的问题，但同时又是最迷

惑人的问题，希望大家能有清醒的认识。"

㉑如人饮水，冷暖自知：指此本来面目，只有自见心性，不能为外人所知。《笺注》："《达磨血脉论》：'道元圆成，不用修证。道非声色，微妙难见。如人饮水，冷暖自知，不可向人说也，唯有如来能知。'"

㉒案南唐静、筠《祖堂集》卷二《弘忍和尚》："慧明云：'某甲虽在黄梅剃发，实不得宗乘面目。今蒙行者指授，也有入处，如人饮水，冷暖自知。从今向后，行者即是慧明师，今便改名，号为道明。'"

㉓袁：指今江西省宜春市袁州区。北宋道原《景德传灯录》卷四："师既回，遂独往庐山布水台。经三载，后始往袁州蒙山，大唱玄化。"

㉔"蒙"，真朴本、金陵本作"明"。

蒙：指蒙山，位于今江西省宜春市上高县。《笺注》："《一统志》五十七：'江西袁州府，禹贡扬州之域。隋于宜春县置袁州，因袁山名也。'"

㉕陟：指登高。

崔嵬：指石头土山。

㉖"踪"，大谷本、真朴本、金陵本作"踪"。

㉗案南唐静、筠《祖堂集》卷二《弘忍和尚》："道明敬仰之心辞行者，便回向北去。至于虔州，果然见五十馀僧来寻卢行者。道明向众云：'大庾岭头怀化镇五六日寻候，兼问诸门津并向北寻觅行者，言不见此色。'诸人却回，道明独往庐山布水台。经三年后，归蒙山修行。凡徒弟尽教过岭南六祖处，只今蒙山灵塔现在。"

㉘案北宋赞宁《宋高僧传》卷八《唐袁州蒙山慧明传》："便更其名，以旧云道明也。"北宋道原《景德传灯录》卷四《蒙山道明》："初名慧明，

以避师上字，故名道明。弟子等尽遣过岭南，参礼六祖。"

㉙"吾"，诸本及《笺注》、《景德传灯录》作"师"。案此句若为惠能自述之语，当作"吾"；若为后人添加之注，当作"师"。

上字：指惠字。古人书写文字乃从上至下，惠字在上，能字在下，故惠为上边之字。

## 【释义】

"在两个月的时间里，惠能来到了大庾岭。五祖送完惠能回到寺中，连续数日都不上堂说法。众弟子感觉十分奇怪，便来向五祖问道：'和尚感觉是身体有些不舒服，还是心中有些烦闷呢？'五祖答道：'生病倒是没有，但我的衣钵和禅法已经南去了。'众弟子问道：'是谁获得传授法位？'五祖一语双关地答道：'能者得之。'众弟子便知道是惠能获得传法。随后有数百人南下追逐惠能，想抢回衣钵。其中有一位僧人俗家姓陈，法名惠明，没出家前为四品将军，性格及行事粗暴仓促，极力尽心找寻惠能，故赶在了众人前面，最先追上了惠能。惠能扔下衣钵放在一块大石头上说道：'这件袈裟是表征传法的信物，岂可通过强力而能争得的？'惠能隐藏在路旁的杂草丛中。惠明赶到后，想把石头上的衣钵拿走，但怎么也提取不动，于是便呼唤道：'行者！行者！我是为求佛法而来，不是为争衣钵而来。'惠能于是从草丛中出来，坐在磐石之上。惠明行礼道：'希望行者能够为我演说法要。'惠能说道：'你既然是为求佛法而来，可以屏息各种外缘，不要生起任何一点念头，我再为你演说法要。'惠明静默了很久，惠能才说道：'不去思维善，也不去思维恶，正是在此时刻，那个无有分别之性就是你的本来面目。'惠明当下大悟，又问道：'除了历代祖师的密语密意外，您还有什么其他的密意吗？'惠能答道：'能够对你说的，就已经不是密意了。你如果能回返观照自性，那么密意就在你的身边。'惠明说道：'我惠明虽然也在黄梅跟随五祖出家学法，确实从未省察到自己的本来面目。如今蒙您指示出我的本性所在，就如同有人喝水，水之冷暖只有他自己知道一样，从今以后您就是我惠明的师父。'惠能说道：'你如果能像这样见到了自性，那我和你便是一同拜黄梅五祖为师，你要善自护持佛法。'惠明又问道：'我惠明今后要向什么地方去呢？'惠能答道：'逢到有袁字的地方就停下来，遇到有蒙字的地方就住下来。'惠明行礼辞别惠能。惠明回到大庾岭下，对随后赶来的众人说道：'刚才我追逐惠能，登上这个石头山后，竟然就无有踪迹了，应当从别的道路再去追寻惠能。'赶来的众人都相信了他的话。惠明后来改名为道明，为了避讳我名字中的'惠'字。"

**【原文】**

"惠能后至曹溪①，又被恶人寻逐，乃于四会避难猎人队中，凡经一十五载②，时与猎人随宜说法③。猎人常令守网，每见生命尽放之。每至饭时，以菜寄煮肉锅。或问，则对曰：'但吃肉边菜。'"

**【校注】**

①曹溪：指位于今广东省韶关市曲江县东南双峰山之河，因水流经过曹侯墓冢，故得名。曹侯者，名叔良，曾将自家之地布施给惠能居止。《笺注》："《大清一统志》三百四十一：'曹溪在曲江县东南五十里，源出县界狗耳岭，西流三十里，合溱水。以土人曹叔良捨宅为寺，故名。'"

②"凡经一十五载"，南唐静、筠《祖堂集》卷二作"后隐四会、

怀集之间，首尾四年"。

　　③随宜说法：指以方便随机说法。《笺注》："佛道随三种机，以方便说，故云随宜。"

**【释义】**

　　"惠能之后来到曹溪，又被恶人找寻追逐，便在广东四会避难于猎人队伍之中，就这样过了十五年，其间还经常给猎人随宜说法。猎人经常让惠能看守捕兽网，他每看到有生灵被捕便全都将其释放。每到吃饭的时候，惠能便将生菜寄放到肉锅中去煮。有猎人问他缘故，他则答道：'我只吃肉边上的菜。'"

**【原文】**

　　"一日思惟：'时当弘法①，不可终遁②。'遂出，至广州法性寺③，值印宗法师讲《涅槃经》④。时有风吹幡动⑤，一僧曰⑥：'风动。'一僧曰⑦：'幡动。'议论不已。惠能进曰：'不是风动，不是幡动，仁者心动⑧。'一众骇然⑨，印宗延至上席⑩，征诘奥义⑪。见惠能言简理当，不由文字，宗云：'行者定非常人。久闻黄梅衣法南来，莫是行者否？'惠能曰：'不敢。'宗于是作礼，告请传来衣钵出示大众⑫。宗复问曰：'黄梅付嘱⑬，如何指授⑭？'惠能曰：'指授即无，惟论见性，不论禅定解脱⑮。'宗曰：'何不论禅定解脱？'能曰⑯：'为是二法⑰，不是佛法，佛法是不二之法⑱。'宗又问：'如何是佛法不二之法？'惠能曰：'法师讲《涅槃经》，明佛性是佛法不二之法。如高贵德王菩萨白佛言：犯四重禁<sup>⑲</sup>，作五逆罪<sup>⑳</sup>，及一阐提等<sup>㉑</sup>，当断善根<sup>㉒</sup>、佛性否？佛言：善根有二：一者常<sup>㉓</sup>，二者无常<sup>㉔</sup>，佛性非常非无常，是故不断，名为不二；一者善，二者不善，佛性非善非不善，是名不二。蕴之与界<sup>㉕</sup>，凡夫见二，智者了达<sup>㉖</sup>，其性无二<sup>㉗</sup>。无二之性，即是佛性。'<sup>㉘</sup>印宗闻说，欢喜合掌言<sup>㉙</sup>：'某甲讲经<sup>㉚</sup>，犹如瓦砾；仁者论义，犹如真金。'于是为惠能剃发<sup>㉛</sup>，愿事为师。惠能遂于菩提树下<sup>㉜</sup>，开东山法门<sup>㉝</sup>。"

【校注】

①"弘"，金陵本作"宏"。

②遯：即遁，指逃避隐迹。

③"广州法性寺"，南唐静、筠《祖堂集》卷二作"南海县制旨寺"。

广州法性寺：指今广东省广州市光孝寺。《笺注》："《一统志》七十九：'在府城内西北，旧为乾明、法性二寺，宋合为一，亦改法性寺也。'"

④印宗法师（627—713）：俗姓印，江苏吴县人。北宋赞宁《宋高僧传》卷四、北宋道原《景德传灯录》卷五有传。

案《讲座》："六祖从得法到后来出世说法，中间尚有十五年时间。实际上是六祖进一步护持、进修的阶段，把自己习气陶炼得净尽、圆融，才能荷担如来家业，才能在后来广传无上大法，揭开了弘传千年的禅宗序幕。所以，六祖一到广州法性寺就能一鸣惊人，与印宗法师论《涅槃经》时，境界是那样纯熟高深，这决不是偶然的。"

⑤"旛"，《普慧藏》作"幡"。下同。

"时有风吹幡动"，真朴本、金陵本作"因二僧论风幡义"。

幡：指用竿柱挑起之旗帜。《笺注》："幢之有长帛下垂者曰幡，为祈福而立之法物也。"

⑥"僧"，真朴本、金陵本无。

⑦"僧"，真朴本、金陵本无。

⑧仁者：指对他人之敬称。

⑨骇然：指惊讶之状。

⑩上席：指尊贵之席位。《笺注》："上席，坐中之第一位也。"

⑪征诘：指征询诘问。

奥义：指深奥之佛教义理。

⑫告请：指申告请求。

⑬付嘱：指付托嘱告。

⑭指授：指指导传授。

⑮禅定：指禅（梵 dhyāna）与定（梵 samādhi）之合称，即将心专注于某一境界而不散乱。《笺注》："按据此则知顿悟自心，即是见性，即是禅定，非见性之外别有禅定。"

解脱：梵 vimokṣa，指解除摆脱烦恼之束缚而得自在。《笺注》："解脱者，离缚而得自在之义。即解惑业之系缚，脱三界之苦果也。"

案《讯释》："惟论见性，斯其为指授也，大矣。"《讲座》："见了性，本身就在定中，本身已得到了解脱，所以一经见性，一了百了，这就是禅宗的主张。"

⑯"能"，真朴本作"谓"，金陵本作"惠"。

⑰二法：指有分别之法。《笺注》："一为见性，一为禅定、解脱，

故曰二法。"《解义》:"言禅定解脱,自性中皆无所有,故曰二法。"

⑱不二之法:指无分别之法。《笺注》:"只论见性,不论禅定、解脱,即是不二之法。盖见性即是禅定、解脱,禅定、解脱即是见性。故繁言之则为三,简言之则为一。"

⑲四重禁:指四种严重之禁戒,即:杀生、偷盗、邪淫、妄语。

⑳五逆罪:指五种悖逆之大罪,即:杀父、杀母、杀阿罗汉、出佛身血、破和合僧。

㉑一阐提:梵 icchantika,指断绝一切善根而不能成佛之人。

㉒善根:梵 kuśala-mūla,指产生各种善法之根本。《笺注》:"身、口、意三业之善,坚固而不可拔者,名根。又善能生妙果,故亦名根。"

㉓常:梵 nitya-sthita,指永恒存在。

㉔无常:梵 anitya,指世间有为诸法全都会经历从产生到灭亡的过程,而不能永恒存在。

㉕蕴:梵 skandha,指积聚。众生由五法积聚成身体,称为五蕴,即:色蕴、受蕴、想蕴、行蕴、识蕴。《笺注》:"有相为色,领纳名受,取像曰想,迁流为行,分别为识。蕴者,积聚为义,谓积聚生死过患。"

界:梵 dhātu,指分界。众生与外部世界有十八种分类范畴,称为十八界,即:眼、耳、鼻、舌、身、意等六根,色、声、香、味、触、法等六尘,眼识、耳识、鼻识、舌识、身识、意识等六识。

㉖智者了达:《笺注》:"智者,有智慧之人也。了悟事理而通达之者,名了达。"

㉗其性无二:《笺注》:"据此即知无念,则五蕴空、十八界空,故蕴之与界无二无别。"

㉘案北凉昙无谶译《大般涅槃经》卷二二《光明遍照高贵德王菩萨品》："光明遍照高贵德王菩萨摩诃萨白佛言：'世尊。若犯重禁、谤方等经、作五逆罪、一阐提等有佛性者，是等云何复堕地狱？世尊。若使是等有佛性者，云何复言无常乐我净？世尊。若断善根名一阐提者，断善根时，所有佛性云何不断？佛性若断，云何复言常乐我净？如其不断，何故名为一阐提耶？世尊。犯四重禁名为不定，谤方等经、作五逆罪及一阐提悉名不定，如是等辈若决定者，云何得成阿耨多罗三藐三菩提？得须陀洹乃至辟支佛亦名不定，若须陀洹至辟支佛是决定者，亦不应成阿耨多罗三藐三菩提？世尊。若犯四重不决定者，须陀洹乃至辟支佛亦不决定；如是不定，诸佛如来亦复不定；若佛不定，涅槃体性亦复不定；至一切法亦复不定，云何不定？若一阐提，除一阐提则成佛道。诸佛如来亦应如是，入涅槃已，亦应还出不入涅槃。若如是者，涅槃之性则为不定，不决定故当知无有常乐我净。云何说言一阐提等当得涅槃？'尔时，世尊告光明遍照高贵德王菩萨摩诃萨言：'善哉！善哉！善男子。为欲利益无量众生令得安乐，怜愍慈念诸世间故，为欲增长发菩提心诸菩萨故，作如是问。善男子。汝已亲近过去无量诸佛世尊，于诸佛所种诸善根，久已成就菩提功德，降伏众魔令其退散，已教无量无边众生，悉令得至阿耨多罗三藐三菩提。久已通达诸佛如来所有甚深秘密之藏，已问过去无量无边恒河沙等诸佛世尊如是甚深微密之义，我都不见一切世间若人、若天、沙门、婆罗门、若魔、若梵，有能咨问如来是义。今当诚心谛听谛听，吾当为汝分别演说。善男子。一阐提者亦不决定，若决定者，是一阐提终不能得阿耨多罗三藐三菩提，以不决定是故能得。如汝所言，佛性不断，云何一阐提断善根者？善男子。善根有二

种：一者内，二者外。佛性非内非外，以是义故佛性不断。复有二种：一者有漏，二者无漏。佛性非有漏非无漏，是故不断。复有二种：一者常，二者无常。佛性非常非无常，是故不断。若是断者，则应还得；若不还得，则名不断。若断已得，名一阐提。犯四重者亦是不定，若决定者，犯四重禁终不能得阿耨多罗三藐三菩提。谤方等经亦复不定，若决定者，谤正法人终不能得阿耨多罗三藐三菩提。作五逆罪亦复不定，若决定者，五逆之人终不能得阿耨多罗三藐三菩提。色与色相二俱不定，香、味、触相，生相至无明相，阴、入、界相，二十五有相，四生乃至一切诸法，皆亦不定。善男子。譬如幻师在大众中，化作四兵车、步、象、马，作诸璎珞严身之具，城邑、聚落、山林、树木、泉池、河井，而彼众中有诸小儿无有智慧，睹见之时，悉以为实。其中智人知其虚诳，以幻力故惑人眼目。善男子。一切凡夫乃至声闻、辟支佛等于一切法见有定相亦复如是，诸佛、菩萨于一切法不见定相。善男子。譬如小儿于盛夏月，见热时焰，谓之为水。有智之人于此热焰，终不生于实水之想，但是虚焰诳人眼目，非实是水。一切凡夫、声闻、缘觉见一切法亦复如是，悉谓是实，诸佛、菩萨于一切法不见定相。善男子。譬如山涧因声有响，小儿闻之谓是实声，有智之人解无定实，但有声相诳于耳识。善男子。一切凡夫、声闻、缘觉于一切法亦复如是，见有定相；诸菩萨等解了诸法悉无定相，见无常相、空寂等相，无生灭相。以是义故，菩萨摩诃萨见一切法是无常相。善男子。亦有定相，云何为定？常乐我净。在何处耶？所谓涅槃。'"

㉙合掌：梵 añjali，指合并左右手掌而恭敬行礼。《笺注》："合掌者，合左右掌，合十指以表吾心专一之敬礼法。"

㉚某甲：指自称之代词。《笺注》："言某甲者，某以代姓，甲以代名。指人指己，于文字上皆可用之。"

㉛"剃"，金陵本作"薙"。

剃发：梵 muṇḍanā，指剃除须发而表正式出家。惠能自拜见五祖弘忍后，直至获得传法南下，均未进行正式出家之剃度仪式。《笺注》："薙，同剃。剃须发，著染衣，佛弟子出家之相也。去憍慢，且为分别外道出家之所为。"案南唐静、筠《祖堂集》卷二："正月十五日剃头，二月八日于法性寺请智光律师受戒，戒坛是宋朝求那跋摩三藏之所置也。"

㉜菩提树：指法性寺内所种之菩提树，今广州光孝寺内亦存。南唐静、筠《祖堂集》卷二："梁末有真谛三藏于坛边种菩提树。"《笺注》："《岭南丛述》卷三十八：'广州光孝寺菩提树，不花不实，经冬不凋。叶之筋脉，细致如纱绢，广人每用此为灯为花为蝉虫之翼。'（《天台志》）'诃林有菩提树，萧梁时，智药三藏自西竺持来，今历千馀年矣。大可百围，作三四大柯，其根不生于根而生于枝，根自上倒垂，以千百计。大者合围，小者拱把。岁久，根包其干，惟见根而不见干。干已空中无干，根即其干，枝亦空中无枝，根即其枝。其叶似柔桑而大，本圆末锐。二月而凋落，五月而生。僧采之，浸以寒泉，至于四旬之久，出而浣濯。滓渣既尽，惟馀细筋如丝。霏微荡漾，以作灯帷笠帽，轻柔可爱。持赠远人，比于绡縠，其萎者以之入爨矣。'（《广语》）"

㉝东山法门：指弘忍所传授之禅法。北宋赞宁《宋高僧传》卷八《唐荆州当阳山度门寺神秀传》："昔魏末有天竺沙门达磨者，得禅宗妙法，自释迦佛相传授，以衣钵为记，世相传付，航海而来。梁武帝问以有为之事，达磨贵传径门心要，机教相乖，若水投石，乃之魏隐于嵩丘少林

寺，寻卒。其年魏使宋云于葱岭见之，门徒发其冢，但有衣履而已。以法付慧可，可付粲，粲付道信，信付忍。忍与信俱住东山，故谓其法为东山法门。"

## 【释义】

"一天，惠能自己想道：'是时候出来弘扬佛法了，我不可能终生隐遁于世。'于是便出离四会，来到广州法性寺，正赶上该寺的印宗法师宣讲《大般涅槃经》。忽然刮来一阵风吹得经幡飘动，有一个僧人说：'这是风在动。'另一个僧人说：'这是幡在动。'二人争论不休。惠能进前说道：'这既不是风动，也不是幡动，而是你们的心在动。'当时在场的大众全都惊讶骇然，印宗赶紧将惠能请到上座，向他请教佛法奥义。看到惠能对深奥难懂的佛理，能够言简意赅、深入浅出地解释明白，且不拘泥于文字，印宗便问道：'您必定不是一般人。早就听说黄梅五祖的传法衣钵弟子到南方来了，莫非就是您吗？'惠能答道：'不敢当。'印宗于是行礼，并请求惠能将五祖所传衣钵拿出来给大众展示一下。印宗又问道：'黄梅五祖在付嘱传法时，有什么具体的指导传授吗？'惠能答道：'具体的指导传授倒是没有，只和我讨论如何得见自性，不论如何坐禅入定及获得解脱之法。'印宗问道：'为何不论禅定及解脱之法？'惠能答道：'因为禅定解脱是分别之法，不是究竟佛法，因为究竟佛法是没有分别的不二之法。'印宗又问道：'什么才是佛法的不二之法呢？'惠能答道：'法师在您刚才讲授的《大般涅槃经》中，已经指明佛性就是佛法的不二之法。正如经中高贵德王菩萨问佛道：那些犯了四重禁、作了五逆罪的人，以及一阐提等，是否在断绝了善根的同时，也断绝了佛性呢？佛回答道：善根有两种：第一种是常，第二种是无常，而佛性是不能用常与无常这对概念范畴来界定描述的，所以佛性不会断绝，这种即非常、又非无常的佛法，就叫作不二之法。善根还可分成两种，第一种是善，第二种是不善，而佛性是不能用善与不善这对概念范畴来界定描述的，这种即非善、又非不善的佛法，就叫作不二之法。蕴与界，在凡夫眼中就分别为二种概念；有智慧的人了达不二之法，知道蕴与界的本性是没有差异分别的。这种没有分别的本性，就是佛性。'印宗听完惠能的讲说后，欢喜合掌道：'我所讲说的经义，犹如瓦砾般普通；您所论述的义理，犹如真金般珍贵。'于是印宗为惠能剃除须发，举行正式的剃度仪式，并表示愿意事奉惠能为师。惠能便在菩提树下，开讲禅宗东山法门。"

## 【原文】

"惠能于东山得法①，辛苦受尽，命似悬丝。今日得与使君②、官僚、僧尼、道俗同此一会，莫非累劫之缘③，亦是过去生中供养诸佛④、同种善根，方始得闻如上顿教得法之因。教是先圣所传，不是惠能自智。愿闻先圣教者，各令净心⑤，闻了各自除疑，如先代圣人无别⑥。"一众闻法，欢喜作礼而退。

## 【校注】

①东山：指黄梅山，因该山在湖北黄梅县东，故得名。

②"使"，真朴本、金陵本作"史"。

使君：指对刺史之称呼。此处谓韶州刺史韦璩。《笺注》："古时称刺史曰使君。又凡奉使之官，亦以使君称之。"《解义》："使君者，奉使而来之官吏，故称使君。"

③劫：梵 kalpa，指极为久远不可计量之时间。《笺注》："累劫，累叠数多之劫量也。世界成坏之时期曰劫。"

④供养诸佛：《笺注》："供养者，资养三宝，为奉灯明、香华、饮食、资财等事。"

⑤各令净心：《笺注》："各净其心，使无污染，以还复吾人本具之自性清净心也。"

⑥圣人：梵 ārya，指证得圣智之人。《笺注》："《涅槃经》十一：'以何等故，名佛、菩萨为圣人耶？如是等人有圣法故，常观诸法性空寂故，以是义故名圣人。有圣戒故，复名圣人。有圣定、慧故，故名圣人。有七圣财，所谓信、戒、惭、愧、多闻、智慧、捨离，故名圣人。有七圣觉故，故名圣人。'"

## 【释义】

"惠能自从黄梅东山获得传法后，历尽艰辛困苦，性命如同悬丝般危急。今天能够与韦使君、诸位官僚、出家僧尼及道俗大众共同在此集会，要不是我们之间积累了多劫的宿世因缘，也是你们在过去生中供养诸佛、共同种下了善根，方才得以听闻到像上面我所自述的获得顿教传法的经历。此顿教法门是先代圣人所传授的，不是我惠能凭自己智力创造的。希望听闻先代圣人教法的人，各自要澄净自心，闻法之后如果能够各自除去内心的疑惑，你们也就如同先代圣人没有差别了。"在场的大众听到惠能今日所说法要后，欢喜作礼而退去。

## 般若第二①

**【原文】**

次日，韦使君请益②。师陞座告大众曰："总净心念摩诃般若波罗蜜多③。"复云："善知识。菩提般若之智，世人本自有之，只缘心迷，不能自悟，须假大善知识示导见性④。当知愚人、智人，佛性本无差别⑤，只缘迷悟不同，所以有愚有智。吾今为说摩诃般若波罗蜜法，使汝等各得智慧。志心谛听⑥，吾为汝说。"

**【校注】**

①"般若"下，真朴本、金陵本有"品"。

②"使"，真朴本、金陵本作"史"。下同。

请益：指请师教益。《笺注》："请益者，已受教而再问未尽之蕴也。"

③总净心：《行由》第一："愿闻先圣教者，各令净心。"《解义》："总净心三字，看似闲文，其实极其重要，不特修般若者宜如此，即不修者亦宜如此。所以者何？一切凡夫不知衣里明珠，皆由心意不净，为妄念所覆耳。心非染法，云何不净？以内缘外扰，甘受驱驰。如清净止水，杂投尘土，混浊不清。若能断其外扰，灭其内缘，则心体活泼，自在无碍，不净自净，尚何待于修乎！"

念：指忆念。

摩诃般若波罗蜜多：梵 Mahā-prajñā-pāramitā，指以大智慧而能度生死苦海而到涅槃彼岸。《讲座》："学佛的人不学般若，就等于没有学佛法。"

④大善知识：指伟大之善知识。

示导：指启示开导。

⑤案《讲座》："以禅宗的观点来看，人人都有佛性，人人都是佛。禅宗是绝对强调这点，其修行、其方法都是建立在这个基础之上，不然顿悟成佛就失去了依据。"

⑥志心：指专心。《笺注》："心之所之为志。志心，犹言留心，专心一也。"

谛听：指认真仔细地听。《笺注》："谛，审也。谛听者，审详而听，即用心听之意。"

## 【释义】

第二天，刺史韦璩再次请惠能说法。惠能升上高座后对大众说道："你们都要净心忆念摩诃般若波罗蜜多。"又说道："诸位善知识。菩提般若的智慧，世上每一个人都本自具有，只是由于内心被迷惑了，所以不能够自行开悟，必须借助大善知识来指示开导从而见到本性。应当知道愚笨的人和智慧的人，这二者的佛性在本质上是没有任何差别的，只是由于各自迷惑和开悟的程度不同，所以才会有了愚痴与智慧的区分。我现在为你们讲说摩诃般若波罗蜜法，使你们各自获得智慧。要专心认真地听，我为你们讲说。"

【原文】

"善知识。世人终日口念般若，不识自性般若，犹如说食不饱。口但说空，万劫不得见性<sup>①</sup>，终无有益。善知识。摩诃般若波罗蜜是梵语<sup>②</sup>，此言大智慧到彼岸。此须心行<sup>③</sup>，不在口念。口念心不行，如幻如化<sup>④</sup>、如露如电<sup>⑤</sup>；口念心行，则心口相应<sup>⑥</sup>。本性是佛，离性无别佛。"

【校注】

①万劫：指一万劫。此谓时间之极长久远。《笺注》："世界一成一毁曰一劫。万劫，犹言万世，极言其时间之长也。"

②梵语：梵 Sanskrit，指古印度之标准语。因谓此语乃大梵天王所说，故得名。唐玄奘《大唐西域记》卷二："详其文字，梵天所制，原始垂则，四十七言也。寓物合成，随事转用，流演枝派，其源浸广。乃至因地随人，微有改变，语其大较，未异本源。而中印度特为详正，辞调和雅，与天同音，气韵清亮，为人轨则。"

③心行：指用心忆念不忘而修行也。

④如幻如化：指世间事物本不真实，犹如幻化之相。《笺注》："西俗多工伎，以种种之法，现出象、马、人、物等，使人实如闻见，以故名幻。幻事虽如实见闻，实无有也，以譬一切诸法之无实。以神仙之通力，天龙之业力，或禁咒禅定等，使种种之物变化现出，故名化。此化物化事，空而无实也，以譬一切诸法之实无性。"

⑤如露如电：指朝露与闪电。朝露太阳一出来就蒸发了，闪电一刹那间就消失了。形容事物虽然暂时存在，但终归无常而不能永久。后秦鸠摩罗什译《金刚般若波罗蜜经》："一切有为法，如梦幻、泡影，如露

亦如电，应作如是观。"

⑥相应：梵 samprayukta，指相互契合。

## 【释义】

"诸位善知识。世间之人终日口中诵念般若，但不能认识自性本具般若，犹如光空说吃饭是不能实际填饱肚子的。只在口中说空，过一万劫也不可能得以见到自性，最终是毫无益处的。诸位善知识。摩诃般若波罗蜜是印度梵语的音译，意译成汉语为大智慧到彼岸。此法必须用心修行，而不在口中诵念。只在口中诵念，而心不忆念修行，这就犹如幻化、露电般虚假不实；既在口中诵念，又于心中忆念修行，这就使心口相互契合。人的本有性德就是佛，离开了人的本性之外，就再没有什么别的佛存在了。"

## 【原文】

"何名摩诃①？摩诃是大。心量广大②，犹如虚空，无有边畔③，亦无方圆大小，亦非青黄赤白，亦无上下长短④，亦无瞋无喜⑤、无是无非、无善无恶、无有头尾。诸佛刹土⑥，尽同虚空。世人妙性本空，无有一法可得。自性真空亦复如是。善知识。莫闻吾说空便即著空，第一莫著空。若空心静坐，即著无记空⑦。善知识。世界虚空能含万物色像⑧，日月星宿⑨、山河大地、泉源谿涧⑩、草木丛林，恶人善人、恶法善法、天堂地狱⑪、一切大海⑫、须弥诸山⑬，总在空中。世人性空亦复如是。善知识。自性能含万法是大，万法在诸人性中。若见一切人恶之与善，尽皆不取不捨，亦不染著⑪，心如虚空，名之为大，故曰摩诃。"

【校注】

①摩诃：梵 mahā，指大。

②心量：指心识之度量。凡夫以妄心攀缘外境为心量，如来以无心远离诸缘为心量。《笺注》："此心量，指如来真证之心量言。离一切之所缘、能缘，住于无心者是也。"

③边畔：指边际。

④案弥勒造、唐玄奘译《瑜伽师地论》卷一："彼所缘者，谓色，有见有对，此复多种，略说有三，谓：显色、形色、表色。显色者，谓青黄赤白，光影明暗，云烟尘雾，及空一显色。形色者，谓长短、方圆、粗细，正不正、高下色。表色者，谓取捨屈伸，行住坐卧。如是等色。"故知"青黄赤白"，为显色；"方圆大小"、"上下长短"为形色。

⑤"瞋"，真朴本、金陵本作"嗔"。

⑥刹土：指国土。刹，梵 kṣretra，指土。梵汉双举，故称刹土。

⑦无记：梵 avyākṛta，指非善非恶之性。《解义》："但不善体会之人，闻师说空，便著在空上，百物不思，兀然静坐，自以为空，不知此乃无记空耳。著空之人不特无成，结果变为木石之类，是为大错。"

⑧世界：梵 loka-dhātu，指众生依止之世间国土。此谓宇宙空间。

色：梵 rūpa，指质碍，即世间一切有形物质之总称。

⑨星宿：指四象和二十八宿。此谓星辰。

⑩"谿"，真朴本、金陵本作"溪"。

泉源：指泉水之源头。

谿涧：指两山之间的水流。

⑪天堂：指天众人所居住之殿堂。

地狱：梵 naraka，指众生依所造恶业而堕入之地下牢狱。

⑫大海：指围绕须弥山之咸水海、香水海等，非为世间之海。

⑬须弥：梵 Sumeru，指妙高山。此山为一小世界之中心，周围有八山、八海围绕，诸天、四大部洲及地狱等，皆依之建立。《笺注》："须弥，山名，一小世界之中心也。译为妙高、妙光、安明、善积、善高。凡器世界之最下为风轮，最上为水轮，其上为金轮，即地轮。地轮上有九山八海，即：持双、持轴、担木、善见、马耳、象鼻、持边。须弥山之八山八海有铁围山，其中心之山即须弥山也。"

⑭"著"，真朴本作"着"。

染著：指心被贪爱烦恼污染而有所执著。《笺注》："爱欲之心浸染外物，执著而不离，名染著。"

## 【释义】

"什么名叫摩诃呢？摩诃是大的意思。心量之广大，犹如虚空一般，没有边际，没有方圆大小、上下长短等形状，没有青黄赤白等颜色，没有喜怒，没有是非，没有善恶，没有头尾等各种差别。一切诸佛的国土，全都同虚空一样。世人殊妙自性本来空寂，没有一法可从中得到。自性真空的道理也是一样。诸位善知识。不要听我说空就立刻执著于空，第一就不能执著于空。如果以空心静坐修行，这就执著于非善非恶的无记空了。诸位善知识。宇宙世界正因为本质是虚空的，所以才能包含一切物质色相，像日月星辰、山河大地、泉源溪涧、草木丛林，恶人善人、恶法善法、天堂地狱，一切大海、须弥山等一切事物，全都存在于虚空之中。世人自性真空的道理也是一样。诸位善知识。诸人自性能够包含万法这就是大，而万法又全都在诸人的自性之中。如果见到一切人性的恶与善，全都不执取也不捨离，又不被善恶染著，心如虚空一般，这就称之为大，所以叫作摩诃。"

## 【原文】

"善知识。迷人口说，智者心行①。又有迷人，空心静坐，百无所思，自称为大。此一辈人不可与语，为邪见故②。善知识。心量广大，遍周法界③，用即了了分明④，应用便知一切。一切即一，一即一切⑤。去来自由，心体无滞，即是般若。善知识。一切般若智，皆从自性而生，不从外入。莫错用意，名为真性自用⑥，一真一切真⑦。心量大事⑧，不行小道⑨。口莫终日说空，心中不修此行，恰似凡人自称国王⑩，终不可得，非吾弟子。"

## 【校注】

①案"口说"、"心行"者，皆就空而言。《讲座》："证悟与解悟的分水岭就在这里。真正的证悟，是在修行里，在本份上直接把这个空感受到了，不需要你在道理上说长说短。"

②邪见：梵 mithyā-dṛṣṭi，指不正确之见解。《笺注》："此邪见，非指五见中拨无因果之邪见，乃谓谬妄不合于道之邪见耳。何也？以其著于无记空也。"

案《解义》："复次，自性真空与虚无顽空判然不同者，虚空无觉，故称顽空；自性有觉，故名真空。云何真空？但空其名，非空非实，只空其相，非空其体。真空不空，不空真空，是名第一义空。若空心静坐之人，百无所思，口虽说空，实不知真空之理。已入断灭之境，不化木石，尚须即早回头，否则难以幸免，况成道乎？盖迷闷囿觉，失自元常，与真空之自在活泼，无挂无碍，心如太虚，廓然无圣者异矣。故曰：著空之人不可与语，为邪见太深，难以挽救故也。"

③"遍"，原作"徧"，据增上本、大谷本改。下同。

法界：梵 dharma-dhātu，指佛教教法所含摄之一切境界。佛法广大，所以法界亦无量无边。

④了了：指清晰了然。

分明：指清楚明白。

⑤一切即一，一即一切：指个体之本质与全体之本质，同一没有差异，可以相融相即。

⑥真性：指无有变异之真实本性。

⑦一真一切真：指个体之真实本性与全体之真实本性，也是同一没有差异的，所以能够见到个体之真性，也就见到了全体之真性。

⑧大事：指一大事因缘，即佛为众生开显宇宙人生之真相。《笺注》："大事者，总言转迷开悟。"《解义》："心量大事者，慈悲喜捨，宏法度生之事也。"

⑨小道：指非真正解脱之道。《笺注》："小道，指空心静坐等。"《解义》："不行小道者，人法偏执，鹿羊等机也。"

⑩凡人：指平庸之人，即普通老百姓。

## 【释义】

"诸位善知识。迷惑之人只在口头上说空，而智慧之人用心修行于空。又有迷惑之人，空心静坐，没有任何思想念头，自以为这就证得了大道。这一类人是不能和他们对话的，因为他们的邪见太深。诸位善知识。心性之度量是广大的，可以周遍法界一切境界，其作用就是能够清晰地明了，正确应用心性就可以知晓一切事理的本质。一切事理的本质就是某一事理的本质，而某一事理的本质也与一切事理的本质相同。这种来去自由，心体没有任何滞碍的，就是般若智慧。诸位善知识。一切般若智慧，全都是从自性中产生的，不是从外界而来的。不要错误地理解心性的应用，真正的心性都是从自身产生应用的，这一真性自用是真实的，那么一切事理也就都是真实的了。心行度量是破迷开悟的大事，不是通过空心静坐等小道能够获得的。口中不要终日说空，如果心中不能修行此行，就好像普通百姓说自己是国王，但终究他是不可能当上的，这类迷人不是我的弟子。"

## 【原文】

"善知识。何名般若？般若者，唐言智慧也①。一切处所②、一切时中③，念念不愚④，常行智慧⑤，即是般若行。一念愚即般若绝⑥，一念智即般若生。世人愚迷，不见般若。口说般若，心中常愚，常自言：'我修般若。'念念说空，不识真空⑦。般若无形相，智慧心即是⑧。若作如是解，即名般若智。"

## 【校注】

①唐言：指唐朝之言，即汉语也。

②一切处所：《解义》："一切处所者，在家、出家不论处何境地也。"

③一切时中：《解义》："一切时中者，行、住、坐、卧四威仪中也。"

④念念不愚：《解义》："念念不愚者，远离一切尘劳妄想也。"

⑤常行智慧：《解义》："常行智慧者，念念自性自见也。"

⑥一念：《解义》："一念者，念兹在兹，非偶然一念之谓，其间不容发如此。"《讯释》："夫所谓一念者，盖谓一切处所、一切时中，念念如此，而无复有他念也。犹言心心如此，而无复有他心也。故心心念念自忏前愆，心心念念自悔后过，心心念念去假归真，心心念念离假离真，心心念念弃邪归正，心心念念无邪无正，心心念念见性以为功，心心念念平等以为德，心心念念内心谦下以为功，心心念念外行于礼以为德，心心念念敬上念下、矜恤孤贫，心心念念和光接物、通达无碍。凡若此类，是皆一念大旨也。如此修行，定成佛道。'"

⑦"识"，金陵本作"说"。

⑧智慧心：《解义》："云何慧心？即念念之中，远离尘垢，自性自见之义。"

【释义】

"诸位善知识。什么名叫般若呢？般若，是梵文音译，意译为汉语是智慧的意思。在一切地方处所及一切时间之中，每一个念头都不愚痴，恒常修行智慧，这就是般若行。有一个念头愚痴，那般若就灭绝了；有一个念头智慧，那般若就生起了。世人都是愚痴迷惑的，不能够见到般若。口中空说般若，而心中恒常愚痴，并且总自我说道：'我在修行般若。'每一个念头都在说空，但其实没有认识到真正的空。般若是无形无相的，智慧之心就是般若。如果能够像这样理解般若，那么就可称为般若智慧了。"

## 【原文】

"何名波罗蜜①？此是西国语②，唐言到彼岸③，解义离生灭④。著境生灭起，如水有波浪，即名为此岸⑤。离境无生灭，如水常通流，即名为彼岸⑥，故号波罗蜜⑦。善知识。迷人口念，当念之时，有妄有非。念念若行，是名真性。悟此法者，是般若法；修此行者，是般若行。不修即凡，一念修行自身等佛⑧。善知识。凡夫即佛⑨，烦恼即菩提⑩。前念迷即凡夫，后念悟即佛。前念著境即烦恼，后念离境即菩提。"

## 【校注】

①波罗蜜：梵 pāramitā，指度彼岸。

②西国：指中国以西之国，即印度。

③到彼岸：《解义》："彼岸亦是喻言。譬如江海，非舟楫莫渡，已到彼岸，舟楫可捨。一切凡夫欲度烦恼苦海，生死大河，非佛法莫渡。佛法惟何？即摩诃般若是也。"

④解义：指善解法义。

⑤"名为"，真朴本、金陵本作"是于"。

案《解义》："然未到彼岸之前，应作逆流之行。逆流者，远离六尘，解脱生灭之谓。盖一切尘劳烦恼，皆由因缘和合，妄有生灭，根尘相触，为境所牵。如水之有波浪，前簸后涌，把舵不定，即名此岸。"

⑥案《讲座》："此岸是生灭，彼岸是不生不灭。但生灭是从何而起

呢？佛教认为，你一著境，一落入相对之中，生灭就起来了。如同水里的波浪一样，一波一浪，一起一伏，一生一灭。这些波浪形成了永流不息的长江大河。把永流不息的无穷无尽的波浪都汇归自己，就是永恒，就是彼岸。要知道此岸就是彼岸，不是离开了此岸而别有什么彼岸，不是离开了一个又一个的波浪而别有什么彼岸，不是离开了一个又一个的波浪而别有一个长江大河。"

⑦案《解义》："若能了知一切境界，如幻如化，毫不为动，于境离境，即无生灭。如水之常常通流，东通西达，四无滞碍，即名为彼岸，故号波罗蜜。"

⑧案《解义》："云何等佛？心、佛、众生本无差别。佛之地位虽高，亦可阶而至也，如不修行，纵经万劫，终是凡夫。"

⑨凡夫即佛：《解义》："凡夫与佛，名虽不同，佛性毫无差别。过去诸佛，在初亦是凡夫；现在凡夫，从今日起修至成就菩提，即是未来佛。"

⑩烦恼：梵 kleśa，指扰乱身心之精神作用。

烦恼即菩提：《解义》："云何烦恼即菩提？烦恼、菩提名虽有二，然同出自性则一。"

## 【释义】

"什么名叫波罗蜜呢？这是印度梵语的音译，意译为汉语是到彼岸的意思，进一步解释其法义就是远离无常生灭。执著于各种外境，无常生灭就会生起，如同水面有波浪一样，这就名叫此岸。远离各种外境，就不会有无常生灭生起，如同水经常流通一样，这就名叫彼岸，故称为波罗蜜。诸位善知识。迷惑的人只一味在口中念，而当他在口念的时候，心中还有各种妄想是非的分别。如果能够在念念之间修行，这才叫作真正的心性。能够悟得此法的，就是般若法；能够修行此行的，就是般若行。不修行就是凡夫，能够一念修行自身就等同于佛。诸位善知识。凡夫就是佛，烦恼就是菩提，因为二者的本质都是一样的。前一个念头迷惑了就是凡夫，后一个念头证悟了就是佛。前一个念头执著外境了就是烦恼，后一个念头远离外境了就是菩提。"

【原文】

"善知识。摩诃般若波罗蜜最尊、最上、最第一，无住、无往亦无来，三世诸佛从中出①。当用大智慧打破五蕴烦恼尘劳②，如此修行，定成佛道③，变三毒为戒、定、慧④。善知识。我此法门，从一般若生八万四千智慧⑤。何以故？为世人有八万四千尘劳。若无尘劳，智慧常现，不离自性。悟此法者，即是无念⑥、无忆⑦、无著⑧，不起诳妄。用自真如性⑨，以智慧观照，于一切法不取不舍，即是见性成佛道。"

【校注】

①三世：指过去、现在、未来。

②尘劳：指烦恼。《笺注》："尘劳即烦恼之异称，可以污吾人之真性者。"

③佛道：指成佛之道。《笺注》："佛所得之无上菩提，谓之佛道。"

④三毒：指三种烦恼，即：贪欲、嗔恚、愚痴。《笺注》："三毒者：一、贪毒，引取之贪心，以迷心而对于一切顺情之境，引取不厌

者；二、嗔毒，恚忿之嗔心，以迷心而对于一心违情之境，起忿怒者；三、痴毒，迷暗之痴心，心性暗钝，迷于事理之法者是也，亦名无明。"

戒、定、慧：指三学，即佛教徒必修之三种增上学。《笺注》："防身之恶，曰戒，使散乱之心静，曰定；去惑证理，曰慧。"

⑤八万四千：指数量极多，乃虚言也。《笺注》："西天之法，凡显物之多，常举八万四千之数。"

⑥无念：指无有妄念。《解义》："无念者，一切善法、恶法心不染著也。"

⑦无忆：指无有追忆。《解义》："无忆者，过去种种并将为空也。"

⑧无著：指无有执著。《解义》："无著者，当境现前不生分别也。"

⑨真如：梵 bhūta-tathatā，指真实不虚、恒常不变之本体。

## 【释义】

"诸位善知识。摩诃般若波罗蜜是最为尊贵、最为上乘、最为第一的法门，其没有住著、也没有往来，过去、现在、未来三世一切诸佛全都从中生出。应当用大智慧打破五蕴的烦恼尘劳，像这样修行，必定能够成就佛道，转变贪、嗔、痴三毒为戒、定、慧三学。诸位善知识。我的这个法门，是从一般若中生出八万四千智慧。为什么呢？因为世人有八万四千烦恼。如果没有了烦恼，智慧就会恒常现前，永不脱离自性。能够悟得此法，就是无念、无忆、无著，不再生起虚诳妄想。用自己的真如之性，以智慧来观照一切，对一切诸法不执取也不舍离，这就是见性成就佛道。"

**【原文】**

"善知识。若欲入甚深法界及般若三昧者①，须修般若行，持诵《金刚般若经》②，即得见性。当知此经功德无量无边③，经中分明赞叹，莫能具说④。此法门是最上乘，为大智人说，为上根人说⑤。小根小智人闻，心生不信⑥。何以故？譬如大龙下雨于阎浮提⑦，城邑⑧、聚落悉皆漂流⑨，如漂枣叶；若雨大海，不增不减。若大乘人，若最上乘人，闻说《金刚经》，心开悟解。故知本性自有般若之智，自用智慧常观照故，不假文字。譬如雨水，不从天有⑩，元是龙能兴致⑪，令一切众生、一切草木、有情无情悉皆蒙润。百川众流⑫，却入大海，合为一体。众生本性般若之智亦复如是。"

**【校注】**

①甚深：指十分深邃。《笺注》："法之幽妙者名深，深之极者名甚。"

三昧：梵 samādhi，指正定，即心一境性。《解义》："三昧，译言正受，亦名正定。"

②持诵：指受持读诵。

③功德：梵 guṇa，指功能福德。隋吉藏《胜鬘宝窟》卷上本："恶尽曰功，善满称德。又德者得也，修功所得，故名功德。"

④案后秦鸠摩罗什译《金刚般若波罗蜜经》："若复有人于后末世，能受持、读诵此经所得功德，于我所供养诸佛功德，百分不及一、千万亿分乃至算数譬喻所不能及。"及多处校量福德之经文。

⑤案后秦鸠摩罗什译《金刚般若波罗蜜经》:"须菩提。以要言之,是经有不可思议不可称量无边功德,如来为发大乘者说,为发最上乘者说。"《讲座》:"佛教的修行讲究人的根器,因根器的不同,而相应设立种种的法,一般把根器分为上中下三种。禅宗是为上根利器,也就是大智慧人开设的法门。"

⑥案后秦鸠摩罗什译《金刚般若波罗蜜经》:"须菩提。若善男子、善女人于后末世,有受持、读诵此经所得功德,我若具说者,或有人闻,心则狂乱,狐疑不信。""须菩提。若乐小法者,著我见、人见、众生见、寿者见,则于此经不能听受、读诵、为人解说。"

⑦"大",大谷本、金陵本作"天"。

龙:梵 nāga,指能呼云唤雨之蛇形畜类。

阎浮提:梵 Jambu-dvīpa,指南赡部州,即人类目前所居止之世界。

⑧城邑:指城市。《笺注》:"城,城郭也。内曰城,外曰郭。邑,都邑也。大曰都,小曰邑。"

⑨聚落:梵 grāma,指村落。《笺注》:"聚落,即村落也。为人所集居之处。"

⑩"天",《笺注》作"无"。

⑪兴致:指导致。

⑫百川:指江河湖泽的总称。

## 【释义】

"诸位善知识。如果想证入甚深法界及般若三昧,必须修习般若行,受持读诵《金刚般若波罗蜜经》,就可得以见性。应当知道此经的功德无量无边,经文中有多处明确赞叹之语,这里就不能一一列举了。此法门是最上乘的，是为具有大智慧的人讲说的，为具有上上根性的人讲说的。如果那些具有小根性、小智慧的人听闻到此法门，心中是难以相信的。为什么呢？就好像龙从天上降雨到阎浮提洲，城市、村落全都被大水漂流冲垮，如同水中漂浮的枣树树叶；如果降雨到大海之中，大海则不会有增减变化。像大乘之人，像最上乘人，听说《金刚经》，就会心开悟解。故知本性之中自有般若智慧，自用智慧恒常观照诸法，不需要假借任何文字。就好像雨水，不是从天空中产生的，而是有龙才能导致的，令一切众生、一切草木、有情无情等世间万物全都蒙受润泽。所有百川众多之水流，最终全都汇入大海，合为一体。众生本性所具有的般若智慧也是一样。"

## 【原文】

"善知识。小根之人闻此顿教，犹如草木根性小者，若被大雨悉皆自倒，不能增长。小根之人亦复如是，元有般若之智，与大智人更无差别，因何闻法不自开悟？缘邪见障重，烦恼根深。犹如大云，覆盖于日，不得风吹，日光不现。般若之智亦无大小，为一切众生自心迷悟不同。迷心外见，修行觅佛，未悟自性，即是小根①。若开悟顿教，不执外修②，但于自心常起正见③，烦恼尘劳常不能染，即是见性。"

## 【校注】

①案《讯释》："若能悟性，乃名大根。余于是而知，无智无愚、无佛无众生，亦惟在迷悟之间尔。"《讲座》："所谓小根小器，也是对众生

的一种教育方法。谁愿意承认自己是小根小器呢？一切众生皆有佛性，皆可成佛，在这上面是没有大小高低之分的，一切众生都绝对平等。你相信就是上根大器，小根小器也是大根大器；若不相信就是小根小器，大根大器也是小根小器。"

②"执"，《径山藏》、增上本作"能"。

③正见：梵 samyag-dṛṣṭi，指正确之见解。《笺注》："正见者，明知苦、集、灭、道之理也。"

## 【释义】

"诸位善知识。小根之人听闻到此种顿教法门，就好像草木的根比较小，如果被大雨冲刷全都会倒掉，不能再生长了。小根之人也是一样，原本所具有的般若智慧，与大智慧人没有什么差别，为什么在闻法之后不能自行开悟呢？就是因为小根之人邪见的障碍太重了，烦恼根深蒂固难于去除。就好像大片的乌云，遮挡住太阳一样，没有风吹云散，日光是不能显现的。般若智慧本身也没有大小之别，只是由于一切众生自心的迷悟程度不同。以迷惑之心外求见性，从而修行寻觅成佛之道，没能悟得自性，这就是小根。如果开悟顿教，不执著于向外修行，只从自心恒常生起正见，烦恼尘劳终不能染污自心，这就是见性。"

## 【原文】

"善知识。内外不住，去来自由，能除执心①，通达无碍。能修此行，与《般若经》本无差别②。善知识。一切修多罗及诸文字③、大小二乘十二部经④，皆因人置⑤。因智慧性，方能建立。若无世人，一切万法本自不有，故知万法本自人兴，一切经书因人说有。缘其人中有愚有智，愚为小人⑥，智为大人⑦。愚者问于智人，智者与愚人说法，愚人忽然悟解心开⑧，即与智人无别⑨。善知识。不悟，即佛是众生；一念悟时，众生是佛。故知万法尽在自心，何不从自心中顿见真如本性⑩？《菩萨戒经》云：'我本元自性清净⑪。'若识自心见性，皆成佛道。《净名经》云：'即时豁然，还得本心。'⑫"

## 【校注】

①执心：指执著之心。《笺注》："因事物而执著不离之心，名执心。"

②《般若经》：指后秦鸠摩罗什译《金刚般若波罗蜜经》。

③修多罗：梵 sūtra，指契经。《笺注》："契理合机，名契。贯穿法相，摄持所化，如经之于纬，名经。"

④大小二乘：指大乘与小乘。《笺注》："对小机说罗汉道，名小乘。对大机说作佛之道，名大乘。"《解义》："大小二乘者，佛初时说有，中时说无，即二乘也，故谓之小。后说非有非无，即一乘也，故谓之大。"

十二部经：梵 dvādaśāṅga-buddha-vacana，指佛经的十二种文体，即：契经（修多罗）、应颂（祇夜，梵 geya）、受记（和伽罗那，梵 vyākaraṇa）、讽颂（伽陀，梵 gāthā）、自说（优陀那，梵 udāna）、因缘（尼陀那，梵 nidāna）、譬喻（阿波陀那，梵 avadāna）、本事（伊帝目多伽，梵 itivṛttaka，）、本生（闍陀伽，梵 jātaka）、方广（毗佛略，梵 vaipulya）、希法（阿浮陀达摩，梵 adbhuta-dharma）、论议（优波提，梵 upadeśa）。

⑤案《讲座》："因为有了不同根器的众生，佛才分别说了十二门的法。因为人世间的众生有那么多的烦恼，陷在生老病死之中不得解脱，佛才相应地说了那么多的法。"

⑥小人：《解义》："小人者，细小之谓，非君子之对相。"

⑦大人：《解义》："大人者，能明佛法之谓，非阶级之尊称。"

⑧"然"，真朴本、金陵本无。

⑨案《讲座》："有人说只有上根利器的人、大知识分子才能学禅宗，下根的人就不能学。其实这是外行话，禅宗是三根普摄，对文化低的人更为适宜。"

⑩"何不从自心"，真朴本无。

⑪"元自性"，大谷本作"性元自"。

案后秦鸠摩罗什译《梵网经卢舍那佛说菩萨心地戒品第十》卷下："是一切众生戒，本源自性清净。"

⑫案后秦鸠摩罗什译《维摩诘所说经》卷上《弟子品》："时维摩诘即入三昧，令此比丘自识宿命，曾于五百佛所植众德本，回向阿耨多罗三藐三菩提，即时豁然，还得本心。"

## 【释义】

"诸位善知识。内外全都不住著，来去自由，能够除掉执取之心，便可通达无所障碍。能够这样修行的，就与《金刚般若波罗蜜经》中的境界没有差别。诸位善知识。一切经文及各种文字解说，所有大小二乘十二部经，全都是为了教化众生才编撰的。因为有了人的智慧本性，这些经典才能够建立。如果没有世人，一切万法也就不会产生了，故知一切万法是因人之存在才得以兴起的，一切经书也是因人的讲说才产生的。由于人与人之间有愚痴与智慧的差别，愚痴者为小人，智慧者为大人。愚者请教于智者，智者给愚者说法，愚者听后忽然悟解心开，当下就与智者没有区别了。诸位善知识。不能开悟，则佛就是众生；一念开悟之时，则众生就是佛。故知一切万法全都在于人之自心，为何不从自心中顿见真如本性呢？《梵网经》中说：'我本来就自性清净。'如果识得自心从而见性，那么众生全都能够成就佛道。《维摩诘所说经》中说：'当下豁然开悟，还是证得的自己本心。'"

## 【原文】

"善知识。我于忍和尚处一闻，言下便悟，顿见真如本性。是以将此教法流行，令学道者顿悟菩提，各自观心，自见本性。若自不悟，须觅大善知识解最上乘法者，直示正路。是善知识有大因缘<sup>①</sup>，所谓化导令得见性，一切善法因善知识能发起故。三世诸佛十二部经，在人性中本自具有，不能自悟，须求善知识指示方见。若自悟者，不假外求。若一向执谓须他善知识方得解脱者<sup>②</sup>，无有是处。何以故？自心内有知识自悟。若起邪迷妄念颠倒<sup>③</sup>，外善知识虽有教授，救不可得。若起正真般若观照，一刹那间妄念俱灭<sup>④</sup>。若识自性，一悟即至佛地。"

## 【校注】

①因缘：梵 hetu-pratyaya，指内因与外缘。

②"方"，大谷本、真朴本、金陵本作"望"。

③颠倒：梵 viparīta，指违背正道常理。

④一刹那：梵 kśaṇa，指极短之瞬间。

## 【释义】

"诸位善知识。我在五祖弘忍和尚处一闻法要，当下就开悟了，立刻见到真如本性。所以我现在将此顿教法门宣扬流行，令学道之人能够顿悟菩提，各自观照本心，各自见到本性。如果自己不能开悟，必须寻求一位大善知识，他能够悟解最上乘法，来直接指示出正确的修行之路。这种善知识是具有广大因缘的，所谓能够教化导引令众生得见本性，一切善法都因善知识而能引发生起。过去、现在、未来三世诸佛在十二部经中讲述的法义，在人性中是本自具有的，由于不能够自性开悟，才必须寻求善知识给予指示方能见到。如果能够自行开悟，就不需要再外求什么指示。如果一向执著地以为必须借助其他善知识的指示才能够获得解脱，这种认识完全是不正确的。为什么呢？因为自心内有知识，便能自性开悟。如果生起邪迷妄想之颠倒见解，就算有善知识给予指示，也难于挽救不能开悟的现实。如果生起正确真实之智慧观照，一刹那间妄念全都消灭。如果能够识得自性，一朝开悟便能立刻达到佛的境地。"

## 【原文】

"善知识。智慧观照，内外明彻，识自本心。若识本心，即本解脱。若得解脱，即是般若三昧，即是无念①。何名无念？若见一切法，心不染著，是为无念。用即遍一切处，亦不著一切处。但净本心，使六识出六门②，于六尘中无染无杂③，来去自由，通用无滞，即是般若三昧，自在解脱<sup>④</sup>，名无念行。若百物不思，当令念绝<sup>⑤</sup>，即是法缚<sup>⑥</sup>，即名边见<sup>⑦</sup>。"

## 【校注】

①"即"上，真朴本、金陵本有"般若三昧"。

②六识：梵 ṣaḍ vijñāna，指眼识、耳识、鼻识、舌识、身识、意识。《笺注》："对于六根之色、声、香、味、触、法六境、能生见、闻、嗅、味、觉、知之了别作用者是也。"

六门：梵 ṣaḍ indriyāṅi，指六根，即：眼根、耳根、鼻根、舌根、身根、意根。《笺注》："眼、耳、鼻、舌、身是外五门，内有意门，共六门。"

③"杂"，金陵本作"襍"。

六尘：梵 ṣaḍ viṣayāḥ，指六境，即：色尘、声尘、香尘、味尘、触尘、法尘。

④自在：梵 īśvara，指随心所欲，无有约束。《笺注》："进退无碍，名自在。又心离烦恼之系缚，通达无碍，名自在。"

⑤案《解义》："念绝即死。云何念绝即死？因一切众生依妄念而住，念绝故生命亦绝，可不慎哉！"

⑥法缚：指法执，即被思想被所知所见所束缚，也就是执著于法，与法执同义。

⑦边见：指偏执之恶见。《笺注》："即或为断见，或为偏于常见一边之恶见也。"

案《讲座》："一些修行的人不懂六祖这个'无念'的真意，很久以来，都以为般若三昧就是无念——就是没有任何念头。这种说法误人不浅，禅宗后来的衰微，也与这个错误的理解有关，所以有必要再次申说一下。其实六祖在《坛经》中涉及到'无念'的几个地方都是解释明白的。因为后人把'无念'两字执著了，不结合佛法作彻底的研究，认为只这两个字就够了，佛法也可以不讲了，祖师们的开示也不必听了；一说用功，就是什么都不要想，因为一想就'有念'嘛。于是经也不看，论也不看，戒律也不管，参话头也只参一个。这就把一个好端端学佛的人，变成了一个对社会毫无用处的废物，就大错了。须知这种'无念'决不是六祖大师强调的那个'无念'。'念'在佛法里有两层意思：一是记忆，即以不忘失为性；二是指系念，即把某件事情放在心上。两者相近而不同，都是精神和思想的重要功能，没有这个功能，思想就没有积累和创造。修行的人，非但要用这个功能，还应把它锻炼得更加有用才行。所以，无念若理解为不思、不想、不忆、不系念，那就危险了。"

## 【释义】

"诸位善知识。用智慧来观照一切，则身内身外全都明了洞彻，从而识得自性本心。如果能够识得本心，就是本来解脱。如果获得解脱，就是般若三昧，就是无念。为什么叫作无念呢？如果见到一切法，心中没有任何染著，这就是无念。其作用可以遍及一切处所，但又不执著于一切处所。只要能够澄净本心，使六识出于六门，于六尘之中没有任何杂染，来去自由，通用无有滞碍，这就是般若三昧，自在解脱，所以称为无念修行。如果任何事物都不去想，令自己所有念头都灭绝，这就是被法束缚，称为边见。"

**【原文】**

"善知识。悟无念法者，万法尽通；悟无念法者，见诸佛境界；悟无念法者，至佛地位。善知识。后代得吾法者，将此顿教法门，于同见同行①，发愿受持。如事佛故，终身而不退者②，定入圣位③。然须传授，从上以来默传分付④，不得匿其正法⑤。若不同见同行，在别法中不得传付⑥，损彼前人，究竟无益。恐愚人不解，谤此法门，百劫千生断佛种性⑦。"

**【校注】**

①同见同行：《笺注》："同行，为三善知识之一，同心而行道者之谓也。"《解义》："同见同行者，即发菩提心修般若行之类。"

②不退：梵 avinivartanīya，指无有退失。

③"定"，真朴本、金陵本作"欲"。

圣位：指圣人之果位。

④默传：指不以言语相传。《笺注》："默传者，以心传心，见性成佛。宗门之传授，在言语之外，故名默。"

分付：指分别付嘱。

⑤正法：梵 sad-dharma，指真正之教法。《笺注》："正法，真正之道法也。理无差，故云正。法，为三宝中之法宝，以教、理、行、果四者为体。"

⑥别法：指非禅宗顿教的其他法门。

⑦种性：梵 gotra，指故有之性。因其性如种子，可发生未来之果，故得名。

"诸位善知识。能够证悟无念法，则万法全都能贯通，能够证悟无念法，则见一切诸佛境界，能够证悟无念法，则即达到佛的地位。诸位善知识。后代能够得到我所传教法的人，将此顿教法门，在具有共同见解及共同修行的人中间，发起誓愿领受忆持。如果能像事奉佛一样，终身受持顿教没有退转，则必定证入圣位。此后必须像历代祖师那样，将此法再默默地传授下去，不得将正法隐藏起来。如果是在具有不同见解及不同修行的人中间，对于受持另外教法的人就不要传授了，以免有损前人，究竟没有益处。只怕愚人不能理解，毁谤此顿教法门，从而百劫千生沉溺轮回，断绝了成佛的种性。"

## 【原文】

"善知识。吾有一《无相颂》，各须诵取，在家、出家但依此修。若不自修，惟记吾言，亦无有益。"听吾颂曰：

说通及心通①，如日处虚空。

唯传见性法，出世破邪宗②。

法即无顿渐，迷悟有迟疾。

只此见性门，愚人不可悉。

说即虽万般，合理还归一。

烦恼闇宅中③，常须生慧日④。

邪来烦恼至，正来烦恼除，

邪正俱不用，清净至无馀⑤。

菩提本自性，起心即是妄，

净心在妄中，但正无三障⑥。

世人若修道，一切尽不妨。

常自见己过，与道即相当。

色类自有道，各不相妨恼。

离道别觅道，终身不见道。

波波度一生⑦，到头还自懊。

欲得见真道，行正即是道。

自若无道心，闇行不见道。

若真修道人，不见世间过⑧；

若见他人非，自非却是左⑨。

他非我不非，我非自有过；

但自却非心，打除烦恼破。

憎爱不关心，长伸两脚卧。

欲拟化他人，自须有方便⑩；

勿令彼有疑⑪，即是自性现。

佛法在世间，不离世间觉，

离世觅菩提，恰如求兔角⑫。

正见名出世⑬，邪见名世间⑭，

邪正尽打却，菩提性宛然⑮。

此颂是顿教，亦名大法船⑯，

迷闻经累劫，悟则刹那间。

【校注】

①说通：指说法通达。《笺注》：“说通者，说法逗机之相也。”《解

义》："说通，即辩才无碍，能应众生根器说法是也。"

心通：指自心通达。《笺注》："心通即宗通也。宗通者，即自证殊相之相也。"《解义》："宗通，即明自性宗，传佛心印是也。"

②出世：指出现世间。

邪宗：指邪谬之宗。《笺注》："凡不以见性为宗者，曰邪宗。"

③"闇"，真朴本、金陵本作"暗"。下同。

④慧日：梵 jñāna-divākara，以日光比喻智慧，能够照破无明生死黑暗。

⑤无馀：指无馀涅槃。《笺注》："无念清净至达不生灭之地。"

⑥三障：梵 trīṇy āvaranāni，指三种妨害圣道之障碍，即：烦恼障、业障、报障。《笺注》："三障者：一、烦恼障，如贪欲、愚痴等之惑；二、业障，如五逆、十恶之业；三、报障，如地狱、饿鬼、畜生等之苦报。"

⑦波波：指奔波。

⑧世间：梵 loka，指迁流变化之世界。《笺注》："世间有二：一为有情世间，一为器世间。此指有情世间而言，为一切有情栖息之世间。换言之，即人类是也。"

⑨左：指左道，即不正之邪道也。

⑩方便：梵 upāya，指善巧权谋。

⑪"彼"，增上本、大谷本、真朴本作"破"。

⑫兔角：指虚无之事。《笺注》："愚人误兔之耳为角，此以喻物之必无也。"

⑬出世：指出世间。《笺注》："超出世间而修净行谓之出世。"

⑭"名"，原作"是"，从文义，据真朴本、金陵本改。

⑮宛然：指真切清晰。

⑯法船：指佛法。《笺注》："佛以渡人过生死海，到涅槃岸，譬如船筏，故曰法船。"

## 【释义】

"诸位善知识。我有一首《无相颂》，你们各自必须读诵执取，无论是在家众，还是出家众，只要依此颂修行。如果不能自我修行，光记下我的话，也是没有任何益处的。"听我《无相颂》的内容是：

> 我修道的身体犹如菩提树般坚定，
>
> 能够说法通达又能证悟自心通达，
>
> 如同太阳升起处在虚空之中一样。
>
> 我只传授明心见性禅宗顿教法门，
>
> 此法出现世间可以破除一切邪宗。
>
> 佛法原本没有顿教与渐教之差别，
>
> 只因众生迷悟不同而有快慢之分。
>
> 仅就此明心见性的顿教法门而言，
>
> 愚痴之人是不可能通晓和领悟的。
>
> 说法的方式虽然有各种方式方法，
>
> 但所讲的真理终归还是只有一个。
>
> 心有烦恼犹如处在黑暗的房屋中，
>
> 常须生起智慧太阳才能获得光明。
>
> 如果心生邪见烦恼也就随之而来，
>
> 如果心生正见烦恼也就随之而除，

邪见正见在心中全都不产生作用，
那必获得清净而达无馀涅槃之境。
无上菩提佛性本是众生自心本性，
众生只要起心动念就是妄心作用，
而清净之心就隐藏在这妄心之中，
只要正念现前就可清除三种障碍。
世间之人如果想要修行解脱道法，
一切修行方法全都不会相互妨害。
恒常自己省察自己所犯各种过失，
这就能够与佛道在当下相互契合。
一切有形有相众生之类自有其道，
它们各自不存在相互的妨碍恼害。
离开自性之道而去别求其他道法，
终其一生都不可能见到真正的道。
如此奔波忙碌白白度过一生时光，
到头来是一无所获还得独自懊悔。
如果想得见真正的道是什么样子，
只要能够修行正法就是真正之道。
自己如果没有存真正的修道之心，
就像在黑暗中行走看不见路一样。
如果一个真正发心修行佛道之人，
他是看不见世间之人任何过失的；
如果修道之人看到别人争论是非，

自己也争论是非这便堕入了邪道。

别人争论是非我不随之争论是非，

如果我也争论是非自己便有过失，

只要自己能够去掉争论是非之心，

也就从而打消破除一切烦恼障碍。

世间任何爱恨情仇全都漠不关心，

长长伸出双腿两脚悠然自在而卧。

如果想要指导教化他人修习佛道，

自己必须具有各种权巧方便手段；

不要让众生心中产生任何的疑惑，

这就是众生自心本性显现的时刻。

真正的佛法是存在于有情世间的，

从来不可能脱离世间而获得觉悟，

试图脱离世间而去寻觅无上菩提，

就如同求取兔子头上长的角一样。

真正的见解被称为出世间之教法，

错误的见解才被称为世间之教法，

邪见正见全都被打破去除掉之后，

菩提自性就从心中宛然显现出来。

这个偈颂讲的就是禅宗顿教法门，

又可将之比喻为能度生死之大船，

迷者听后经历累劫不能明心见性，

悟者听后在刹那间就能证道成就。

【原文】

师复曰："今于大梵寺说此顿教，普愿法界众生，言下见性成佛。"

时韦使君与官僚、道俗，闻师所说，无不省悟<sup>①</sup>。一时作礼<sup>②</sup>，皆叹："善哉！何期岭南有佛出世<sup>③</sup>！"

【校注】

①省悟：指醒悟。

②一时：指同一时刻。

③佛：指惠能。

【释义】

惠能又说道："今天我在大梵寺说此禅宗顿教法门，普遍希望法界众生，当下就能见性成佛。"

当时刺史韦璩与官僚、道俗，听惠能所说顿教法门之后，无不自心省悟。他们同时向惠能行礼，并全都赞叹道："善哉！没想到岭南竟然有佛出现世间！"

## 疑问第三①

**【原文】**

一日，韦刺史为师设大会斋②。斋讫③，刺史请师陞座，同官僚、士庶肃容再拜④。

问曰："弟子闻和尚说法，实不可思议⑤。今有少疑，愿大慈悲，特为解说。"

师曰："有疑即问，吾当为说。"

**【校注】**

① "疑问"，真朴本、金陵本作"决疑品"。

② 大会斋：《笺注》："大会，大法会也。大会而兼吃斋，故云大会斋。"

③ 斋讫：指用斋完毕，当为中午之时。《笺注》："斋，戒也，敬也，又斋食也。就戒律上言，食分时非时。正午以前为正时，正午以后为非时。时则可食，非时则不可食。"

④ 士庶：指士人和百姓。

肃容：指整肃仪容。

⑤ 不可思议：梵 a-cintya，指不可以思维和言说之境界。《笺注》："不可思议者，言理之深妙，事之希奇，不可以心思，不可以言议也。"

## 【释义】

　　一天，刺史韦璩为惠能设置了很大的法会和斋筵。在用斋结束后，刺史韦璩恭请惠能升高座，自己同官僚、士人及百姓整肃仪容，向惠能再行礼拜。

　　韦璩问惠能道："弟子我听和尚所说的法，实在高妙不可思议。现在我还有少许疑惑，希望您发大慈悲心，能够特别为我解说一下。"

　　惠能说道："你有何疑惑就问，我必当为你解说。"

## 【原文】

　　韦公曰："和尚所说，可不是达磨大师宗旨乎①？"

　　师曰："是。"

　　公曰："弟子闻达磨初化梁武帝②，帝问云：'朕一生造寺③、度僧④、布施⑤、设斋⑥，有何功德？'达磨言：'实无功德。'⑦弟子未达此理，愿和尚为说。"

　　师曰："实无功德，勿疑先圣之言。武帝心邪，不知正法。造寺、度僧、布施、设斋，名为求福⑧，不可将福便为功德。功德在法身中⑨，不在修福。"

　　师又曰："见性是功，平等是德⑩。念念无滞，常见本性真实妙用，名为功德。内心谦下是功，外行于礼是德；自性建立万法是功，心体离念是德；不离自性是功，应用无染是德。若觅功德法身，但依此作，是真功德。若修功德之人，心即不轻，常行普敬。心常轻人，吾我不断，即自无功。自性虚妄不实，即自无德。为吾我自大，常轻一切故。善知识。念念无间是功，心行平直是德；自修性是功，自修身是德。善知识。功德须自性内见，不是布施、供养之所求也。是以福德与功德别⑪，武帝不识真理，非我祖师有过。"

【校注】

①"磨"，金陵本作"摩"。下同。

宗旨：指禅宗之要旨。《笺注》："宗旨，谓正确之意指也。"

②梁武帝：指萧衍（464—549），字叔达，小字练儿，南兰陵（今江苏常州）人。唐姚思廉《梁书》卷一、卷二、卷三有纪。

③朕：指皇帝自称之谓。《笺注》："朕，我也。古时上下通称之，秦始皇始作天子之自称用。"

造寺：指建造寺院。

④度僧：指令俗人出家为僧。

⑤布施：梵 dāna，指施捨财物给所需之人。

⑥设斋：指施设蔬食。

案南唐静、筠《祖堂集》卷二《菩提达摩》："尔时武帝问：'如何是圣谛第一义？'师曰：'廓然无圣。'帝曰：'对朕者谁？'师曰：'不识。'又问：'朕自登九五已来，度人造寺，写经造像，有何功德？'师曰：'无功德。'帝曰：'何以无功德？'师曰：'此是人天小果，有漏之因，如影随形。虽有善因，非是实相。'武帝问：'如何是实功德？'师曰：'净智妙圆，体自空寂，如是功德，不以世求。'武帝不了达摩所言，变容不言。达摩其年十月十九日，自知机不契，则潜过江北，入于魏邦。"北宋道原《景德传灯录》卷三《菩提达磨》："师泛重溟，凡三

周寒暑，达于南海，实梁普通八年丁未岁九月二十一日也。广州刺史萧
昂具主礼迎接，表闻武帝。帝览奏，遣使赍诏迎请，十月一日至金陵。
帝问曰：'朕即位已来，造寺、写经、度僧不可胜纪，有何功德？'师
曰：'并无功德。'帝曰：'何以无功德？'师曰：'此但人天小果，有漏
之因，如影随形，虽有非实。'帝曰：'如何是真功德？'答曰：'净智
妙圆，体自空寂，如是功德不以世求。'帝又问：'如何是圣谛第一义？'
师曰：'廓然无圣。'帝曰：'对朕者谁？'师曰：'不识。'帝不领悟，
师知机不契，是月十九日潜回江北。"

⑧求福：指追求福报。《解义》："福者，施捨一切，将来必获福报，
故曰求福。"

⑨法身：梵 dharma-kāya，指诸佛真如法性之身。

⑩平等：梵 sama，指平均相等而无差别。《笺注》："无高下浅深之
别名平等，平等对差别而言。宇宙本质，皆同一体，一切法、一切众生
本无差别，故曰平等。"

⑪福德：指修善行所得福利。

## 【释义】

韦璩问道："和尚所说的法，是不是达磨大师所传的宗旨呢？"

惠能答道："是的。"

韦璩说道："弟子我听说达磨大师当年初到中国想度化梁武帝，梁
武帝问道：'我一生建造寺院、度化僧众、布施财务、施设斋食，这有什
么功德呢？'达磨答道：'确实没有功德。'弟子我未能通达此机锋中所
蕴含的道理，希望和尚能为我解说。"

惠能说道："确实没有功德，不要怀疑先辈圣人所说的话。梁武帝

心存邪见，不知晓真正佛法。建造寺院、度化僧众、布施财务、施设斋食，只能称作追求福报，不可以将福报当作功德。功德在真如法性身中，不在修行福报中。"

惠能又说道："明心见性是功，诸法平等是德。每一心念都无有滞碍，恒常得见自己本性的真实妙用，名叫功德。内心谦卑不自高大是功，外在行为合乎礼法是德，自性能够建立万法是功，自心本体远离妄念是德；永不远离自心本性是功，应用自在无有染著是德。如果想寻觅功德法身，只要依照这样去做，就是真正的功德。如果那些修行功德的人，不能存轻蔑之心，要对他人常行普遍尊敬。心中经常轻蔑他人，不能够断除贡高我慢，那么自己就没有任何功。自性虚假迷妄不实，那么自己就没有任何德。之所以无功无德，就是因为总认为我自己最高最大，经常轻蔑一切的缘故。诸位善知识。念头之间无有空隙是功，心中常行平等正直是德，自己修行自心本性是功，自己修行自身言行是德。诸位善知识。功德必须在自性之内观见，不是布施财物、供养衣食所能求得的。所以福德与功德在本质上是不同的，梁武帝不能识知真理，并非是我的祖师有所过错。"

## 【原文】

刺史又问曰："弟子常见僧俗念阿弥陀佛①，愿生西方②。请和尚说，得生彼否？愿为破疑。"

师言："使君善听③，惠能与说。世尊在舍卫城中说西方引化④，经文分明：'去此不远。'⑤若论相说，里数有十万八千⑥，即身中十恶八邪⑦，便是说远。说远为其下根，说近为其上智。人有两种，法无两般；迷悟有殊，见有迟疾。迷人念佛求生于彼[8]，悟人自净其心[9]。所以佛言：'随其心净即佛土净[10]。'使君[11]。东方人但心净即无罪[12]，虽西方人心不净亦有愆[13]。东方人造罪，念佛求生西方；西方人造罪，念佛求生何国[14]？凡愚不了自性，不识身中净土[15]，愿东愿西。悟人在处一般，所以佛言：'随所住处恒安乐。'[16]使君[17]。心地但无不善[18]，西方去此不遥；若怀不善之心，念佛往生难到[19]。今劝善知识，先除十恶，即行十万；后除八邪，乃过八千。念念见性，常行平直，到如弹指[20]，便睹弥陀[21]。使君[22]。但行十善[23]，何须更愿往生[24]？不断十恶之心，何佛即来迎请？若悟无生顿法[25]，见西方只在刹那；不悟念佛求生，路遥如何得达？惠能与诸人移西方于刹那间[26]，目前便见，各愿见否？"

众皆顶礼云[27]："若此处见，何须更愿往生？愿和尚慈悲，便现西方，普令得见。"

【校注】

①阿弥陀佛：梵 Amita-buddha，指西方极乐世界之教主。

②案后秦鸠摩罗什译《佛说阿弥陀经》："若有善男子、善女人，闻说阿弥陀佛，执持名号，若一日、若二日、若三日、若四日、若五日、若六日、若七日，一心不乱。其人临命终时，阿弥陀佛与诸圣众现在其前。是人终时心不颠倒，即得往生阿弥陀佛极乐国土。舍利弗。我见是利，故说此言，若有众生闻是说者，应当发愿生彼国土。"

③"使"，真朴本作"史"。

④世尊：梵 loka-nātha，指为世间尊重之人。《笺注》："世尊，佛之尊号也。以佛具万德，为世所尊重故也。"

舍卫城：梵 Śrāvastī，指中印度侨萨罗国之都城。《笺注》："舍卫，在中印度境，侨萨罗国之都城。为别南侨萨罗国，故名。"

引化：指接引度化。

案释迦牟尼佛于舍卫城所说为《佛说阿弥陀经》，而《佛说无量寿经》、《佛说观无量寿经》乃于王舍城所说。

⑤案南朝宋畺良耶舍译《佛说观无量寿佛经》："尔时，世尊告韦提希：'汝今知不，阿弥陀佛去此不远，汝当系念谛观彼国净业成者。我今为汝广说众譬，亦令未来世一切凡夫欲修净业者，得生西方极乐国土。'"

⑥"千"下，金陵本有双行夹注："当云国土有十万亿，六祖不深求教相，故误说。"

十万八千：指距离遥远，乃虚言也。《笺注》："十万八千，言其成数也。"

案三国魏康僧铠译《佛说无量寿经》卷上："佛告阿难：'法藏菩萨，今已成佛，现在西方，去此十万亿刹，其佛世界名曰安乐。'"后秦鸠摩罗什译《佛说阿弥陀经》："尔时，佛告长老舍利弗：'从是西方过十万亿佛土，有世界名曰极乐，其土有佛号阿弥陀，今现在说法。'"

⑦十恶：指十种不善行，即：杀生、偷盗、邪淫、妄语、恶口、两舌、绮语、贪欲、嗔恚、愚痴。

八邪：指八种不正道，即：邪见、邪思惟、邪语、邪业、邪命、邪方便、邪念、邪定。

⑧"彼"下，金陵本有双行夹注："此是华严教，事能隐理门。"

念佛：指忆念佛之功德。《讲座》："还有一点，就是要把念佛和称名区别开来，一般人把念佛号当作念佛，不是的，这只是称名而已，就是称持阿弥陀佛的名号。什么是念呢？念是不忘，念是念佛的种种功德，念是念佛不可思议的力量和智慧。所以念佛是要在心里不要忘记佛，要使自己身、语、意三业的活动与佛相应，这才是念佛的本意。"

⑨"心"下，金陵本有双行夹注："此是华严教，理能夺事门。"

⑩"净"下，金陵本有双行夹注："此是华严教，理能成事门。"

案后秦鸠摩罗什译《维摩诘所说经》卷上《佛国品》："若菩萨欲得净土，当净其心，随其心净则佛土净。"

⑪"使"，真朴本、金陵本作"史"。

⑫东方人：指居止于现在世界之人。

⑬"愻"，增上本、大谷本作"愬"，真朴本作"罪"。

"愻"下，金陵本有双行夹注："未超上上，皆名带业，称性而谈，唯佛一人居净土也。"

西方人：指居止于西方极乐世界之人。

愻：《笺注》："愻，《广韵》：'俗愻字。'过也。"

⑭"国"下，金陵本有双行夹注："一往以理夺事，正与以事显理相反。净土人不造罪，故栖神微妙，入华严之玄，圆超东土西方，何肯造罪，人能以念佛心，入无生忍，六祖虽很，决定骂不著。"

⑮"土"下，金陵本有双行夹注："近代邪教，用丹家糟粕作佛法会，人人自以为修身中净土，个个自以为是六祖真传，尽成地狱种也。"

⑯案唐义净译《佛说无常经》："菩提妙华遍庄严，随所住处常

安乐。"

⑰"使",真朴本、金陵本作"史"。

⑱心地：指心能生万法，犹如大地能生万物。《笺注》："心者，万法之本。能生一切诸法，故名心地。"

⑲往生：指命终之后去往西方极乐世界化生。

⑳弹指：梵 acchaṭā，指用食指与拇指相弹，此谓很短时间。

㉑弥陀：指阿弥陀佛。

案南朝宋畺良耶舍译《佛说观无量寿佛经》："行者见已，欢喜踊跃，自见其身乘金刚台，随从佛后，如弹指顷，往生彼国。生彼国已，见佛色身众相具足，见诸菩萨色相具足。"

㉒"使",真朴本作"史"。

㉓十善：指十种善行，即：不杀生、不偷盗、不邪淫、不妄语、不恶口、不两舌、不绮语、不贪欲、不嗔恚、不愚痴。

㉔"生"下，金陵本有双行夹注："一往以理夺事，故不说事能显理门。"

案明袾宏《竹窗三笔》："《六祖坛经》，六祖示不识字，一生靡事笔研，《坛经》皆他人记录，故多讹误。其十万八千、东方西方等说，久已辩明。中又云：'但修十善，何须更愿往生？'夫十善，生天之因也。无佛出世，轮王乃以十善化度众生。六祖不教人生西方见佛，而但使生天可乎！其不足信明矣。故知执《坛经》而非净土者，谬之甚者也。"

㉕无生：指无生忍，梵 anutpattika-dharma-kṣānti，即心安住于诸法无有生灭之理而无动摇。

顿法：指迅速成就之法。

㉖ "于"，真朴本、金陵本作"如"。

㉗顶礼：梵 śirasā bhivandate，指五体投地并以头礼对方双足。

## 【释义】

刺史韦璩又问道："弟子我经常见到僧俗大众称念阿弥陀佛名号，发愿往生西方极乐世界。请和尚解说，他们能够得以往生西方极乐世界吗？希望您能为我破除疑惑。"

惠能说道："韦使君你好好听着，惠能我给你讲说。世尊在舍卫城中讲说西方极乐世界教主阿弥陀佛接引度化之事，在经文中明确指出：'西方极乐世界离我们这个世界并不遥远。'如果从表相上来论说，距离有十万八千里，指的就是我们身上十种恶行和八种邪见，从这个意义上说就很遥远。说距离远是针对下根之人讲的，说距离近是针对上智之人讲的。人虽然分为两种，但真理并没有两样，正因为人有迷惑与悟解的不同，所以见性才有迟缓与疾速的差异。迷惑之人念佛求生西方极乐世界，开悟之人自性净化己心。所以佛说：'随着众生的心净化了，诸佛国土也就严净无比了。'韦使君。我们这个世界的人只要心中清净就没有任何罪过，虽然是西方极乐世界的人，只要心不清净同样也有罪过。我们这个世界的人造下罪业，念阿弥陀佛名号求生西方极乐世界；那西方极乐世界的人造下罪业，又念什么佛求生到什么国土去呢？凡夫愚痴不能够了知自性，不能够识得身中的净土，一会儿想往生东方，一会儿想往生西方。然而，开悟的人生活在哪里都是一样的，所以佛说：'随顺所居止的处所而恒常处于安乐之中。'韦使君。心中只要没有不善，则西方极乐世界就离我们不遥远；如果怀有不善之心，念佛都难以往生到西方极乐世界。现在劝诸位善知识们，首先要除去十种恶行，这就算走了十万里路；然后再除去八种邪见，这就又走了八千里路。每一心念都见到本性，恒常躬行平等正直，到达西方极乐世界就如同弹指般迅速，之后便能亲眼目睹阿弥陀佛的相好庄严。韦使君。只要修持十种善行，何须还要发愿往生西方极乐世界呢？不断除十种恶行之心，又有什么佛回来迎请你去呢？如果悟得无生忍和顿教法门，得见西方极乐世界只在刹那之间，不能悟得无生忍和顿教法门，那路途遥远又如何能得以到达呢？惠能我给大家把极乐世界在刹那之间从西方移到这里，你们眼前就能看到，各位想不想看呢？"

众人全都顶礼说道："如果能在此处就看见极乐世界，又何须再发愿往生西方呢？希望和尚慈悲，方便显现西方极乐世界，普遍让我们得以看见。"

## 【原文】

师言："大众。世人自色身是城①，眼、耳、鼻、舌是门。外有五门②，内有意门。心是地，性是王③。王居心地上，性在王在，性去王无。性在身心存，性去身心坏④。佛向性中作，莫向身外求。自性迷即是众生，自性觉即是佛。慈悲即是观音⑤，喜舍名为势至⑥；能净即释迦⑦，平直即弥陀。人我是须弥⑧，贪欲是海水⑨，烦恼是波浪，毒害是恶龙⑩，虚妄是鬼神⑪，尘劳是鱼鳖，贪瞋是地狱⑫，愚痴是畜生⑬。善知识。常行十善，天堂便至。除人我，须弥倒；去贪欲，海水竭；烦恼无，波浪灭；毒害除⑭，鱼龙绝。自心地上，觉性如来放大光明⑮，外照六门清净，能破六欲诸天⑯；自性内照，三毒即除，地狱等罪一时销灭⑰。内外明彻，不异西方。不作此修，如何到彼？"

大众闻说，了然见性，悉皆礼拜，俱叹善哉，唱言⑱："普愿法界众生，闻者一时悟解。"

**【校注】**

①色身：梵 rūpa-kāya，指肉身。《笺注》："父母所生之身为色身。色身，自四大、五尘等之色法而成身，故名色身。"

②五门：指前四门与身城，此惠能举例有失。

③心是地，性是王：《解义》："言性为心之主宰，心为性所统率。"

④"心"，增上本无。

⑤慈悲：指慈爱悲悯。《笺注》："诸佛菩萨以爱念给一切众生之心，曰慈悲。"

观音：指观世音菩萨，梵 Avalokiteśvara，为西方极乐世界阿弥陀佛之胁侍。《笺注》："显教以观音为阿弥陀佛之弟子，密教以观音为阿弥陀佛之化身。"

⑥喜捨：梵 vyavasarga-rata，指欢喜施捨。《笺注》："喜捨，亦名净捨、净施，喜施财宝也。"

势至：指大势至菩萨，梵 Mahā-sthāma-prāpta，为西方极乐世界阿弥陀佛之胁侍。《笺注》："菩萨之大智至一切处，故名。"

⑦释迦：指释迦牟尼佛，梵 Śākya-muni-buddha，即佛教创始人，北印度迦毗罗卫国净饭王之太子乔答摩·悉达多（梵 Gautama Siddhārtha）。

⑧人我：指人我见。《笺注》："人身常有一主宰为实体，自此实体

生出人我之相、人我之见。自此执见，复生出种种之过失。"

⑨"贪欲"，大谷本、真朴本、金陵本作"邪心"。下同。

贪欲：梵 lobha，指贪著执取之欲望。

⑩恶龙：《笺注》："恶龙，造恶之龙神也。"

⑪鬼神：指有神变威力之众生。

⑫"瞋"，真朴本作"嗔"。

⑬畜生：梵 tiryañc，指一切非人之动物。

案《解义》："人我是须弥，言其障也。邪心是海水，言其险也。烦恼是波浪，言其起伏不常也。毒害是恶龙，言其残酷无忌也。虚妄是鬼神，言其惝恍无凭也。尘劳是鱼鳖，言其变化无方也。贪瞋是地狱，言其恶报自招也。愚痴是畜生，言其苦果自受也。以上言佛与众生皆由心造。"

⑭"除"，真朴本、金陵本作"忘"。

⑮觉性：指觉悟之自性。《笺注》："觉性，离一切迷妄之觉悟自性也。"

如来：梵 tathāgata，指佛乘真如之道而来，为佛尊号之一。

光明：指光（梵 ātapa）与明（梵 āloka）。《笺注》："自莹名光，照物名明。"

⑯六欲诸天：指欲界六天，即：四大王天（梵 Cāturmahārājakāyika-deva）、忉利天（梵 Trayastriṃśa）、焰摩天（梵 Yāma）、兜率天（梵 Tuṣita）、化自在天（梵 Nirmāṇa-rati）、他化自在天（梵 Paranirmita-vaśa-vartin）。《笺注》："六欲诸天，欲界六重之天也，亦名六欲天。一、四王天，有持国、广目、增长、多闻之四王；二、忉利天，亦译三十三

天；三、夜摩天，又译时分，彼天中时唱快哉快哉；四、兜率天，亦译喜足，于五欲之乐生喜足心；五、乐变化天，于五欲之境自乐变化；六、他化自在天，使五欲之境变化自在。"

⑰"销"，真朴本、金陵本作"消"。

⑱唱言：指高呼。

## 【释义】

惠能说道："大众。世人自己的肉身就是城池，眼根、耳根、鼻根、舌根就是城门。外有五根，内有意根。自心是大地，自性是国王。性王居住在心地之上，自行在则王在，自性去则王无。自性在则身心俱存，自性去则身心俱坏。佛道要向自性中去成作，不要向身外去寻求。自性迷惑了就是众生，自性觉悟了就是佛。慈悲就是观世音菩萨，喜舍就是大势至菩萨，能够清净就是释迦牟尼佛，平等正直就是阿弥陀佛。人我之见就是须弥山，贪欲就是大海水，烦恼就是波浪，毒害就是恶龙，虚妄就是鬼神，尘劳就是鱼鳖，贪瞋就是地狱，愚痴就是畜生。诸位善知识。恒常修持十种善行，天堂便会来到。除却人我之见，须弥山就会倒掉；去掉贪欲，海水就会枯竭；烦恼没有了，波浪就会消失；毒害消除了，鱼龙就会灭绝。在自己的心地上，觉性如来就会释放出广大光明，向外照耀六门清净，能够堪破六欲梵天，自性之光明内照，贪、瞋、痴三毒即可去除，地狱等罪业一时全都销灭。自身与外界都明亮透彻，便不异于西方极乐世界了。不像这样修行，又如何能够到西方极乐世界呢？"

大众听完说法后，了然见性，全都向惠能礼拜，感叹不已，并高声说道："普遍祈愿法界一切众生，能够闻听此法而一时悟解。"

师言："善知识。若欲修行，在家亦得，不由在寺<sup>①</sup>。在家能行，如东方人心善；在寺不修，如西方人心恶。但心清净，即是自性西方。"

韦公又问："在家如何修行？愿为教授。"

师言："吾与大众说《无相颂》<sup>②</sup>，但依此修，常与吾同处无别。若不依此修<sup>③</sup>，剃发出家，于道何益？"颂曰：

心平何劳持戒<sup>④</sup>，行直何用修禅。

恩则孝养父母<sup>⑤</sup>，义则上下相怜<sup>⑥</sup>，

让则尊卑和睦，忍则众恶无諠<sup>⑦</sup>。

若能钻木出火<sup>⑧</sup>，淤泥定生红莲<sup>⑨</sup>。

苦口的是良药，逆耳必是忠言<sup>⑩</sup>。

改过必生智慧，护短心内非贤。

日用常行饶益<sup>⑪</sup>，成道非由施钱。

菩提只向心觅，何劳向外求玄。

听说依此修行，西方只在目前<sup>⑫</sup>。

师复曰："善知识。总须依偈修行，见取自性，直成佛道。时不相待<sup>⑬</sup>，众人且散，吾归曹溪。众若有疑，却来相问。"

时，刺史、官僚、在会善男、信女，各得开悟，信受奉行<sup>⑭</sup>。

【校注】

①"由"，原作"但"，据《径山藏》、增上本、真朴本、金陵本改。

②“说”，大谷本、真朴、金陵本作“作”。

③“依”，真朴本、金陵本作“作”。

④持戒：指守持戒律。《笺注》：“持戒，为六度之一，受持戒律而不犯也。”

⑤“孝”，真朴本、金陵本作“亲”。

⑥案《讯释》：“惟此佛法，人所易知，人所易行。但释氏者流，无有不知，无有能行之者。《无相颂》曰：‘心平何劳持戒，行直何用修禅。’夫不曰持戒，而曰心平，岂不以心平则自有至戒者在乎？不曰修禅，而曰行直，岂不以行直则自有真禅者在乎？由是观之，则释氏修为之功，殆无出于此矣。又曰：‘恩则孝养父母，义则上下相怜。’夫知所孝养，乃所以为仁也。岂有仁而遗其父母者乎？知所相怜，乃所以为义也。岂有义而忘其上下者乎？由是观之，则释氏立本之教，概可见于此矣。若或戒矣，而心有未平；禅矣，而行有未直。父母且不知所以仁之，上下且不知所以义之。此其大本已失，而曰能依法修行以见性者，岂其然哉！此释氏者流之，所当知也。”

⑦“谊”，大谷本、真朴本、金陵本作“喧”。

⑧“出”，金陵本作“取”。

案《笺注》：“修行不怠如钻火，则必定见性。”

⑨案后秦鸠摩罗什译《维摩诘所说经》卷中《佛道品》：“譬如高原陆地不生莲华，卑湿淤泥乃生此华。如是见无为法入正位者，终不复能生于佛法。烦恼泥中，乃有众生起佛法耳。”

⑩案《孔子家语》卷四《六本》：“孔子曰：‘良药苦于口而利于病，忠言逆于耳而利于行。’”西汉司马迁《史记》卷五五《留侯世家》：“忠

言逆耳利于行，毒药苦口利于病。"唐司马贞《索隐》："按：此语见《孔子家语》。"

⑪饶益：指丰饶利益。《笺注》："饶益，丰于利人也。"

⑫"西方"，大谷本、真朴本、金陵本作"天堂"。

案《笺注》："唯心净土，自性弥陀，故云'西方只在目前'。案此偈归束到'西方只在目前'者，六祖正为迷人不行孝、义、忍、让，而口诵佛名，冀带恶业往生西方故耳。西方极乐世界，岂有不孝、义、忍、让之人哉！《阿弥陀经》云：'得与如是诸上善人俱会一处。'可知未能孝、义、忍、让者，心未调伏，何能往生？故六祖痛发之，使人觅菩提于本心，为往生之基也。"

⑬"时"，大谷本、真朴本、金陵本作"法"。

⑭信受奉行：指信受教法而奉行之。

## 【释义】

惠能说道："诸位善知识。如果想修行，在家中也是可以的，不必非得在寺院里。在家里能够修行，如同东方人心善；在寺中不能修行，如同西方人心恶。只要心中清净，就是自性西方极乐世界。"

韦璩又问道："在家中如何修行呢？希望您再为教授。"

惠能说道："我给你们大众讲说《无相颂》，只要依此颂修行，就如同与我朝夕相处一般没有区别。如果不依此颂修行，就算剃发出家，于道又有什么益处呢？"《无相颂》的内容是：

愚痴之人是不可能通晓和领悟的。

心中平等又何须劳烦再受持戒律，

行为正直又何须用力再修习禅定。

重恩情就能孝顺赡养父亲与母亲，

讲义气就能长幼相互怜悯与扶持，

懂谦让就能使尊卑和睦而无争斗，

知忍耐就能使众恶消除而无喧闹。

如果能坚持不懈的钻木必能出火，

只有在淤泥中才能生出红色莲花。

苦涩于口的才是能够治病的好药，

逆反于耳的必是诚恳忠直的言论。

改正过失必定能够生起广大智慧，

掩盖短处心内肯定无德而非贤良。

每日应用之中都能经常饶益他人，

成就佛道并不在于布施钱财多少。

无上菩提只要向自己心中去寻觅，

何须劳烦再向心外执著求取玄妙。

听我说完之后就依照此颂来修行，

西方极乐世界当下就在你们眼前。

惠能又说道："诸位善知识。你们必须依照偈颂来修行，见取自己本性，直接成就佛道。时光不等人，大家姑且散去，我也要回曹溪去了。大家如果还有什么疑惑，可以到曹溪来问我。"

当时，刺史韦璩、官僚及与会的善男、信女，都各自获得开悟，对惠能所说教法信受奉行。

## 定慧第四①

**【原文】**

师示众云:"善知识。我此法门,以定慧为本②。大众勿迷,言定慧别。定慧一体,不是二。定是慧体,慧是定用。即慧之时定在慧,即定之时慧在定。若识此义,即是定慧等学。诸学道人,莫言'先定发慧、先慧发定'各别。作此见者,法有二相③。口说善语,心中不善,空有定慧,定慧不等。若心口俱善,内外一如④,定慧即等。自悟修行,不在于诤,若诤先后,即同迷人。不断胜负,却增我、法⑤,不离四相⑥。善知识。定慧犹如何等?犹如灯光。有灯即光,无灯即闇⑦。灯是光之体,光是灯之用。名虽有二,体本同一⑧。此定慧法亦复如是。"

**【校注】**

①"慧"下,真朴本、金陵本有"品"。

②定慧:指禅定与智慧。《笺注》:"调摄乱意名定,观照事理名慧,又名止观。"《讲座》:"把浩瀚的佛法简要地归纳为戒、定、慧三学,是中国僧人的一大贡献,因为印度的佛法实在太多太繁,往往使人摸不著头脑。中国人的传统之一就是喜欢简易直截。在天台宗那里,更精炼为止观,止是定,观是慧。而禅宗呢?则只谈明心见性这一著。"

③二相：指一切事理之本质都是没有差异分别的。《解义》："云何二相？如是非、得失、善恶，凡有对待皆名二相。"

④"如"，大谷本、真朴本、金陵本作"种"。

⑤我法：指我、法二执。我执，即执著于有真实自我之存在。法执，即执著于有真实诸法之存在。

⑥四相：指众生于身体执著之四种相。即：我相、人相、众生相、寿者相。

⑦"闇"，原作"暗"，据《径山藏》、《普慧藏》、增上本改。

⑧案《讲座》："禅宗讲明心见性；一切万法不离自性，戒也是这个，定也是这个，慧也是这个；世间是这个，出世间也是这个。把一切法的界限打破，明明白白指出这个来的是禅宗，是从禅宗开始的，佛教其他各宗各派都没有做到这一点。这一点，就是不二法门的精义，而且就在你自己身上，就在你的自性之中，不需要别处去找。你看，在家、出家不二，戒、定、慧不二，内在的身心、外在的世界不二，西方净土、东方秽土不二，烦恼、菩提不二，生死不二等等等等，一切回归不二。这样，你要解脱，你要成佛，中间就没有那条不可逾越的鸿沟了。这一点，不是禅宗故意指出来的，佛法的真理就是如此。"

## 【释义】

惠能开示大众道："诸位善知识。我这个法门，是以禅定与智慧为根本的。大众千万不要迷惑，认为禅定与智慧有什么区别。禅定与智慧是一体的，不是二元的。禅定是智慧的本体，智慧是禅定的功用。在智慧显现的时候，禅定就在智慧之中；在禅定发起的时候，智慧就在禅定之中。如果认识到这种真义，就是禅定与智慧均等修学。各位修学佛道的人，不要认为先修禅定然后发起智慧，或是先修智慧然后再发起智慧，这两种次第有什么区别。如果认为二者有别，那么佛法就有两种体相，这是根本错误的。在口中说着和善之语，心中却存有不善之念，空泛地讨论禅定与智慧，禅定与智慧却不能均等修持。如果心口全都和善，内外全都一样，这就是禅定与智慧均等修持。自求开悟从而修行佛道，关键不在于诤讼，如果非要诤出个先后来，这就等同于迷惑之人。不断除胜负之心，反而却增加了我执与法执，不能够远离我相、人相、众生相、寿者相。诸位善知识。禅定与智慧像什么呢？就好像灯光。有了灯台就会有光，没有灯台就变暗了。灯台就是光的本体，而光就是灯台的功用。名称虽然有二，但体性却是同一的。这个禅定与智慧的道理也是一样。"


## 【原文】

师示众云："善知识。一行三昧者①，于一切处行、住、坐、卧，常行一直心是也②。《净名》云③：'直心是道场。'④'直心是净土。'⑤莫心行谄曲⑥，口但说直。口说一行三昧，不行直心。但行直心，于一切法勿有执著。迷人著法相⑦，执一行三昧，直言常坐不动⑧，妄不起心，即是一行三昧。作此解者，即同无情，却是障道因缘。善知识⑨。道须通流，何以却滞⑩？心不住法，道即通流；心若住法，名为自缚⑪。若言常坐不动是⑫，只如舍利弗宴坐林中⑬，却被维摩诘诃⑭。善知识。又有人教坐，看心观静，不动不起，从此置功。迷人不会，便执成颠，如此者众。

如是相教，故知大错。"

# 【校注】

①一行三昧：梵 ekavyūha-samādhi，指专心一行而修禅定。

②直心：指正直之心。《解义》："云何直心？即上文所说心口如一，不诳不妄，此在平时人人皆可自验。譬如乍见孺子入井，恻隐之心油然而生，不分亲疏亦必援手，即最初一念直心也。迨至转念，或虑危机自身，或以为怨家而置之，转念即曲心也。"《讲座》："二六时中，行住坐卧，念念都在这个事情上，从因上来讲，就是功夫，从果上来讲，就是定，这就是禅宗讲的一行三昧。"

③"《净名》"，大谷本、真朴本、金陵本作"如《净名经》"。

④"场"，真朴本作"塲"。

道场：指修行佛道之场所。

案后秦鸠摩罗什译《维摩诘所说经》卷上《菩萨品》："时维摩诘方入城，我即为作礼而问言：'居士从何所来？'答我言：'吾从道场来。'我问：'道场者何所是？'答曰：'直心是道场，无虚假故。'"

⑤案后秦鸠摩罗什译《维摩诘所说经》卷上《佛国品》："宝积。当知直心是菩萨净土。菩萨成佛时，不谄众生来生其国，深心是菩萨净土。"《解义》："可见修行之人直心最为切要，心口俱直，悟入极易，且无魔障，即是如来道场，诸佛净土。"《讲座》："六祖这里讲的，就是要大家在一切时间和地点，不论行、住、坐、卧，都要'行一直心'——念头不要拐弯。我们学禅宗就要这样，在一切处，不论行、住、坐、卧，都要念念不忘般若，念念不忘自己是佛，念念不忘一切法空，这样坚持下去就可以得定，就可以开悟。"

⑥谄曲：梵 vaṅka，指为欺诳他人而曲意逢迎。

⑦法相：指诸法差别之相状。《笺注》："殊别之相可见于外者，名为法相。"

⑧"常"，真朴本、金陵本无。

⑨"善"上，真朴本、金陵本有"师示众云"。

⑩案《解义》："盖道犹水也，水贵通流方谓之道。如遏使不同，则不名道。"

⑪心若住法，名为自缚：指法缚，即法执。《笺注》："法缚，同法执，缠著于法也。"

案《解义》："譬彼江河，一泻千里；设中有阻塞，不特不能畅流，反溃堤决岸，害及田畴。世人之心住于法而为法相缚束，不得入道，亦复如是。"《讲座》："学道就是要流通，精神解放了，自然就会活泼起来。如果一个人学道反而成了呆子，那学的是什么道呢？对事不要执著，对法也不要执著，不论四谛法、三十七道品，六度万行都要放下，都不能执著。若认为有个法妙得很，自己很得好处的舍不得放下，那么，这个很妙的法就在这里把你障住了，把你缚住了——应该说自己用这个法缚住自己了。"

⑫"常"，大谷本、真朴本、金陵本无。

⑬舍利弗：梵 Śāriputra，指佛十大弟子之一，为中印度摩伽陀国王舍城人，以智慧著称。

宴坐：指安身正坐。

⑭维摩诘：梵 Vimalakīrti，指佛在世时之在家长者，为中印度毗舍离城人。

案后秦鸠摩罗什译《维摩诘所说经》卷上《弟子品》："尔时，长者维摩诘自念：'寝疾于床，世尊大慈，宁不垂愍？'佛知其意，即告舍利弗：'汝行诣维摩诘问疾。'舍利弗白佛言：'世尊。我不堪任诣彼问疾。所以者何？忆念我昔，曾于林中，宴坐树下。时维摩诘来谓我言：'唯。舍利弗。不必是坐为宴坐也。夫宴坐者，不于三界现身意，是为宴坐；不起灭定而现诸威仪，是为宴坐；不捨道法而现凡夫事，是为宴坐；心不住内亦不在外，是为宴坐；于诸见不动而修行三十七品，是为宴坐；不断烦恼而入涅槃，是为宴坐。若能如是坐者，佛所印可。'时我。世尊。闻说是语，默然而止，不能加报，故我不任诣彼问疾。"

## 【释义】

惠能开示大众道："诸位善知识。所谓一行三昧，就是在一切处所行住坐卧之时，恒常行持一种正直之心。《维摩诘所说经》中说：'正直之心就是道场。''正直之心就是净土。'不要心行谄曲，口中只要直言。口中光说一行三昧，不能切实行持直心。只要行持直心，于一切诸法不要有任何执著。迷惑之人执著于法相，执著于一行三昧，总说只要常坐不动，使妄心不再生起，就是一行三昧。如果这样理解一行三昧，就等同于无情之物，反而成为障碍修道的因缘。诸位善知识。修道必须通达流畅，为何反而滞碍了？心不执住于法，道就会通达流畅，心如果执住于法，就叫作自我束缚。如果说常坐不动是正确的，就好像舍利弗宴坐于树林之中，却被维摩诘居士所诃责一样。诸位善知识。又有人教授坐禅，照看自心以观其静，不动摇不生起，以为这就能够成就，便从此处用功修行。迷惑之人不能领会法要，便执著错误的方法而成颠狂，像这样误入歧途的人太多了。照此教授修行坐禅，故知其是大错特错的。"

## 【原文】

师示众云："善知识。本来正教无有顿渐①，人性自有利钝。迷人渐修②，悟人顿契③。自识本心，自见本性，即无差别，所以立顿渐之假名④。善知识。我此法门，从上以来，先立无念为宗，无相为体，无住为本。无相者，于相而离相。无念者，于念而无念。无住者，人之本性，于世间善恶、好丑，乃至冤之与亲，言语触刺欺争之时，并将为空⑤，不思酬害。念念之中，不思前境。若前念、今念、后念，念念相续不断，名为系缚⑥。于诸法上，念念不住，即无缚也。此是以无住为本。善知识。外离一切相，名为无相。能离于相，即法体清净。此是以无相为体。"

## 【校注】

①正教：指正确之教法。《笺注》："所说契于正理，名正教。"

②"修"，大谷本、真朴本、金陵本作"契"。

③"契"，大谷本、真朴本、金陵本作"修"。

④假名：梵 prajñapti，指假设安立之名相概念。

案《讲座》："顿悟是认识自己，渐修也是认识自己，但自己对自己而言，还有什么差别呢？认识别的或许还难，自己认识自己还有什么障隔，还有什么难的呢？这里当下即见：为什么不可以顿悟呢？所以，在这个问题上，顿渐只是假名，顿悟都是多事了。不悟是你，悟了还是那个你，这个'自己'，可是不增不减的，所以不要在法上执著有什么顿，有什么渐，只要在这条路上走下去，自识本心，自见本性，就绝对错不了。"

⑤"並",《径山藏》作"竝"。

⑥系缚：梵 bandhana，指束缚。《笺注》："系缚，烦恼之异名。烦恼能缠缚身心，而使不得自由。"

## 【释义】

惠能开示大众道："善知识。本来正教是没有顿渐之分的，是因人性自有利根、顿根。迷惑之人渐次修行，开悟之人顿时契入。但只要最终达到自识本心，自见本性的境界，二者就都没有差别了，所以建立的顿渐之说只是一个虚假的概念而已。诸位善知识。我的这个法门，从前辈祖师开创以来，首要就是建立以无念为宗旨，以无相为体性，以无住为根本。所谓无相，就是对于世间诸相，远离而不执著。所谓无念，就是对于各种心念，破除而不执著。所谓无住，人的本性，在面对世间人事的善恶美丑，乃至冤仇与亲近，以及言语的碰触、矛盾、欺骗、争论的时候，能够将之全都空掉，不思虑任何的酬答或是报复。在念念之中，不思虑过往之境界。如果先前的念头、现在的念头、以后的念头，每一个念头都相续没有间断，这就叫作系缚。只要在一切诸法之上，每一个念头都不停住，即为没有系缚。这就是以无住为根本。诸位善知识。对外远离一切相，就叫作无相。能够远离一切相，就是法体清净。这就是以无相为体性。"

## 【原文】

"善知识。于诸境上，心不染曰无念。于自念上，常离诸境，不于境上生心。若只百物不思，念尽除却，一念绝即死，别处受生①，是为大错，学道者思之。若不识法意，自错犹可，更悮他人<sup>②</sup>；自迷不见，又谤佛经，所以立无念为宗。善知识。云何立无念为宗？只缘口说见性迷人于境上有念，念上便起邪见，一切尘劳妄想从此而生。自性本无一法可得，若有所得，妄说祸福，即是尘劳邪见，故此法门立无念为宗。善知识。无者，无何事？念者，念何物？无者，无二相，无诸尘劳之心。念者，念真如本性。真如即是念之体，念即是真如之用。真如自性起念，非眼、耳、鼻、舌能念。真如有性，所以起念。真如若无，眼、耳、色、声当时即坏。善知识。真如自性起念，六根虽有见闻觉知，不染万境而真性常自在<sup>③</sup>。故经云：'能善分别诸法相，于第一义而不动<sup>④</sup>。'"

**【校注】**

①受生：指投胎。

②"悮"，增上本作"误"，大谷本、真朴本、金陵本作"劝"。

③案《讲座》："真如在佛教里是个非常重要的名词，一切法的本来面目就是真如。真为不假，如则不倒，宇宙的真实就是真如，而这个真如又决不能离开我们的认识。如果说宇宙有个真如，我们在真如之外，那就错了。真如以外是没有任何东西的，一说真如，宇宙人生全包括在自己身上；一说真如，绝对离不开你能知的那个心，所以你那个心就是真如。你想，没有我们这个念头，认识、知觉，谁在说真如呢？若那个是真如，那我们自己呢？如果我们自己是假的，那我们所认识的那个真如可靠吗？所以，必须你就是真如，真如就是你；念就是真，真如就是念。"

④ "动"下，大谷本有双行夹注："《禅诠》云：当唐高宗帝乃至玄宗朝时，圆顿本宗未行，此地唯神秀禅师大扬渐教，为二京法主，三帝门师，全称达磨之宗。又不显即佛之旨。曹溪、菏泽恐圆宗灭绝，遂呵毁住心调伏等事，但是除病非除法也云云。"

第一义：指第一义谛，梵 paramārtha-satya，即最为彻底殊胜之第一真理。

案后秦鸠摩罗什译《维摩诘所说经》卷上《佛国品》："法王法力超群生，常以法财施一切。能善分别诸法相，于第一义而不动。已于诸法得自在，是故稽首此法王。"

## 【释义】

"诸位善知识。对于一切境界，心不染著称为无念。在自己念头上，恒常远离各种境界，不在境界上生起心念。如果只是什么事物都不思虑，将念头全都除去，如果连一个念头都没有了，那人也就死亡了，就会轮回到别的地方去受生了，此种修行方法就是极大的错误，学道之人应当认真慎思。如果不能够认识法意，自己犯了错误还可以原谅，就怕再去误导他人；自己迷惑不能见到法意，反而又去毁谤佛经中讲得不对，所以才建立了以无念为宗。诸位善知识。如何才能建立无念为宗呢？只停留于口头空说见性的迷惑之人，对于各种境界产生心念，于各种心念上便生起各种邪见，一切烦恼妄想也就从此而生。自性本来就没有一法可得，如果有法所得，妄说祸福，就是烦恼邪见，所以这个法门建立以无念为宗。诸位善知识。无，到底是无的什么事？念，到底又是念的什么物？无，是去除相对的二相，没有各种烦恼之心。念，是念真如本性。真如就是念的本体，念就是真如的功用。真如自性生起的心念，不是眼、耳、鼻、舌等诸根所能念的。真如有其体性，所以才能生起心念。真如如果没有了，眼、耳等诸根及所对应的色、声等诸尘境界当下就会坏灭。诸位善知识。真如自性生起的心念，六根虽然能够看见、听闻、察觉、知晓，但又不染著于各种境界而真性恒常自在。所以《维摩诘所说经》中说：'能够善于分别诸法之体相，就能于第一义谛坚定而无所动摇。'"

坐禅第五<sup>①</sup>

**【原文】**

师示众云："此门坐禅<sup>②</sup>，元不著心<sup>③</sup>，亦不著净<sup>④</sup>，亦不是不动。若言著心，心元是妄<sup>⑤</sup>，知心如幻，故无所著也。若言著净，人性本净，由妄念故，盖覆真如。但无妄想，性自清净，起心著净，却生净妄。妄无处所，著者是妄；净无形相，却立净相。言是工夫<sup>⑥</sup>，作此见者，障自本性，却被净缚。善知识。若修不动者，但见一切人时，不见人之是非、善恶、过患，即是自性不动。善知识。迷人身虽不动，开口便说他人是非、长短、好恶，与道违背<sup>⑦</sup>。若著心著净，即障道也。"

**【校注】**

①"坐禅"，真朴本、金陵本作"妙行品"。

案《解义》："何名妙行？妙者，妙湛圆明之谓。行者，一切时中清净无染之谓。凡修道之人必以妙行为入道之本，既知妙行，入道极易；反是，则悟入难矣。"

②坐禅：指端身正坐而修禅定。《笺注》："坐禅，坐而修禅，息虑凝心，以究明心性之术也。达磨来此，法始盛于中国，与从前之四禅八定不同。"

③"著",《笺注》作"看"。下同。

④案《笺注》:"北宗皆教人凝心入定,住心看净,起心外照,摄心内证。故南宗以不看心、不看净辟之。"《讲座》:"六祖大师这里讲的坐禅,与其他法门讲的不一样,即不看心,也不看净,既不是让你在那儿看自己的那个心,也不是要你把自己的心打整干净,如果那样,就成了神秀的'时时勤拂拭,勿使惹尘埃'了。我们的那个心本来是清净的,本来用不著你去看,去打扫。"

⑤"元",金陵本作"原"。

⑥工夫:《笺注》:"工夫亦作功夫。工谓功程,夫谓役夫。"

⑦案《讲座》:"对于定,一般人都有误解,认为不思不想就得定了,坐在那儿不动就得定了,可不是这样。真正的功夫,那是经起考验的,在日常的工作和生活中,在善恶、是非、得失及种种烦恼中,你若得力,把握得住自己,一心不乱,应酬有方,那才真正是有本事。坐在那儿修禅,一心不动,当然不错,但进入生活,面对烦恼,心就守不住了,动了、乱了,这有什么功夫呢?"

## 【释义】

惠能开示大众道:"在这个法门中坐禅,原本既不能执著于心念,又不能执著于清净,也不是身心不动。如果说执著于心念,心念原本就是虚妄的,知晓心念如同幻化,所以才能无所执著。如果说执著于清净,人性本来就是清净的,只是由于妄念的作用,遮盖蔽覆住了清净真如。只要没有妄想,本性自然清净,如果生起心念执著于清净,却由此产生出对清净的妄想。妄想是没有实际处所的,执著就是妄想;清净本是没有形相的,但由于妄想执著却非要建立一个清净之相。

如果认为建立净相是一种坐禅工夫，有这种见解的人，障碍了自己本性，反而被清净所束缚。诸位善知识。如果想修行身心不动，只要看见一切人的时候，不见他人的是非、善恶、过错等，这就是自性不动。诸位善知识。迷惑的人坐禅时身体虽然不动，但一开口就说他人的是非、长短、好恶，与佛道相违背。如果执著于心念，执著于清净，这就是障碍于佛道。"

## 【原文】

师示众云："善知识。何名坐禅？此法门中，无障无碍。外于一切善恶境界，心念不起，名为坐；内见自性不动，名为禅①。善知识。何名禅定？外离相为禅，内不乱为定。外若著相，内心即乱；外若离相，心即不乱。本性自净自定，只为见境思境即乱②。若见诸境心不乱者，是真定也。善知识。外离相即禅，内不乱即定，外禅内定是为禅定。《菩萨戒经》云：'我本元自性清净③。'善知识。于念念中自见本性清净，自修自行，自成佛道。"

## 【校注】

①案《讯释》："性本不动，性本是禅，而曰众生即佛者，盖言众生之性，亦本不动，亦本是禅。然乃静义，而心不坐，则不能禅，故坐也者。坐也，坐则能定，而静而安。不知性本是禅，心安名坐，而徒索之枯坐著相以求禅焉。岂南能所谓最上一乘之旨，而明心、而见性邪？"

②见境思境：指见思二惑。见惑，即见解上之迷惑错误。思惑，即思想上之迷惑错误。

③ "本"下，大谷本、真朴本、金陵本有"性"。

"性"，真朴本、金陵本无。

## 【释义】

惠能开示大众道："诸位善知识。什么叫坐禅呢？在这个法门中，没有任何障碍。对于身外的一切善恶境界，心念不会随之有任何生起，这就叫作坐；对于身内见到自性不动，这就叫作禅。诸位善知识。什么名叫禅定呢？对外远离诸相为禅，对内无有杂乱为定。对外如果执著事物各种形相，内心就会被扰乱；对外如果远离各种形相，内心就不会被扰乱。本性原就是自我清净和安定的，只是被见到各种境界、思虑各种境界所扰乱。如果见到各种境界心能够不被扰乱，这才是真正的禅定。诸位善知识。对外远离各种形相就是禅，对内心不被外扰乱就是定，这种外禅内定就是禅定。《梵网经》中说道：'我的本性原本就是清净的。'诸位善知识。在每一个心念之中都能自见本性清净，从而自我修行，以致自己成就佛道。"

## 忏悔第六[①]

【原文】

时，大师见广、韶泊四方士庶骈集山中听法[②]，于是陞座告众曰："来。诸善知识。此事须从自性中起[③]，于一切时念念自净其心，自修自行[④]，见自己法身，见自心佛，自度自戒，始得不假到此。既从远来，一会于此，皆共有缘。今可各各胡跪[⑤]，先为传自性五分法身香[⑥]，次授无相忏悔[⑦]。"众胡跪。

【校注】

①"悔"下，真朴本、金陵本有"品"。

②广、韶：指广州和韶州。

泊：指到、及。

骈集：指聚集。

山：指南华山。

③"事"，大谷本作"性"。

"性"，《径山藏》、增上本作"事"。

④"自行"，金陵本作"其行"。

⑤胡跪：指胡人之跪拜方式。《讲记》："佛教说跪有两种：两膝著地叫作长跪，右膝著地、左膝不著地叫作胡跪。原因胡人所行跪敬之

礼，就是右膝著地，所以称为胡跪。"

⑥自性五分法身香：指戒香、定香、慧香、解脱香、解脱知见香。《笺注》："五分法身者，以五种功德法而成佛身也。"《解义》："云何为香？如衣本无香，因花薰染故香，法香亦尔。"《讲座》："什么是'自性五分法身香'呢？一般寺庙传戒，只是说'五分法身香'就行了，而六祖却处处强调'自性'。要知道，法身就是我们那个不生不灭的本体，也就是我们的心，我们的自性。要想证到这个法身，必须具备'五分'。"

⑦忏悔：指认识过错而悔改不犯。《解义》："人自无始以来，流浪生死，轮回六道，所造四重、五逆、十恶等罪，无边无量。一根造业，一根受报；六根造业，六根受报。大慈世尊以教人忏悔为入道不二法门，诚以前罪集结，无明覆盖，何能悟入？即前罪已除，后罪又生，与不除等，所以能忏尤贵能悔。"《讲记》："忏悔，佛教说有多种，现举三种来谈：一、作法忏悔，准于佛陀律制，说明自己罪咎，不敢有所覆藏。二、取相忏悔，又名观相忏悔，观得十二种相，罪自消灭。三、无生忏悔，又名观无生忏悔，以无念之念而念实相，观诸罪体无生。'作法'与'取相'两种是属事忏，'无生'一种则属理忏。"《讲座》："忏悔就是在佛面前忏悔自己的罪孽。忏悔一般分为事忏悔和理忏悔。事忏悔，是在一定的时间，有一定的仪轨，对某些具体的事，在佛前进行忏悔。理忏悔，是以佛法的道理来忏悔自己的罪恶，其中最重要的两个理是因果和一切法空。"

## 【释义】

当时，惠能大师看见广州、韶州以及四方士庶大众，全都聚集到南华山中来听法要，于是就升座告诉大众道："过来。诸位善知识。此修道成佛之事必须从自性中做起，在一切时中每一个念头都要自我净化内心，自我修行，从而见到自己的法身，见到自己心中的佛性，自己度化自己，自己给自己受戒。如果你们能够识得这个道理，才不枉费到我这里来。既然你们都已经从很远的地方，一同来到聚会于此地，也是大家共同有缘。现在你们可以各自胡跪，我先为你们传授自性五分法身香，然后再传授无相忏悔。"大众全都胡跪。

## 【原文】

师曰："一、戒香：即自心中，无非、无恶、无嫉妒①、无贪瞋②、无劫害，名戒香。二、定香：即睹诸善恶境相，自心不乱，名定香。三、慧香：自心无碍，常以智慧观照自性，不造诸恶；虽修众善，心不执著，敬上念下，矜恤孤贫③，名慧香④。四、解脱香：即自心无所攀缘⑤，不思善、不思恶，自在无碍，名解脱香。五、解脱知见香：自心既无所攀缘善恶，不可沉空守寂⑥，即须广学多闻⑦，识自本心，达诸佛理，和光接物⑧，无我无人，直至菩提，真性不易，名解脱知见香。善知识。此香各自内熏⑨，莫向外觅。⑩"

## 【校注】

①"妒"，金陵本作"妬"。下同。

②"瞋"，真朴本作"嗔"。

③矜恤：指怜悯抚恤

④案《讲座》："五分包括戒定慧在内。戒定慧是就'因'而说的，

你要得成佛的'果'吗，就必须有成佛的'因'。但佛门戒与一般人的戒不一样，一般人守戒是很勉强的，如在某师父那里受了戒，因而不敢违犯。而佛所守的却是'自性戒'。因为就自己的本性而言，是不能做坏事的，守戒的力量来自于自己，所作所为自然而然就合于戒律。而一般人守戒，总感到那个戒是一种外在的权威力量，不敢不守。所以六祖在这儿传的'自性戒'是指成佛以后那个非常圆满的戒。为什么说'圆满'呢？因为根本不需要守外面的什么东西，自己的本性自然而然就是清净有律的。现在叫你守戒，无非是要把你法身中本具的那个戒引发出来。你暂时还做不到，那就只好去'守'，然后慢慢地，就可以把法身中的自性戒的'风格'引发出来，你也就自由自在了。明白了自性戒，那自性定，自性慧也就'亦复如是'了，要想得到佛的法身，就必须具备戒定慧这三种功德。"

⑤攀缘：梵 ālambana，指攀取缘虑。

⑥ "沉"，《频伽藏》、增上本、大谷本、金陵本作"沈"。

⑦多闻：梵 bahu-śruta，指多闻教法而受持也。

⑧和光：指和光同尘。老子《道德经》："挫其锐，解其纷，和其光，同其尘。"

接物：指待人接物。

案《讲记》："度生要深入广大人群中，和其光、同其尘的打成一片，人群才能受你教化。但要特别注意的，在和光同尘中，务须始终保持自己的德行，决不与之同流合污。"

⑨ "熏"，真朴本、金陵本作"薰"。

内熏：指于心内熏修佛道。《笺注》："内熏者，众生心内有本觉之真如，熏习无明，使以妄心厌生死之苦，求涅槃之乐，名内熏。佛菩萨之教法及自己之修行，名外熏。"

⑩案《讲座》："解脱，当然是指解脱于生死苦海。说简单形象一点，就是精神上自在洒脱。怎样才能得到解脱这个最终的结果呢？就是因为得到了解脱知见，也就是得到了关于解脱的智慧。说到底，就是开悟，就是见道。开悟了，自然就得到解脱，解脱是果，解脱知见是得到解脱的智慧。戒、定、慧、解脱、解脱知见这五分合起来，就是佛的法身。"

## 【释义】

惠能说道："第一是戒香：就是在自心之中，没有是非、善恶、嫉妒、贪瞋、劫害等恶念，名叫戒香。第二是定香：就是看到各种善恶境界相状的时候，自心不被扰乱，名叫定香。第三是慧香：就是自心没有障碍，恒常以智慧观照自性，不造作各种恶业，虽然修持各种善业，但心不执著于修善，尊敬长辈、顾念晚辈，怜恤孤独贫困之人，名叫慧香。第四是解脱香：就是自心没有任何攀缘妄念，不思善恶，自在无有障碍，名叫解脱香。第五是解脱知见香：就是自心既没有任何攀缘善恶妄念，又不能沉守空寂，而必须广博学识、多闻教法，识知自己本心，通达诸佛法理，和光接物，没有我、人之分别，直至无上菩提，真性没有变易，名叫解脱知见香。诸位善知识。此五种自性法身香，都要各自于内心熏修，切莫向心外寻求。"

## 【原文】

"今与汝等授无相忏悔①，灭三世罪，令得三业清净②。善知识。各随我语一时道③：'弟子等。从前念、今念及后念，念念不被愚迷染，从前所有恶业愚迷等罪悉皆忏悔④，愿一时销灭⑤，永不复起。弟子等。从前念、今念及后念，念念不被憍诳染，从前所有恶业憍诳等罪悉皆忏悔，愿一时销灭，永不复起。弟子等。从前念、今念及后念，念念不被嫉妒染，从前所有恶业嫉妒等罪悉皆忏悔，愿一时销灭，永不复起。'善知识。已上是为无相忏悔⑥。"

## 【校注】

①无相忏悔：指不执著于任何事相之忏悔。

②三业：梵 trīṇi-karmāṇi，指身、口、意所造善恶之业。《笺注》："三业者：一、身业，身所作；二、口业，口所说；三、意业，意所思。"

③"我"，大谷本无。

案《讲记》："无相忏悔本属理忏，当观罪性本空。无相忏悔既是无相，还谈什么忏悔？既有三业可灭，又有三业清净，怎可说为无相？行者真心诚意的洗净内心罪恶，不再受诸恶行所染，不再为境之所迷惑，诸相皆无，不是无相忏悔是什么？忏悔虽名无相，但忏悔时，不得不藉言行，亦即应本忏悔行仪。"

④恶业：指身、口、意所造之不善业。《笺注》："乖于理而行，名恶。作身、口、意之三事，名业。"

⑤"销"，真朴本、金陵本作"消"。下同。

⑥案《讲座》："什么是'无相忏悔'呢？忏悔当然应该，但是必须懂得一切法空的道理，这样来忏悔，才有力，才彻底，才能得到解脱。畏于因果，你才会去忏悔，明白了礼义，你才会诚恳地忏悔。有的

人问，既然讲一切法空，倒底还有没有因果呢？我认为，正是因为一切法空，所以才有因果；如果一切法不空，那反而破坏了因果的必然。譬如一粒种子，如果它本性不空，那就完了，它永远都是一粒种子，就不会发芽、开花、结果。如果这粒种子风吹不进，水浸不进，那又怎能生长呢？所以，这粒种子必须性空，才能有所变化，才能发芽、开花、结果。要知道，懂得一切法空的道理，你作无相忏悔，这个忏悔就干净彻底，你就会知道原来并没有什么东西叫烦恼，也没有什么东西叫罪恶。"

【释义】

"现在给你们传授无相忏悔，以便灭除过去、现在、未来三世罪业，从而获得身、口、意三业清净。诸位善知识。各自跟随我的话一同说道：'弟子等。从以前心念、现在心念以及后来心念，念念不被愚痴迷惑染着，从前所有的恶业愚痴迷惑等罪全都忏悔，希望这些罪业一时全都销灭，永远不再恢复生起。弟子等。从以前心念、现在心念以及后来心念，念念不被憍慢欺诳染着，从前所有的恶业憍慢欺诳等罪全都忏悔，希望这些罪业一时全都销灭，永远不再恢复生起。弟子等。从以前心念、现在心念以及后来心念，念念不被嫉恨妒忌染着，从前所有的恶业嫉恨妒忌等罪全都忏悔，希望这些罪业一时全都销灭，永远不再恢复生起。'诸位善知识。以上就是无相忏悔。"

【原文】

"云何名忏？云何名悔？忏者，忏其前愆①，从前所有恶业愚迷、憍诳、嫉妒等罪悉皆尽忏，永不复起，是名为忏；悔者，悔其后过，从今以后所有恶业愚迷、憍诳、嫉妒等罪，今已觉悟，悉皆永断，更不复作，是名为悔；故称忏悔②。凡夫愚迷，只知忏其前愆①，不知悔其后过。以不悔故，前愆不灭③，后过又生。前愆既不灭④，后过复又生，何名忏悔？⑤"

【校注】

①"愆"，增上本作"您"。下同。

②案《讲座》："忏，是对过去所犯的错误坦白承认，作自我检查；悔，是发心以后不再犯那些错误，作自我的保证。两者合起来，检查加保证就是忏悔。"

③"愆"，真朴本、金陵本作"罪"。

④"愆"，真朴本、金陵本作"罪"。

⑤案《讲记》："真正忏悔，应从内心忏起，否则，忏悔虽不无利益，但要忏除罪根很难。当知种种罪恶，皆从心起，如心不清净，怎能不再造诸恶业？每个修此忏悔法门，理当从心忏起。"《讲座》："把自己的罪恶放在因果上，放在一切法空上进行忏悔，就是有的放矢，对症下药，也才能达到药到病除的效果；只有这样，你才能把那些恩恩怨怨、是是非非的东西放得下，也才能真正地进行忏悔。不然，口是心非，忏而不悔，悔而不改，改而不净，这样的忏悔有什么作用呢？"

【释义】

"什么叫作忏？什么叫作悔？忏，指忏摩以前的罪业，以前所有恶业愚痴迷惑、恍慢欺诳、嫉恨妒忌等罪全都忏悔，永远不再恢复生起，这就是叫作忏；悔，指悔改以后的过错，从今以后所有恶业愚痴迷惑、恍慢欺诳、嫉恨妒忌等罪，现在已经觉察醒悟，全都永远断除，更不会复起发作，这就叫作悔，故合称为忏悔。凡夫愚痴迷惑，只知道忏其以前的罪业，不知道悔其以后的过错。由于不能够悔改，以致之前的罪业不能灭除，使得之后的过错又再生起。之前的罪业既然不能够灭除，之后的过错又再生起，这又怎么能够叫作忏悔呢？"

## 【原文】

"善知识。既忏悔已，与善知识发四弘誓愿[①]，各须用心正听：'自心众生无边誓愿度[②]，自心烦恼无边誓愿断，自性法门无尽誓愿学，自性无上佛道誓愿成。'善知识。大家岂不道'众生无边誓愿度'，恁么道[③]，且不是惠能度。善知识。心中众生[④]，所谓邪迷心、诳妄心、不善心、嫉妒心、恶毒心，如是等心尽是众生，各须自性自度，是名真度。何名自性自度？即自心中邪见、烦恼、愚痴众生，将正见度。既有正见，使般若智打破愚痴迷妄众生，各各自度。邪来正度，迷来悟度，愚来智度，恶来善度。如是度者，名为真度。又'烦恼无边誓愿断'，将自性般若智，除却虚妄思想心是也。又'法门无尽誓愿学'，须自见性，常行正法，是名真学。又'无上佛道誓愿成'，既常能下心[⑤]，行于真正，离迷离觉，常生般若；除真除妄，即见佛性，即言下佛道成。常念修行，是愿力法[⑥]。"

## 【校注】

①"弘"，金陵本作"宏"。下同。

誓愿：梵 praṇidhāna，指起誓发愿。《解义》："誓愿，犹言志愿。志之所向，不屈不挠，自趋佛乘，非度尽心中众生不可。"《讲记》："因为忏悔清净，要想不为外境所转，最好方法是立四弘誓愿，令心永不退转。志愿力量重大，立了什么志愿，必求达成目标。"

②案《讲记》："六祖现说四弘誓愿之前两句加'自心'两字，后两句加'自性'两字。一般说的'众生无边誓愿度'，是指外在的所有众生，六祖要我人返观自心，始知法界无边众生不是外在的，而是自心中众生，所有众生既是自心众生，我们不度他，那个来度？说众生是自心中的，因诸众生皆是自心幻现，真能悟自本心，心内众生自度。"《讲座》："什么叫'自心众生'呢？没有你这个自性，对众生的认识从哪儿来呢？也不是说众生就是在你的心里，但外面的众生就是你的自性众生，没有你，哪个在承认他们是众生呢？既然三界唯心，万法唯识，这无量无边的众生离开了你的心吗？众生就是烦恼，我当然要度。但外面的烦恼，就是自己的烦恼啊！要明白这决不是两件事，这也是'不二'的。"

③恁么道：指这么说。《笺注》："恁么，犹言如斯。"

④案《解义》："尔等心中若作是念，众生无边誓愿度，何以不说是师度乃说自心度耶？按此四弘誓愿为本师释迦如来佛所说，世人每多误解，以为众生二字系指身外一切众生而言，烦恼法门亦复如是，误人误己，莫此为甚。师特标明众生者，指自己心中众生言也。"

⑤下心：指谦下之心。《笺注》："下心，谦下其心也。"

⑥愿力：指誓愿之力。

案《解义》："上文既发宏愿，志在必行，故师曰：'常念修行，是愿力法。'诚以先立是大志愿，而后能修是梵行，步步趋进，终有达到之日。"《讲记》："当更本愿而行，以求有所归宿，发愿若无所归，就成虚愿，亦等于无愿。"

## 【释义】

"诸位善知识。既然忏悔已毕，现在就与诸位善知识发四种弘大誓愿，你们各自必须用心正意谛听：'自心中之众生数量无边，我誓愿将其全部度化；自心中之烦恼数量无边，我誓愿将其全部断除；自性之中法门数量无尽，我誓愿将其全部修学；自性之中无上菩提佛道，我誓愿将其全部成就。'诸位善知识。大家刚才不是都发了誓愿说'众生无边誓愿度'，这么说，不是指这些众生都是我惠能一个人度化的。诸位善知识。心中的众生，指的是那些所谓的邪见迷惑之心、欺诳妄想之心、不善败坏之心、嫉恨妒忌之心、恶恨毒害之心，像这些心全都是众生，各个都必须通过自性来自行度化，这才叫作真正度化。什么叫作自性自度呢？就是自心之中的邪见、烦恼、愚痴众生，将以正见度化。既然有了正见，便可利用般若智慧打破愚痴迷妄众生，使其各各自行度化。邪见来了就用正见度化，迷惑来了就用觉悟度化，愚痴来了就用智慧度化，恶毒来了就用善良度化。像这样度化，就是真正度化。又'烦恼无边誓愿断'，将以自性中的般若智慧，除却虚妄思想之心，就是真正断除。又'法门无尽誓愿学'，必须自见本性，恒常修行正法，就是真正修学。又'无上佛道誓愿成'，既然恒常能够以谦下之心，行于真正佛道，远离迷惑与觉悟的分别，恒常生起般若智慧；除去真实与虚妄的分别，立即见到佛性，当下佛道成就。能够恒常忆念修行，就是此四种愿力法门。"

## 【原文】

"善知识。今发四弘愿了，更与善知识授无相三归依戒①。善知识。归依觉，两足尊②；归依正，离欲尊③；归依净，众中尊④。从今日去⑤，称觉为师，更不归依邪魔外道⑥，以自性三宝常自证明⑦，劝善知识归依自性三宝。佛者⑧，觉也；法者⑨，正也；僧者⑩，净也。自心归依觉，邪迷不生，少欲知足，能离财色，名两足尊⑪。自心归依正，念念无邪见，以无邪见故，即无人我贡高⑫、贪爱执著，名离欲尊。自心归依净，一切尘劳爱欲境界，自性皆不染著，名众中尊。若修此行，是自归依。凡夫不会，从日至夜，受三归戒。若言归依佛⑬，佛在何处？若不见佛，凭何所归？言却成妄。善知识。各自观察，莫错用心。经文分明言：'自归依佛。'⑭不言归依他佛。自佛不归⑮，无所依处。今既自悟，各须归依自心三宝，内调心性，外敬他人，是自归依也。"

## 【校注】

①无相：指无所执著。《讲记》："三归依戒所以说为无相，旨在使发心者，不取著于相；若取著于相，不为无相归戒，当亦不是归依自性三宝。"

三归依戒：梵 tri-śaraṇa-gamana，指三种归投依止的对象，即：佛、法、僧。《解义》："云何三归依戒？即归依自性三宝是也。"《讲座》："皈，是归老家，即自己的最终归宿；依，是依止，依靠，生生世世都需要的依靠。所以，只有三宝才可以作为我们皈依的物件。三宝的境界即我们最后结果的境界，也就是道。一个世间烦恼深重的人发心皈依也是不容易的，所以皈依也不是件简单的事，而是人生最大的事。"

②两足尊：梵 Dvipadottama，指佛于有两足之众生中，福德、智慧最为尊贵。《笺注》："福、慧两足故。"《讲记》："佛法向说福慧圆满之义，因到最高佛果位时，不但福德圆满而为万德庄严，智慧亦已圆满而为智慧庄严。福足慧足，名两足尊。亦有说在两足的人类中，佛亦自称我是人类，于两足的人类，最为受人尊敬，名两足尊。"

③离欲尊：《笺注》："离邪曰正，即正法。离欲垢尘染故。"

④众中尊：《笺注》："无污染曰净。净于众物中最尊故。"

⑤"曰"，大谷本作"自"。

⑥邪魔：指邪法恶魔。《笺注》："邪，邪道，不明佛法者。魔，魔道，妨害佛法者。"

外道：梵 tīrthaka，指非佛教之道法宗派。《笺注》："此处外道，总指异端而言。"

⑦自性三宝：指自性本具之佛、法、僧三宝。《笺注》："一切之佛陀，佛宝也。佛陀所说之教法，法宝也。随其教法而修业，僧宝也。自性三宝，即各自具有之一体三宝也。了法为佛，远离为法，无为为僧也。"《解义》："何谓自性三宝？即佛、法、僧是，皆人人自性本具之妙德，名虽有三，其实则一，故曰自性三宝。"

⑧佛：梵 buddha，指觉悟真理之人。《笺注》："佛者，具满自觉、觉他之二行，为十界最高之圣者。"

⑨法：梵 dharma，指世间、出世间一切事理。《笺注》："法者，一切皆有法，即道也。故以讲道为说法。"

⑩僧：梵 saṃgha，指和合出家之众。《笺注》："僧者，僧伽之略，译作众。凡三人以上之比丘，和合一处而修道者曰僧。"

⑪案《讲记》："此说当亦有其道理，但与传统教义是不怎样符合，因大小乘经中，没有说到离财离色为两足尊。离财离色，不但佛陀做到，罗汉亦已做到，但罗汉不得称为两足尊。"

⑫贡高：指高人一等之心态。《笺注》："贡，献也。贡高献己学问势力等高于人也。"

⑬"言"，真朴本作"然"。

⑭案东晋佛驮跋陀罗译《大方广佛华严经》卷六《净行品》："自归于佛，当愿众生，体解大道，发无上意。自归于法，当愿众生，深入经藏，智慧如海。自归于僧，当愿众生，统理大众，一切无碍。"

⑮"归"，真朴本无。

## 【释义】

"诸位善知识。现在发起四弘誓愿已经完毕，再给诸位善知识传授无相三归依戒。诸位善知识。归依觉悟，是福慧之中最为尊贵；归依正法，是离欲之中最为尊贵；归依清净，是大众之中最为尊贵。从今天开始，以觉悟为师，再不归依其他邪魔外道，以自性三宝恒常自作证明，所以奉劝诸位善知识要归依自性三宝。佛，就是觉，法，就是正，僧，就是净。自心归依于觉悟，邪见迷惑就不会生起，少欲知足，能够远离财物和美色，这就名叫两足尊。自心归依于正法，念念之中没有邪见，由于没有邪见的缘故，就没有贡高我慢、贪爱执著等欲念，这就叫作离欲尊。自心归依于清净，一切烦恼贪爱欲望境界，自性都不会被其染著，这就叫作众中尊。如果修持此种行业，就是自心归依。凡夫不能领会这个道理，从早到晚，受三归依戒。如果光说归依佛，那佛又在何处？如果看不见佛，又凭借谁作为归依的对象？如此一来'归依佛'就成了一句妄言。诸位善知识。各自观察，切莫错误用心。经文中清楚地讲道：'自归依佛。'没有说归依什么其他的佛。自性佛陀如果不去归依，那也就没有能够归依的地方了。现在既然自己觉悟，各自就必须归依自心三宝，于内调和心性，于外尊敬他人，这就是自归依。"

## 【原文】

"善知识。既归依自三宝竟，各各志心，吾与说一体三身自性佛①，令汝等见三身，了然自悟自性。总随我道：'于自色身，归依清净法身佛②；于自色身，归依圆满报身佛③；于自色身，归依千百亿化身佛④。'善知识。色身是舍宅，不可言归⑤。向者三身佛在自性中，世人总有，为自心迷，不见内性。外觅三身如来，不见自身中有三身佛。汝等听说，令汝等于自身中，见自性有三身佛。此三身佛，从自性生，不从外得。"

## 【校注】

①三身：梵语 trayaḥ kāyāḥ，指佛之法身、报身、化身。《笺注》："经论所说佛身有二身乃至十身，虽开合多途，可以三身括之。如台宗所立法、报、应三身，法相宗所立自性、受用、变化三身，《最胜王经》所说之法、应、化三身，大小乘通用之法、报、化三身等是也。"《解义》："盖三身佛者，即法身、化身、报身是也。"《讲记》："这三身佛，无疑是就教主释迦牟尼具有三身说，现说自性三身佛，是就每人具有三身佛说，意义当然不同。"

②法身佛：梵 dharma-kāya，指佛以理法聚集之身。

③报身佛：梵 saṃbhoga-kāya，指佛以智法聚集之身。

④"归依圆满报身佛"、"归依千百亿化身佛"，此二句，大谷本、真朴本、金陵本顺序前后颠倒。

化身佛：梵 nirmāṇa-kāya，指佛以德法聚集之身。

⑤案《解义》："至色身犹如舍宅，迁移不定，不可言归。因凡夫愚迷，认物为己，以舍宅为真实，不见内性，遗弃主人。不知法华会上，世尊以一大事因缘出现于世，为开示佛之知见者，即教人了知自身中皆有自性三身佛耳。"《讲记》："舍宅，不一定是说客舍旅宅，吾人所住的房屋，世人所建的舍宅，不论建得怎样坚固，但在无常演化下，总会渐渐陈旧，终于柱根腐朽，梁栋倾斜而倒。当知吾人色身，念念无常变迁，最后终归死亡，那可作为归依之处？"

## 【释义】

"诸位善知识。既然已经归依自性三宝完毕，你们各各都要志心，我给你们讲说一体三身之自性佛，令你们能够见到三身，了然自行觉悟自性。你们一起随我说道：'在自己的色身中，归依清净法身佛；在自己的色身中，归依圆满报身佛；在自己的色身中，归依千百亿化身佛。'诸位善知识。色身就如同房舍宅院，不能称为归投之处。向来三身佛都在自性之中，世间之人都具有的，由于自心被迷惑了，所以不能够看见自性。只一味向外寻找三身如来，而不能见到自身之中本有三身佛。你们听我讲说，让你们在自己身中，能够见到自性中有三身佛。此三身佛，从自性中生出，不从外面得到。"

【原文】

"何名清净法身佛？世人性本清净，万法从自性生。思量一切恶事，即生恶行；思量一切善事，即生善行①。如是诸法在自性中，如天常清，日月常明，为浮云盖覆，上明下暗；忽遇风吹云散，上下俱明，万象皆现。世人性常浮游②，如彼天云。善知识。智如日，慧如月，智慧常明。于外著境，被妄念浮云盖覆，自性不得明朗。若遇善知识，闻真正法，自除迷妄，内外明彻，于自性中万法皆现。见性之人亦复如是，此名清净法身佛。善知识。自心归依自性，是归依真佛③。自归依者，除却自性中不善心、嫉妒心、谄曲心、吾我心、诳妄心、轻人心、慢他心、邪见心、贡高心，及一切时中不善之行。常自见己过，不说他人好恶④，是自归依。常须下心，普行恭敬，即是见性通达，更无滞碍，是自归依。"

【校注】

①案《讲记》："世人心性既然本来清净，为什么会随世间染净缘，造成有漏善恶行？正因随缘造善恶行，反而障蔽本性清净不得开显。"《讲座》："清净法身这么好，又是清净的，怎么还可以做恶事，生恶行呢？我们自性本来是清净的，因为那些无明烦恼一来，就把自性遮障了。你若用功修行，把无明烦恼扫除了，本来面目就现了，自性清清净净，连动都未动一下。要知道，在这里清净是自性，无明烦恼也是自性，扫除无明烦恼的力量也是自性，统统全是你自己。再进一步，法身、报身、化身还是你自己。这个自性真是妙不可言，能善能恶，能大

能小，能上能下，简直是自由自在的。如果自性只能善，不能恶，那么这个自性就不完满，就不自由，就是一个有缺陷的东西。当然，这是禅宗的讲法，大乘圆教是这样的讲法，唯识学家们则不同意，唯识学认为善恶是各有其种子的。"

②浮游：指漫游。《笺注》："浮游，犹言周流也。"

③案《讲记》："迷是从心有迷，悟是由心而悟，如没有心，迷悟皆不可说。如人跌倒，因地而倒，爬起当还从地而起。称性归依自性如来，名为真归依佛。"

④案《笺注》："终日不见己过，便绝圣贤之路；终日喜谈人过，便伤天地之和。"

## 【释义】

"什么叫作清净法身佛呢？世人自性本来清净，万法从自性中生出。思量一切恶事，就产生恶行；思量一切善事，就产生善行。像这样一切诸法在自性中，如同天空恒常清澈，日月恒常明亮一样，但天空中的日月被浮云覆盖后，就会变得天上明亮而地下昏暗；忽然遇到大风将云吹散，则天上地下全都明亮，世间万象全都显现出来。世人的本性经常浮游不定，如同天上的浮云。诸位善知识。智如同日，慧如同月，智慧是恒常明亮的。如果执著于外境，就被妄念的浮云所覆盖，自性就不能得以明亮朗彻。如果遇到善知识，听闻到真正法要，自己除却迷惑妄想，使内外明彻，这样在自性中万法全都能自然显现。明心见性之人也是一样，这就叫作清净法身佛。诸位善知识。自心归依自性，就是归依真正的佛。自归依，就是除却自性中那些不善心、嫉妒心、谄曲心、吾我心、诳妄心、轻人心、慢他心、邪见心、贡高心，及一切时中的不善之行。经常自见自己所犯的过失，不去讲说他人的好坏，就是自归依。常须以谦下之心，普遍行持恭敬，使得见性通达，更没有任何滞碍，这就是自归依。"

## 【原文】

"何名圆满报身？譬如一灯能除千年闇①，一智能灭万年愚②。莫思向前，已过不可得③；常思于后，念念圆明，自见本性。善恶虽殊，本性无二；无二之性，名为实性④。于实性中，不染善恶，此名圆满报身佛。自性起一念恶，灭万劫善因；自性起一念善，得恒沙恶尽⑤。直至无上菩提，念念自见，不失本念，名为报身。"⑥

## 【校注】

①"闇"，原作"暗"，据《径山藏》、增上本、大谷本改。

②案东晋佛驮跋陀罗译《大方广佛华严经》卷五九《入法界品》："譬如明灯入大闇室，悉能照除一切闇冥。菩提心灯亦复如是，入心闇室，于无量劫积集痴闇悉能除灭，具足菩萨明净智慧。"

③案后秦鸠摩罗什译《金刚般若波罗蜜经》："过去心不可得，现在心不可得，未来心不可得。"

④实性：指真实之体性。《解义》："实性者，真实不虚之谓。"

⑤恒沙：指恒河沙，梵 gaṅgā-nadī-vāluka，比喻数量极多。《笺注》："恒沙，恒河中之沙数也，以喻数量之多。"

⑥此段与下段，大谷本、真朴本、金陵本顺序前后颠倒。

## 【释义】

"什么叫作圆满报身呢？譬如一盏明灯能够破除千年的黑暗，一念智慧能够灭除万年的愚痴。不要思量以前，因为过去的事情已经不可挽回；要常思量以后，念念圆满明了，自见本性。善恶虽然不同，但本性却无分别，无分别之本性，就叫作实性。在实性之中，不染著善恶，这就叫作圆满报身佛。自性生起一念恶，就能灭掉万劫的善因，自性生起一念善，就能使得犹如恒河中沙子那么多的恶全部除尽。直到无上菩提，念念都自见本性，不丧失本来净念，就叫作报身。"

## 【原文】

"何名千百亿化身？若不思万法，性本如空；一念思量，名为变化。思量恶事，化为地狱；思量善事，化为天堂①。毒害化为龙蛇，慈悲化为菩萨；智慧化为上界②，愚痴化为下方③。自性变化甚多，迷人不能省觉，念念起恶，常行恶道；回一念善，智慧即生，此名自性化身佛④。"

## 【校注】

①案《解义》："所谓境随心转，即此理也。"

②上界：指天界。《笺注》："上界，指诸天。"

③下方：指三恶道。《笺注》："下方，指三涂。"

④案《讲座》："你念头一起，东想西想、天南海北，过去、现在、未来，十方都想遍了，那就是千百亿化身啊。你想，几十年来，大家从早到晚，所作所为，有好多念头啊！可以说有恒河沙数那么多吧。这些念头不是别的，全是你自己。"

"什么叫作千百亿化身呢？如果不思量万法，自性本如虚空；一念思量，叫作变化。思量恶事，就变化为地狱；思量善事，就变化为天堂。毒害变化为龙蛇，慈悲变化为菩萨；智慧变化为天界，愚痴变化为恶道。自性的变化确实很多，但迷惑之人不能够省察觉知，念念生起恶心，常行于恶道，如果能回转生一念善心，智慧即可生起，这就叫作自性化身佛。"

【原文】

"善知识。法身本具①；念念自性自见，即是报身佛；从报身思量，即是化身佛②。自悟自修自性功德，是真归依。皮肉是色身，色身是舍宅③，不言归依也。但悟自性三身，即识自性佛。吾有一《无相颂》，若能诵持④，言下令汝积劫迷罪一时销灭⑤。"颂曰：

> 迷人修福不修道，只言修福便是道，
> 布施供养福无边，心中三恶元来造⑥。
> 拟将修福欲灭罪，后世得福罪还在⑦，
> 但向心中除罪缘，各自性中真忏悔⑧。
> 忽悟大乘真忏悔，除邪行正即无罪。
> 学道常于自性观，即与诸佛同一类⑨。
> 吾祖惟传此顿法⑩，普愿见性同一体⑪。
> 若欲当来觅法身，离诸法相心中洗。
> 努力自见莫悠悠⑫，后念忽绝一世休⑬。

若悟大乘得见性，虔恭合掌至心求。

师言："善知识。总须诵取，依此修行，言下见性。虽去吾千里，如常在吾边。于此言下不悟，即对面千里，何勤远来⑩。珍重！好去。"一众闻法，靡不开悟，欢喜奉行。

【校注】

①"法身本具"，大谷本、真朴本、金陵本作"从法身思量，即是化身佛"。

②"从报身思量，即是化身佛"，大谷本、真朴本、金陵本无。

③"舍宅"，大谷本、真朴本、金陵本作"宅舍"。

④"诵"，《径山藏》、增上本作"师"。

⑤案敦煌本云："亦名《灭罪颂》。"

⑥"三"，大谷本作"二"。

三恶：指由心中三毒而感召三恶道之果报。《笺注》："贪、瞋、痴三毒，又云三恶。或云种恶、现前恶、不返恶，谓之三恶。又欲、恚、害，谓之三恶觉。又地狱、饿鬼、畜生，谓之三恶道。"

案《讯释》："布施、供养岂不是人天小果邪？心中三恶，不自忏悔，纵满三千大千世界七宝以用布施，得福虽多，终成有漏。然而古人亦有言曰：'先须作福，福至心灵。'而契机悟性，盖亦有在于此矣。何也？夫心既灵矣，顾有机之不能契，而性之不能悟邪。"

⑦案《笺注》："有因必有果，造福善力强，先报其善。不善业仍在，终当报也，故云'罪还在'。"

⑧"各"，《径山藏》、《频伽藏》、增上本作"名"。

案《笺注》："心中既无罪缘，洒洒落落，是真忏悔。"

⑨案《笺注》："学道即观自性。观自性者，即是佛一类，故云'同一类'。"

⑩"惟"，真朴本、金陵本作"唯"。

⑪案《笺注》："心佛众生本无差别，为心迷故，众生不能与佛同。今有此祖祖相传之顿法，苟能见性，则时时在觉无迷。佛觉、众生觉，故'同一体'。"

⑫悠悠：指悠闲自在。《笺注》："莫悠悠者，言不可闲暇也。"

⑬一世休：指死亡。《笺注》："前念、今念已过去，后念忽绝，言已死也，故曰'一世休'。休，终止也。"《解义》："人命无常疾于暴流，最后一念忽然中断，则死此生彼而一世休矣。"

⑭案东汉迦叶摩腾共法兰译《四十二章经》："佛言：'弟子去离吾数千里，意念吾戒必得道。在吾左侧，意在邪，终不得道。其实在行，近而不行，何益万分耶！'"

## 【释义】

"诸位善知识。法身是本来具足的；念念自性自见，就是报身佛；从报身进而思量，就是化身佛。自己觉悟、自己修行自性功德，就是真正归依。皮肉构成色身，色身就如同舍宅，不能称为归依处。只要悟得自性三身，就是认识自性佛。我有一首《无相颂》，如果能够读诵受持，当下令你们累劫积下迷惑罪业一时全都销灭。"《无相颂》的内容是：

迷惑之人只修福德而不修行佛道，

只认为修世间福德便是修行佛道，

虽然布施供养所获福德无量无边，

但心中从一开始就造下三恶果报。

打算用今生所修福德来灭除罪业，

后世虽能得福德但罪业仍然存在，

只能向心中除去造罪的各种因缘，

各自在自性中真诚忏悔所作罪业。

忽然觉悟大乘佛法真正忏悔之理，

就能除去邪见修行正法即刻无罪。

修学佛道要恒常于自性之中观察，

这就能与一切诸佛同属一类境界。

我的历代祖师所传这个顿教法门，

普愿众生能见自心性为同一本体。

如果想在未来求得如来清净法身，

就要远离各种法相于自心中洗练。

努力自见心性不要悠悠荒废此生，

下一个念头忽然断绝此生就休矣。

如果想悟大乘法义而得明心见性，

就必须虔诚恭敬合掌而至心求索。

　　惠能说道："诸位善知识。你们都要读诵持取这个偈颂，依照偈颂中内容修行，当下就能见性。你们虽然平时天各一方，离我都很遥远，但若能诵持我说的偈颂，就如同你们经常在我身边一样。你们对于此偈颂不能当下开悟，就算现在与我对面而坐也如同相隔千里，又何必辛勤从远方来聚会于此呢。大家珍重！好自散去。"在座大众听完惠能说法之后，没有不开悟的，全都心生欢喜，信受奉行。

机缘第七①

【原文】

师自黄梅得法，回至韶州曹侯村②，人无知者③。有儒士刘志略④，礼遇甚厚⑤。志略有姑为尼，名无尽藏，常诵《大涅槃经》。师暂听，即知妙义，遂为解说。尼乃执卷问字，师曰："字即不识，义即请问。"尼曰："字尚不识，焉能会义⑥？"师曰："诸佛妙理，非关文字。"尼惊异之，遍告里中耆德云⑦："此是有道之士，宜请供养。"

有魏武侯玄孙曹叔良⑧，及居民竞来瞻礼⑨。时宝林古寺自隋末兵火已废，遂于故基重建梵宇⑩，延师居之，俄成宝坊⑪。师住九月馀日，又为恶党寻逐⑫。师乃遁于前山⑬，被其纵火焚草木，师隐身挨入石中得免⑭。石今有师跌坐膝痕及衣布之纹⑮，因名"避难石"⑯。师忆五祖"怀会止藏"之嘱⑰，遂行隐于二邑焉⑱。

【校注】

①"缘"下，真朴本、金陵本有"品"。

机缘：指受教之根机与因缘。《讯释》："古之为师称善教，而弟子称善学者，亦惟在此机尔。故真机不动，则灵关不启；灵关不启，则神理不彰。而徒索之经卷，著于见闻，而曰能识心而见性者，未之有也。"

《笺注》："机，谓根机；缘，谓胜缘。机有利钝，缘有胜劣，机缘相感，自性开发，故以机缘名篇。"《解义》："机缘者，兼师及弟子言之也。大凡世、出世间一切善法恶法，无不由过去生中种植前因，至于今生或他生始获果报。种善因者获善果，种恶因者招恶报，此一定不易之理，必也见自佛性，已断后有，不造诸因，而后果报可灭。因果既灭，始得超出三界，不入轮回。师之传佛心印，与弟子等之得闻大乘，皆非偶然，故立机缘品。"《讲记》："佛法论到行者的成就不成就，全看机缘的成熟与不成熟。机缘成熟，现生自可得到成就，机缘不成熟，现生固然不得成就，何生得以成就，那就很难决定。由于全看因缘，所以名机缘品。"《讲座》："来参学的人，程度不一样，学问背境不一样，根性的利钝不一样。而教师则要根据各人不同的情况善于接引，两者一扣，就是'机'。这不是一件容易的事，用佛教的话来说就是'有缘'，所以叫作'机缘'。"

②曹侯村：位于今广东省韶关市马坝镇。《解义》："按曹侯村在韶州东城外四十里，土名马坝。宝林古刹在焉，隋末毁于兵。"

③"者"下，《普慧藏》及《径山藏》、增上本、大谷本有双行夹注："他本云：'师去时，至曹侯村住九月馀。'然师自言：'不经三十馀日便至黄梅。'此求道之切，岂有逗留？作'去时'者非是。"真朴本有双行夹注："旧本云：'师去时至曹侯村，住九月馀日。'然师前自云：'不经三十馀日便至黄梅。'乃见求道之切，岂可逗留？故今依作'回至'。"

④"有"，真朴本、金陵本作"时有"。

儒士：指尊奉儒学之读书人。

刘志略：《笺注》："《万姓统谱》五十八：'志略，唐刘志道之子也。'"

⑤礼遇：指以礼相待。

⑥"焉"，真朴本、金陵本作"曷"。

⑦"遍"，原作"偏"，据增上本、大谷本、真朴本、金陵本改。
下同。

耆德：指年长德高之人。《笺注》："年高德优之人曰耆德。"《讲
记》："耆德，是指德高望重的人。"

⑧"魏"下，《普慧藏》及《径山藏》、增上本、大谷本有双行夹注：
"魏，一作晋。"案《笺注》："或去曹氏玄孙有仕晋封侯者，故作晋武
侯玄孙。"

魏武侯：指曹操（155—220），字孟德，沛国谯人。西晋陈寿《三
国志》卷一《魏书》一有纪。

玄孙：《笺注》："案'玄孙'乃'系孙'之误。系与乡字体相近，故
改系为乡，后又改乡为玄，故有此误。系孙，即远孙。"

⑨瞻礼：指瞻仰礼拜。

⑩梵宇：指佛教寺院。

⑪宝坊：指寺院之美称。

⑫恶党：指欲夺惠能衣钵之人。

⑬"遽"，真朴本、金陵本作"遁"。

⑭隐身：指隐藏身形。

挨入：指挤入。《笺注》："挨，强进也。"

⑮趺坐：指跏趺之坐。

案《笺注》："常人闻石有'趺坐痕'则起疑，谓为怪事。以意度之，

师固未尝留痕于石也。石上今有膝痕者，殆后人重其德，或镌其迹于石上，如儒者所云爱其甘棠之意耶。然佛家多不可思议之事，慎勿以常人之见测度之。"《讲记》："有人对此不信，即或当时是有，经过这么久的时间，风吹雨侵应早磨灭。信者为尊重师的崇高德行，后人特别镌其迹于石上，以供后人信敬，对此吾人不可多加妄测。"

⑯避难石：指位于今广东省韶关市曲江县南华寺西南大旺山之半腰巨石，中有洞如龛，内壁人形及衣布之痕清晰可见，相传为六祖避难之处。

⑰怀会止藏：《行由》第一："祖云：'逢怀则止，遇会则藏。'"

⑱行隐于二邑：指行迹隐遁于怀集与四会，而不急于出世说法。

## 【释义】

惠能自黄梅五祖弘忍处得传南禅顿教法门后，回到韶州曹侯村，没人知道他的行踪。有一位儒士名叫刘志略，对惠能礼遇甚厚。刘志略有姑姑为出家的比丘尼，名叫无尽藏，经常诵持《大般涅槃经》。惠能暂且一听，立刻就知道经中的微妙要义，便为她解说。无尽藏比丘尼手执经卷问某字怎么念，惠能说道："若是关于字怎么念，我不识字；若是关于经中义理，就请发问。"无尽藏比丘尼说道："某字尚且不认识，又焉能领会经义？"惠能说道："诸佛微妙义理，与文字无关。"无尽藏比丘尼对惠能的话感到十分惊异，普遍相告同里中的耆宿大德说道："惠能是有道之士，应该恭请供养他。"

有魏武侯远孙曹叔良，以及当地居民全都竞相前来瞻礼惠能。当时宝林古寺自从隋朝末年遭遇战火早已荒废，曹叔良便出资在原有地基之上重建寺院，延请惠能居止，该寺迅速成为一方宝刹。惠能在宝林寺住了九个多月，又被恶党发现追逐。惠能就又逃遁于寺院前山，恶党为了搜寻惠能，便纵火焚烧山中草木，惠能隐身躲入一块大石之中才得以幸免。该石现今仍有惠能跏趺打坐时留下的膝盖痕迹，以及所穿衣服布料上的纹饰，因此得名为"避难石"。惠能回忆起五祖弘忍"逢怀则止，遇会则藏"的付嘱，于是就将行迹隐遁于怀集、四会这两个县邑之间。

【原文】

僧法海，韶州曲江人也。初参祖师，问曰："即心即佛，愿垂指谕①。"师曰："前念不生即心，后念不灭即佛②。成一切相即心，离一切相即佛③。吾若具说，穷劫不尽。"听吾偈曰：

> 即心名慧，即佛乃定④。
> 定慧等持⑤，意中清净。
> 悟此法门，由汝习性⑥。
> 用本无生⑦，双修是正。

法海言下大悟，以偈赞曰：

> 即心元是佛，不悟而自屈⑧。
> 我知定慧因，双修离诸物⑨。

【校注】

①指谕：指指示晓谕。

②案《笺注》："前念已过去，不可沾恋而再使之生。以全此心之清净圆明，即离一切相也。心体湛然，应用自在，故后念不可灭也。后念若灭，已如槁木死灰之无情，不可作佛。"《解义》："于过去现在境界，

不起思量分别者，即汝之真心。于未来境界，不著无记空者，即汝之真佛。二者和合，即不生不灭矣。"《讲记》："今日只解即心即佛，殊不知即境也即是佛，此可说是境作佛。心如即佛，境如怎可不是佛？再说，心是有心性的，所以心能作佛；境亦有心性，那里不能作佛？心与境一般以为是对立的，但佛法说是不二，有时以心收境，心中固会见佛，是为唯境即佛；有时以境收心，境中同样会见到佛，是为唯心即佛。既说即心是佛，即境难道不是佛？"

③案《笺注》："一切皆由心造，如今但学无心，顿息诸缘，莫生妄想分别。无人、无我、无贪瞋、无憎爱、无胜负，离一切相，即是本来清净佛。"《解义》："一切凡夫以假为真，所谓现境还自缘，非幻成幻法，妄念勾结成种种幻心。若能识自本心，始终不二，且能建立万法，成一切相，即汝真心；能离万法，泯一切相，即汝真佛。建立万法而离于法，则即心即佛矣。"《讲记》："万有一切诸法完成，不是自然而然有的，而是由心所示现的，所以说'成一切相即心'。心所示现的诸相，如幻如化，随生随灭，如知诸法事相，当下即是实相，亦即明达自心。万有一切诸法，虽各皆有其相，如能了其心现，当下即知相即非相，祖说'离一切相即佛'。"

④案《笺注》："不起一念即定，此名即心。是心常能照境谓之慧，同体异名也。离一切相，即佛乃定。定是慧体，其名虽异，其本来则一也。"《解义》："心性本是一，何以有二？盖以用言则名心，以体言则名性。体本常住不动，心虽用而不妄。故即心名慧者，本心也；即佛乃定者，本性也。"

⑤"持"，大谷本作"等"。

等持：指同等修持。

案《讲记》："定慧都是由一心而成，如分别说，定是心的理体，慧是心的妙用，能够即定即慧，就是前说的'即心即佛'，如此方是'定慧等持'。"

⑥习性：指习气种性。《笺注》："习性，研习修成之性也。"

⑦案《笺注》："定体起用名为慧。慧，寂而常照；定，照而常寂。寂故无生无灭也，无生无灭之所起用，用亦无生无灭。故能照而常寂，是乃本来一体正法也。"

⑧案《笺注》："前念不生，后念不灭；成一切相，离一切相，无二无别。不悟者，自己屈辱自佛。"《解义》："本心原是真佛，奈从前不悟，徒向身外或身中摸索，碌碌半生，未免冤屈极矣。真心不用，反以阴识为主，认贼作子，颠倒行事，尤为冤屈。"

⑨案《讲记》："唯有定慧双修，方不致于被缚。如偏于定，只知空寂就为空寂所缚，只知观法则为诸法缚。定慧不离，方得解脱。"

## 【释义】

僧人法海，广东韶州曲江县人。最初参谒六祖惠能时，问道："顿教中讲的即心即佛，我还不能领悟其中的真义，希望您能够给予指示。"惠能说道："前一个念头不生起就是即心，后一个念头不灭就是即佛。成就一切相就是即心，远离一切相就是即佛。我如果详细具体解说，穷极劫数也不能够讲完。"听我所说偈颂道：

能够明了凡夫心与佛心无有差别，

当下就同于开启智慧与修习禅定。

禅定与智慧若能二者同等地修持，

心意之中自然清净无有任何分别。

是否能够领悟这种禅宗顿教法门，

完全是由你们各自的习性所决定。

禅定与智慧的作用本就无所生起，

定慧等持双修才是真正成佛之道。

法海当下大悟，还以偈颂赞叹道：

凡夫当下之心本来就与佛心无别，

自己不能够领悟真义而自我委屈。

我已知禅定与智慧是成佛的正因，

定慧等持双修远离各种物相执著。


【原文】

僧法达，洪州丰城人①。七岁出家，常诵《法华经》②。来礼祖师，头不至地。师诃曰③："礼不投地，何如不礼！汝心中必有一物，蕴习何事耶？"曰："念《法华经》已及三千部。"师曰④："汝若念至万部，得其经意，不以为胜，则与吾偕行⑤。汝今负此事业，都不知过。"听吾偈曰：

礼本折慢幢⑥，头奚不至地？

有我罪即生，亡功福无比⑦。

师又曰："汝名什么？"曰："法达⑧。"师曰："汝名法达，何曾达法？"⑨复说偈曰：

汝今名法达，勤诵未休歇。

空诵但循声，明心号菩萨。

汝今有缘故，吾今为汝说。

但信佛无言⑩，莲华从口发⑪。

达闻偈，悔谢曰⑫："而今而后，当谦恭一切⑬。弟子诵《法华经》，未解经义，心常有疑。和尚智慧广大，愿略说经中义理。"师曰："法达。法即甚达，汝心不达。经本无疑，汝心自疑。汝念此经，以何为宗？"达曰："学人根性闇钝⑭，从来但依文诵念，岂知宗趣⑮。"师曰："吾不识文字⑯，汝试取经诵一遍⑰，吾当为汝解说。"法达即高声念经，至《譬喻品》⑱。

师曰："止⑲。此经元来以因缘出世为宗，纵说多种譬喻，亦无越于此。何者因缘？经云：'诸佛世尊唯以一大事因缘，故出现于世。'⑳一大事者，佛之知见也。世人外迷著相，内迷著空；若能于相离相，于空离空，即是内外不迷。若悟此法，一念心开，是为开佛知见。佛犹觉也，分为四门：开觉知见，示觉知见，悟觉知见，入觉知见㉑。若闻开示，便能悟入，即觉知见，本来真性而得出现。汝慎勿错解经意，见他道'开示悟入'，自是佛之知见，我辈无分㉒。若作此解，乃是谤经毁佛也。彼既是佛，已具知见，何用更开？汝今当信佛知见者，只汝自心，更无别佛。盖为一切众生，自蔽光明，贪爱尘境，外缘内扰，甘受驱驰㉓。便劳他世尊，从三昧起种种苦口，劝令寝息，莫向外求，与佛无二，故云'开佛知见'。吾亦劝一切人，于自心中常开佛之知见。世人心邪，愚迷造罪，口善心恶，贪瞋嫉妒㉔，谄佞我慢㉕，侵人害物，自开众生知见。若能正心，常生智慧，观照自心，止恶行善，是自开佛之知见。汝须念念开佛知见，勿开众生知见。开佛知见，即是出世；开众生知见，即是世间。汝若但劳劳执念以为功课者㉖，何异牦牛爱尾㉗。"

达曰："若然者，但得解义㉘，不劳诵经耶？"师曰："经有何过，岂障汝念？只为迷悟在人，损益由己。口诵心行，即是转经；口诵心不行，即是被经转。"听吾偈曰：

心迷《法华》转，心悟转《法华》。

诵经久不明㉙，与义作雠家㉚。

无念念即正，有念念成邪。

有无俱不计，长御白牛车㉛。

达闻偈，不觉悲泣，言下大悟而告师曰："法达从昔已来，实未曾转《法华》，乃被《法华》转。"

再启曰："经云：'诸大声闻乃至菩萨皆尽思共度量，不能测佛智。'㉜今令凡夫但悟自心，便名佛之知见。自非上根，未免疑谤。又经说'三车'，羊、鹿、牛车㉝，与白牛之车㉞，如何区别㉟？愿和尚再垂开示。"

师曰："经意分明，汝自迷背。诸三乘人不能测佛智者，患在度量也。饶伊尽思共推，转加悬远。佛本为凡夫说，不为佛说。此理若不肯信者㊱，从他退席㊲。殊不知坐却白牛车㊳，更于门外觅三车。况经文明向汝道：'唯一佛乘，无有馀乘。'㊴若二、若三乃至无数方便，种种因缘譬喻言词，是法皆为一佛乘故。汝何不省，三车是假，为昔时故；一乘是实，为今时故⑩。只教汝去假归实，归实之后，实亦无名⑪。应知所有珍财⑫，尽属于汝，由汝受用，更不作父想⑬，亦不作子想⑭，亦无用想⑮，是名持《法华经》⑯。从劫至劫，手不释卷，从昼至夜，无不念时也。"

达蒙启发，踊跃欢喜，以偈赞曰：

经诵三千部，曹溪一句亡⑰。

未明出世旨⑱，宁歇累生狂？

羊鹿牛权设，初中后善扬⑲。

谁知火宅内⑳，元是法中王㉑。

师曰："汝今后方可名念经僧也。"达从此领玄旨㉒，亦不辍诵经。

## 【校注】

①"丰城"，原无，据北宋道原《景德传灯录》卷五、南宋普济《五灯会元》卷二《洪州法达禅师》补。

洪州丰城：指今江西省宜春市丰城县。《笺注》："洪州，隋置旋废，唐复置，南唐建为南都，宋初复为洪州，旋改为隆兴府。今江西南昌县，即旧时州治也。"《解义》："洪州，即今南昌府。"

②《法华经》：指后秦鸠摩罗什译《妙法莲华经》。

③"师"，真朴本、金陵本作"祖"。

案《笺注》："法达礼六祖，头不至地，盖是乖慢之礼，非如法行礼。故大师诃禁其无礼之慢心，实为法中之诫勖，后学宜知。"

④"师"，真朴本、金陵本作"祖"。

⑤偕行：指相伴而行。此谓境界同等。

⑥慢幢：《笺注》："慢心之高举，譬如幢之高耸，故曰慢幢。"

⑦"亡"，真朴本、金陵本作"忘"。

"福"，增上本、大谷本作"礼"。

⑧"法"上，真朴本、金陵本有"名"。

⑨案《笺注》："若实达于法，行住坐卧，出息入息，皆真诵经。今徒劳于文句，故知未达真妙法也。"《解义》："意谓口诵心不行，名虽法达，何曾达得法要，直名不符实耳。"

⑩案《解义》："但信佛虽说法，实无法可说，故名说法。何以故？第一义谛无言可说，况文字乎？"

⑪莲华：指双关语，又谓《妙法莲花经》。《笺注》："此言法达果信佛未尝有所说法，离言说相而忘诵经之功，则可以诵《妙法莲华经》矣。"

⑫悔谢：指忏悔谢罪。

⑬"当"，增上本、大谷本作"富"，形误。

⑭"闇"，真朴本、金陵本作"暗"。

学人：指学道之人。此谓自谦称。

⑮宗趣：指宗旨趣向。

⑯案《解义》："世人每讥不识字者为文盲，此不过认识几个字遂以学者自命，其实胸中空无所有。矧文字为语言表记，苟识字而不解义理，反不如不识字者之尚有直心。"

⑰"诵"下，真朴本、金陵本有"之"。

⑱《譬喻品》：指后秦鸠摩罗什译《妙法莲华经》卷二《譬喻品》。

⑲案《笺注》："止，使之止于《方便品》，不再诵下文之《譬喻品》也。"

⑳"故"，原无，案《妙法莲华经》卷一《方便品》原文有"故"字，故据真朴本、金陵本补。

㉑案后秦鸠摩罗什译《妙法莲华经》卷一《方便品》："云何名诸佛世尊唯以一大事因缘故出现于世？诸佛世尊欲令众生开佛知见，使得清净故出现于世；欲示众生佛之知见，故出现于世；欲令众生悟佛知见，故出现于世；欲令众生入佛知见道，故出现于世。舍利弗。是为诸佛以一大事因缘故出现于世。"

㉒案《笺注》："此小乘劣慧之机，每兴佛知见我辈无分之叹者。"

㉓案后秦鸠摩罗什译《妙法莲华经》卷一《方便品》："以贪爱自蔽，盲瞑无所见，不求大势佛，及与断苦法，深入诸邪见，以苦欲舍苦。"

㉔"瞑"，真朴本作"嗔"。

㉕谄佞：指谄媚奸佞。

我慢：梵 ātma-māna，指因我执而生起憍慢之心。《笺注》："我慢者，自恃高贵而慢他之谓也。"

㉖功课：指每日必做之事。《笺注》："功，功令；课，课程。每日限定时间作事，谓之功课。"

㉗"犛"，原作"犂"，据诸本改。

案后秦鸠摩罗什译《妙法莲华经》卷一《方便品》："舍利弗当知，我以佛眼观，见六道众生，贫穷无福慧，入生死险道，相续苦不断，深著于五欲，如犛牛爱尾。"《笺注》："犛牛黑色，背有长毛，尾粗大，毛尤长，颇自爱护，人取尾毛以为冠缨。"《讲记》："犛牛是一种哺乳动物，体大像牛一样，身体两侧及四肢外，长有密密的柔软长毛，角长得长长的好像圆筒，其端尖而呈弯曲的形状，尾长好似马尾，毛的颜色或黑或白，或黑白相杂，带有蚕丝的光彩。犛牛对自己的尾巴极为爱护，却不知保护自己的身体，所以被所长的长毛遮蔽两目，看不清前有猎人或陷阱，自己的生命丧失亦不知。一般读诵经典者，不明经中义理，时而生疑，对经谤毁，贪爱自蔽，丧失慧命，这是多么可怜。"

㉘"义"，原作"见"，据诸本改。

㉙"诵经久不明"，北宋道原《景德传灯录》卷五、南宋普济《五灯会元》卷二《洪州法达禅师》作"诵久不明已"。

㉚"义"，原作"见"，据诸本改。

㉛案后秦鸠摩罗什译《妙法莲华经》卷二《譬喻品》："有大白牛，肥壮多力，形体姝好，以驾宝车。"《解义》："白牛车喻佛性，御犹行也。"《讲记》："白牛车是喻如来所说最上一佛乘，愿诸众生皆得成就无上佛道。如此大白牛车，不是如来所说言教，是众生自性所本具，所以得长期的驾此大白牛车，且自在无碍的游于四衢道中，多么威风而安稳，多么自由而自在。"

㉜案后秦鸠摩罗什译《妙法莲华经》卷一《方便品》："如是诸人等，其力所不堪，假使满世间，皆如舍利弗，尽思共度量，不能测佛智。正使满十方，皆如舍利弗，及馀诸弟子，亦满十方刹，尽思共度量，亦复不能知。辟支佛利智，无漏最后身，亦满十方界，其数如竹林，斯等共一心，于亿无量劫，欲思佛实智，莫能知少分。新发意菩萨，供养无数佛，了达诸义趣，又能善说法，如稻麻竹苇，充满十方刹，一心以妙智，于恒河沙劫，咸皆共思量，不能知佛智。不退诸菩萨，其数如恒

沙，一心共思求，亦复不能知。"

㉝ "牛"，真朴本、金陵本作"之"。

㉞案后秦鸠摩罗什译《妙法莲华经》卷二《譬喻品》："时诸子等各白父言：'父先所许玩好之具，羊车、鹿车、牛车，愿时赐与。'舍利弗。尔时长者各赐诸子等一大车，其车高广，众宝庄校，周匝栏楯，四面悬铃。又于其上，张设幰盖，亦以珍奇杂宝而严饰之。宝绳绞络，垂诸华缨，重敷绾綖，安置丹枕。驾以白牛，肤色充洁，形体姝好，有大筋力，行步平正，其疾如风，又多仆从而侍卫之。所以者何？是大长者财富无量，种种诸藏悉皆充溢，而作是念：'我财物无极，不应以下劣小车与诸子等。今此幼童皆是吾子，爱无偏党。我有如是七宝大车，其数无量，应当等心各各与之，不宜差别。所以者何？以我此物周给一国，犹尚不匮，何况诸子？'是时诸子各乘大车，得未曾有，非本所望。"

㉟案《笺注》："羊车喻声闻，鹿车喻缘觉，牛车喻菩萨，白牛之车喻一佛乘。"

㊱ "信"，真朴本无。

㊲案后秦鸠摩罗什译《妙法莲华经》卷一《方便品》："尔时，舍利弗欲重宣此义，而说偈言：'无上两足尊，愿说第一法，我为佛长子，唯垂分别说。是会无量众，能敬信此法，佛已曾世世，教化如是等，皆一心合掌，欲听受佛语。我等千二百，及馀求佛者，愿为此众故，唯垂分别说。是等闻此法，则生大欢喜。'尔时，世尊告舍利弗：'汝已殷勤三请，岂得不说。汝今谛听，善思念之，吾当为汝分别解说。'说此语时，会中有比丘、比丘尼、优婆塞、优婆夷五千人等，即从座起，礼佛而退。所以者何？此辈罪根深重及增上慢，未得谓得，未证谓证，有如

此失，是以不住。世尊默然，而不制止。"

㊳案《笺注》："佛之知见，即在人人之自性中，故以坐白牛车喻之。"

㊴案后秦鸠摩罗什译《妙法莲华经》卷一《方便品》："诸佛如来言无虚妄，无有余乘，唯一佛乘。"

㊵案后秦鸠摩罗什译《妙法莲华经》卷一《方便品》："佛以方便力，示以三乘教，众生处处著，引之令得出。""我有方便力，开示三乘法，一切诸世尊，皆说一乘道。""十方佛土中，唯有一乘法，无二亦无三，除佛方便说。但以假名字，引导于众生，说佛智慧故，诸佛出于世。唯此一事实，余二则非真，终不以小乘，济度于众生。"

㊶案《笺注》："归一佛乘实相而见之，即无一佛乘实相之名。无妙法之相，此祖门下之眼，而非不见性者之所知也。"

㊷案《笺注》："所有珍财，众生本具之宝藏也。"

㊸案《笺注》："父，指长者，喻诸佛如来也。"

㊹案《笺注》："子，指诸穷人，喻一切众生。"

㊺案《笺注》："此言既得珍宝，则父想、子想、用想，三想一齐捐除。"

㊻案后秦鸠摩罗什译《妙法莲华经》卷二《信解品》："世尊。我等今者乐说譬喻，以明斯义。譬若有人，年既幼稚，舍父逃逝，久住他国，或十、二十、至五十岁，年既长大，加复穷困，驰骋四方，以求衣食，渐渐游行，遇向本国。其父先来求子不得，中止一城，其家大富，财宝无量，金、银、琉璃、珊瑚、琥珀、玻璃、珠等，其诸仓库，悉皆盈溢，多有僮仆、臣佐、吏民，象马、车乘、牛羊无数，出入息利，乃

遍他国，商估贾客亦甚众多。时贫穷子游诸聚落，经历国邑，遂到其父所止之城。父母念子，与子离别五十馀年，而未曾向人说如此事，但自思惟，心怀悔恨，自念老朽，多有财物，金银、珍宝，仓库盈溢，无有子息，一旦终没，财物散失，无所委付，是以殷勤、每忆其子。复作是念：'我若得子，委付财物，坦然快乐，无复忧虑。'世尊。尔时，穷子佣赁展转，遇到父舍，住立门侧，遥见其父踞师子床，宝几承足，诸婆罗门、刹利、居士皆恭敬围绕，以真珠璎珞价值千万庄严其身，吏民、僮仆手执白拂侍立左右。覆以宝帐，垂诸华幡，香水洒地，散众名华，罗列宝物，出内取与，有如是等种种严饰，威德特尊。穷子见父有大力势，即怀恐怖，悔来至此，窃作是念：'此或是王、或是王等，非我佣力得物之处，不如往至贫里，肆力有地，衣食易得，若久住此，或见逼迫，强使我作。'作是念已，疾走而去。时富长者于师子座，见子便识，心大欢喜。即作是念：'我财物库藏今有所付，我常思念此子，无由见之，而忽自来，甚适我愿，我虽年朽，犹故贪惜。'即遣傍人，急追将还。尔时，使者疾走往捉，穷子惊愕，称怨大唤：'我不相犯，何为见捉？'使者执之愈急，强牵将还。于时穷子自念无罪，而被囚执，此必定死，转更惶怖，闷绝躄地。父遥见之，而语使言：'不需此人，勿强将来，以冷水洒面，令得醒悟，莫复与语。'所以者何？父知其子志意下劣，自知豪贵为子所难，审知是子而以方便，不语他人云是我子。使者语之：'我今放汝，随意所趋。'穷子欢喜，得未曾有，从地而起，往至贫里，以求衣食。尔时，长者将欲诱引其子而设方便，密遣二人形色憔悴、无威德者：'汝可诣彼，徐语穷子，此有作处，倍与汝值。穷子若许，将来使作。若言欲何所作，便可语之，雇汝除粪，我等二人亦共汝作。'时二使人即求穷子，既已得之，具陈上事。尔时，穷子先取其价，寻与除粪。其父见子，愍而怪之。又以他日，于窗牖中，遥见子身，羸瘦憔悴，粪土尘坌，污秽不净。即脱璎珞、细软上服、严饰之具，更著粗敝垢腻之衣，尘土坌身，右手执持除粪之器，状有所畏，语诸作人：'汝等勤作，勿得懈息。'以方便故，得近其子。后复告言：'咄！男子。汝常此作，勿复馀去，当加汝价。诸有所需，盆器、米面、盐醋之属，莫自疑难，亦有老敝使人需者相给，好自安意，我如汝父，勿复忧虑。所以者何？我年老大，而汝少壮，汝常作时，无有欺怠、瞋恨怨言，都不见汝有此诸恶，如馀作人。自今已后，如所生子。'即时长者更与作字，名之为儿。尔时，穷子虽欣此遇，犹故自谓客作贱人。由是之故，于二十年中，常令除粪。过是已后，心相体信，入出无难，然其所止，犹在本处。世尊。尔时，长者有疾，自知将死不久，语穷子言：'我今多有金银珍宝，仓库盈溢，其中多少，所应取与，汝悉知之，我心如是，当体此意。所以者何？今我与汝，便为不异，宜加用心，无令漏失。'尔时，穷子即受教敕，领知众物、金银珍宝及诸库藏，而无希取一餐之意。然其所止，故在本处，下劣之心亦未能舍。复经少时，父知子意，渐已通泰，成就大志，自鄙先心。临欲终时，而命其子，并会亲、族、国王、大臣、刹利、居士皆悉已集，即自宣言：'诸君当知，此是我子，我之所生，于某城中舍吾逃走，伶俜辛苦，五十馀年，其本字某，我名某甲。昔在本城，怀忧推觅，忽于此间遇会得之。此实我子，我实其父，今我所有一切财物，皆是子有，先所出内，是子所知。'世尊。是时穷子闻父此言，即大欢喜，得未曾有，而作是念：'我本无心，有所希求，今此宝藏自然而至。'世尊。大富长者则是如来，我等皆似佛子，如来常说我等为子。"

㊼案《笺注》："一遍为一部，法达共读三千遍《法华经》。往日恃诵经三千部有大功德，今日至曹溪于一句之下亡所恃也。"

㊽案《笺注》："出世旨，出兴于世间之旨，即一大事因缘也。言佛乘此一大事因缘，来此世间度人者。"

㊾案后秦鸠摩罗什译《妙法莲华经》卷一《序品》："尔时，有佛号日月灯明如来、应供、正遍知、明行足、善逝、世间解、无上士、调御丈夫、天人师、佛、世尊，演说正法，初善、中善、后善，其义深远，其语巧妙，纯一无杂，具足清白梵行之相。为求声闻者，说应四谛法，度生、老、病、死，究竟涅槃；为求辟支佛者，说应十二因缘法；为诸菩萨说应六波罗蜜，令得阿耨多罗三藐三菩提，成一切种智。"

㊿案后秦鸠摩罗什译《妙法莲华经》卷二《譬喻品》："若有众生，内有智性，从佛世尊闻法信受，殷勤精进，欲速出三界，自求涅槃，是名声闻乘；如彼诸子为求羊车，出于火宅。若有众生，从佛世尊闻法信受，殷勤精进，求自然慧，乐独善寂，深知诸法因缘，是名辟支佛乘；如彼诸子为求鹿车，出于火宅。若有众生，从佛世尊闻法信受，勤修精进，求一切智、佛智、自然智、无师智，如来知见，力无所畏，愍念安乐无量众生，利益天人度脱一切，是名大乘；菩萨求此乘，故名为摩诃萨；如彼诸子为求牛车，出于火宅。"

(51)案《笺注》："此言迷于火宅内者，一悟本来，即是法中王也。"《解义》："色身即是火宅，五阴在中，如猛火聚，烦恼燃烧，无有已时。若能烛破烦恼，空其五阴，则火宅之内原是法中之王，只在一转移间耳。"

㉒玄旨：指玄奥之义旨。《笺注》："玄旨，深奥之义理也。"

## 【释义】

僧人法达，江西洪州丰城人。七岁出家，经常诵持《法华经》。他来礼拜六祖惠能，头还没挨到地面就起身了。惠能呵斥道："顶礼头不至地，还不如不顶礼！你心中必定有一个东西，平时都修习何事作为行业？"法达答道："念诵《法华经》已经达到三千遍。"惠能说道："你如果念诵《法华经》达到一万遍，能够获得其中经意的话，也不能够以此为殊胜，顶多与我的境界同等。你现在已经被此诵经事业所负累，还都没意识到这是修行的极大过患。"听我所说偈颂道：

顶礼本来能够对治折伏我慢高幢，

你在顶礼时却为何头不至于地呢？

如果还存有我慢则罪业随即生起，

消除我慢之功则福报才是无比的。

惠能又问道："你名叫什么？"法达答道："法达。"惠能说道："你名叫法达，又何曾通达于法？"惠能又说偈颂道：

你现如今出家后所取法名为法达，

精勤诵读《法华经》从未有休止停歇。

空泛地诵读经文只是遵循着音声，

只有明心见性之后才被称为菩萨。

正是由于你现在与我有缘的原故，

我现在为你讲说佛法的真正要义。

只要信守佛陀所传的是无言之教，

莲花自然从诵经的口中生发出来。

法达听完惠能所说偈颂后，忏悔谢罪道："从今以后，必当以谦恭之心对待一切人事。弟子诵读《法华经》，未能解了经义，心中常有疑惑。和尚您智慧广大，希望能够略微讲说经中义理。"惠能说道："法达。法本身就是通达的，而是你的心自不通达。经文本身没有疑惑，而是你的心自我疑惑。你诵念此经，以什么作为宗趣？"法达说道："学人根性暗昧愚钝，从来只是依照文字诵念，怎能知晓经中宗趣之所在。"惠能说道："我不认识文字，你试着取来经文诵读一遍，我听后当为你解说经义。"法达于是就高声诵念《法华经》，直念到《譬喻品》。

　　惠能说道："停。此经原来是以因缘出世为宗趣，纵然演说多种譬喻，其义理也都不过于此。什么是因缘呢？经中说：'一切诸佛世尊只以一大事因缘出现于世间。'这'一大事'，就是指佛的知见。世人对外迷惑执著诸相，对内迷惑执著空相，如果能够对于诸相而远离诸相，对于空相而远离空相，就是内外都不迷惑。如果能够悟得此法，一念之间心开意解，就是开启佛之知见。佛指的就是觉，分成四个部分，即：开启觉之知见，显示觉之知见，悟解觉之知见，证入觉之知见。如果听闻开、示，便能悟、入，就是觉之知见，自心本来真性从而得以出现。你千万不要错误理解经意，见文中称'开示悟入'，自以为这是佛之知见，与我们凡夫之辈无关。如果作此种见解，就是诽谤经文诋毁佛陀。他既然是佛了，已经圆具知见，又何用再次开启知见？你现在应当信受佛之知见，只在你自心之中，更没有别的什么心外之佛。正因文一切众生，自己遮蔽了自性光明，贪爱各种根尘境界，被外缘扰乱内心，甘愿受其驱使策驰。由此便劳烦世尊他老人家，从三昧中发起各种苦口婆心的教诲，劝令众生安寝息止自心，切莫向外妄求，若能达此境界就与佛相同没有差异，所以经中才说'开佛知见'。我也劝导一切人，在自心之中经常开启佛之知见。世人心中邪妄，愚痴迷惑造作罪业，口说良善而心中险恶，贪欲嗔恚嫉妒，谄媚奸佞我慢，侵犯他人谋害财物，这就自行开启了众生凡夫知见。如果能够端正自心，恒常生起智慧，以智慧观照自心，制止恶业躬行善业，这就自行开启了佛之知见。你必须念念开启佛之知见，切勿开启众生知见。开启佛之知见，就是出世间法；开启众生知见，就是世间法。你如果只一味辛劳执著于念诵佛经并以之为功课，又何异于牦牛爱护自己的尾巴呢。"

法达问道："如果您所说是正确的，难道只须得以解了经义，而不再劳烦诵经了吗？"惠能答道："经文有何过错，难道能障碍你诵念吗？只因为迷惑与觉悟全在于个人，而减损与增益全由于自己。口里诵经，心中修行，就是运转于经；口里诵经，心中不修行，就是被经所运转。"听我所说偈颂道：

> 心中如果迷惑就会被《法华经》运转，
>
> 心中如果觉悟就会运转于《法华经》。
>
> 诵读经文时间虽久但不明于经义，
>
> 反而背离真正经义成为对立仇家。
>
> 心无杂念地诵经就是正确之诵念，
>
> 心有杂念地诵经就是邪谬之诵念。
>
> 心中是否有无杂念全都不与计量，
>
> 就能长久驾御大白牛车而入佛乘。

法达听完惠能所说偈颂后，不觉悲伤哭泣，当下大悟而告诉惠能道："法达从过去以来，确实未曾运转于《法华经》，乃是被《法华经》

所运转。"

　　法达再启问道:"经中说:'诸大声闻乃至菩萨全都竭尽思虑共同度量,均不能够揣测佛的智慧。'现在让凡夫只觉悟自心,就叫作证入佛之知见。自己并非上根之人,未免会产生疑惑诽谤。又经中说'三车',即羊车、鹿车、牛车,它们与大白牛车之间,又如何区别呢?希望和尚您再垂以开示。"

　　惠能说道:"经意十分明白,你自己迷惑背离。声闻、缘觉、菩萨等诸三乘人,之所以不能揣测佛之智慧,过患就在于妄加度量。就算他们竭尽思量共同推测佛智,只能转而更加离佛智愈发悬远。佛本是为凡夫才演说教法,并不是为佛而说。这个道理如果不肯信受,就可任凭他退席离开。殊不知已然坐在大白牛车之上,却反而更于门外寻觅羊、鹿、牛三车。何况经文中明确向你说道:'唯有一佛乘,没有其馀乘。'像二、像三乃至无数方便,各种因缘譬喻的言词,这些法全都是为了诠释一佛乘的。你为何不省悟,三车是虚假,为过去而说;一乘是真实,为现在而说。只教你出去虚假回归真实,回归真实之后,真实亦没有名相。应该知道所有珍宝财物,全都属于你,由你来享受使用,再不用作父亲想,也不用作儿子想,更没有无用之想,这样才叫真正地持诵《法华经》。从一个劫到另一个劫,手不释卷,从早到晚,没有不念经的时刻。"

　　法达蒙受启发,踊跃欢喜,以偈颂赞叹道:

　　　　《法华经》的经文我诵读了三千多遍,

　　　　惠能一句话就点破我是白费功夫。

　　　　我还没有明了出世法的深奥义旨,

又如何能停歇累生轮回之狂惑呢？

羊车、鹿车、牛车只是佛权宜之施设，

初善、中善、后善也只是渐次之弘扬。

有谁知道在犹如火宅的三界之内，

自心原本就是法中之王与佛无异。

惠能对法达说道："你今后就可称为念经僧了。"法达从此领受玄奥义旨，同时也不废辍诵读经文。

## 【原文】

僧智通，寿州安丰人①。初看《楞伽经》约千馀遍，而不会三身、四智②，礼师求解其义。师曰："三身者，清净法身，汝之性也；圆满报身，汝之智也；千百亿化身，汝之行也。若离本性，别说三身，即名有身无智③。若悟三身无有自性，即明四智菩提④。"听吾偈曰：

自性具三身⑤，发明成四智。

不离见闻缘，超然登佛地⑥。

吾今为汝说，谛信永无迷⑦。

莫学驰求者，终日说菩提⑧。

通再启曰："四智之义，可得闻乎？"师曰："既会三身，便明四智，何更问耶？⑨若离三身，别谈四智，此名有智无身。即此有智，还成无智。⑩"复说偈曰⑪：

大圆镜智性清净⑫，平等性智心无病⑬，

妙观察智见非功⑭，成所作智同圆镜⑮。

五八六七果因转<sup>⑯</sup>，但用名言无实性<sup>⑰</sup>。

若于转处不留情<sup>⑱</sup>，繁兴永处那伽定<sup>⑲</sup>。

如上转识为智也。教中云：转前五识为成所作智，转第六识为妙观察智，转第七识为平等性智，转第八识为大圆镜智。虽六七因中转，五八果上转，但转其名，而不转其体也。<sup>⑳</sup>

通顿悟性智，遂呈偈曰：

三身元我体<sup>㉑</sup>，四智本心明<sup>㉒</sup>，

身智融无碍<sup>㉓</sup>，应物任随形<sup>㉔</sup>。

起修皆妄动<sup>㉕</sup>，守住匪真精<sup>㉖</sup>。

妙旨因师晓<sup>㉗</sup>，终亡染污名<sup>㉘</sup>。

## 【校注】

①寿州安丰：指今安徽省六安市寿县安丰镇。《笺注》："唐之寿州，今之寿县，属安徽淮泗道。安丰县故城，在今寿县西南。"

②四智：梵 catvāri jñānāni，指佛果四智，即：大圆镜智、平等性智、妙观察智、成所作智。《讲座》："四智是唯有佛才具有的，最圆满、最无上的四种智慧。"

③案《笺注》："四智不离本性，若离本性而说三身，故曰有身无智。"

④案《笺注》："三身从一自性而生，非三身中各有一自性也。四智菩提，即四智之智慧也。"《解义》："若悟三身无有自性，即名四智菩提。云何无有自性？以其不能自生也。"

⑤案《笺注》："言各人自性中皆有三身。"

⑥案《讯释》："夫所谓不离见闻缘者，岂不以从耳目而入，可以触

机而悟性邪？但著于见闻，而以为见性之地者，余未见其可也。"《笺注》："言不必不闻不见，屏绝外缘，已能直入佛地。"

⑦谛信：指确信。《笺注》："谛，审实不虚义；信，更无疑念也。"

⑧案《笺注》："此言莫学向外驰求，不向自性中求，虽终日说菩提，而终不得菩提也。"

⑨案《笺注》："转八识成四智，束四智成三身。三身既会，未有不明四智者，故曰'何更问耶'。"

⑩案《笺注》："试以造屋喻之，四智如材料，三身如房屋。若离三身而别谈四智，犹离房屋而但讲材料，此名有材料而无房屋。虽有此材料，还与无材料相同。"

⑪"说"，大谷本、真朴本无。

⑫案《笺注》："自性清净，唤为镜智。"《解义》："自性清净，不污不染，含照圆融，故名大圆镜智。"《讲记》："洞微内外，无诸染尘，极为清净，好像一面面积很大的圆镜，可以鉴照万物。向说转第八识为大圆镜智，实则阿赖耶识当体即是大圆镜智。"《讲座》："第八识就化为大圆镜智，无量大千世界，若有情、若无情，无论巨细，皆可同时显现，一一照了。"

⑬"智"，大谷本作"知"。

案《解义》："心不起妄，事理不二，故名平等性智。"《笺注》："有隔碍相，则为有病。若无隔碍，万法流通，更无滞著，故为无病。"《讲记》："运用此智可观自他一切平等，正因认识到众生平等，不再有自他差别，能随任何众生根机，示现不同身相予以开导。"《讲座》："第七识就转为平等性智，再没有人我、法我的执著，也就没有了那些差别、不平等的种种分别见，万法与我都平等和谐地处于一体之中，也就是时时处处都在'不二'之中。"

⑭案《解义》："见犹离见，见不能及，一切如是，故名妙观察智。"《笺注》："六识、七识，历历事行，练磨纯熟，应机接物，任运不涉计度，顿时观察明了，不假功成，故云非功也。"《讲记》："善能观察诸法自相、共相，加以合理的分别，任运自然不涉计度的明了观察，从而针对众生不同的好乐，以无碍辩才说诸妙法，使每个众生皆能开悟。"《讲座》："第六识就转为妙观察智，就能善于观察人生宇宙的一切现象。"

⑮案《笺注》："应所成办，唤为所作智。"《解义》："念念般若观照，不离本性，故名成所作智。"《讲记》："本于自己愿力所应作的度生事业，虽如明镜那样的照物，不昧现状而完成任务。"《讲座》："前五识就转为成所作智，意志所到，运行无碍，而成就一切功德。"

⑯案《笺注》："五者，八识中之前五识也。如眼之能见色、耳之能闻声、鼻之能辨臭、舌之能别味、身之能知冷热，对于色、声、香、味、触之五尘，有能起五种识之性也。八者，八识中之第八识也，又名阿赖耶识，又名藏识。凡为世间万物之本之种子，皆收藏于此识之中也。前五识及第八识，皆属于果。六者，八识中之第六识也。因前五识之感觉，而起分别判断之作用，故名曰意识。七者，八识中之第七识也，名曰末那识。因六识分别五尘好恶，而由此识传送相续执取，故又谓之我见识。第六识及第七识，皆属于因。果因转者，即憨山大师所谓六七二识因中先转，五八一体至果乃圆也。"《讲记》："如此转八识成四智，不是同时转的，而有因位、果位之别。"

⑰"言"，北宋道原《景德传灯录》卷五《寿州智通禅师》作"者"。

案《笺注》："此言转八识成四智，在文字上则谓之转，在实性上则无所谓转也。迷则为识，悟则为智，在实性固无所改变也。"《解义》："无论从因从果，转识成智，但有假名，毫无实性。"《讲座》："转的只是名相，本体是动都没有动的，自性还是你那个自性，并没有变成另外一个什么东西。"

⑱案《笺注》："心迷则为识，心悟则为智。一悟悟至极处，不再退转，即所谓不留情也。"《讲记》："若于悟时转识成智，悟到至极之处，不再为情识牵引，自不退转而仍留于三界。"

⑲那伽：梵 nāga，指龙。那伽定，指龙定。《笺注》："欲长保其寿，俟弥勒佛出世，以此为愿力者，名曰那伽定。"《讲记》："那伽定，中国译为龙定。佛如众生一样有行、住、坐、卧，众生在散乱中活动，佛则常在定中。"

⑳案此夹注，真朴本、金陵本作正文。又《讲座》："这终究是禅宗的讲法，若依唯识来讲，就大不一样了。六祖所谈的这些，若粗略简单一看，不精通唯识的人还以为与唯识相同，其实他们之间是大不一样的，完全不同的。唯识宗认为，三身、四智是各有各的'体'，这个'体'是不同的。如前面我们谈到的，成所作智与前五识同体；妙观察智与第六识同体；平等性智与第七识同体；大圆镜智与第八识同体。一切众生的第八识中，所含藏的种子是不同的，有的是人天种子，有的是地狱、畜生种子，有的是缘觉种子，有的是菩萨种子，没有菩萨种子的是不能成佛的。有的人因其种子不完满，三身、四智也就不可能完满，所以唯识宗认为众生不能全部成佛。"

㉑案《笺注》："往时求三身于身外，今依师教，忽知三身元是在我

体内。"

㉒案《笺注》："昔以为得菩提后方可得四智，今乃知四智本于自心，心悟则转八识已成四智。"

㉓案《笺注》："身，三身。智，四智。三身以四智为体，四智以三身为用，体用合一，故曰无碍。"

㉔应物任随形：指佛、菩萨度化众生，任随众生各自形类，而应现相同之类以为教化。案后秦鸠摩罗什译《妙法莲华经》卷七《观世音菩萨普门品》："若有国土众生应以佛身得度者，观世音菩萨即现佛身而为说法；应以辟支佛身得度者，即现辟支佛身而为说法；应以声闻身得度者，即现声闻身而为说法；应以梵王身得度者，即现梵王身而为说法；应以帝释身得度者，即现帝释身而为说法；应以自在天身得度者，即现自在天身而为说法；应以大自在天身得度者，即现大自在天身而为说法；应以天大将军身得度者，即现天大将军身而为说法；应以毗沙门身得度者，即现毗沙门身而为说法；应以小王身得度者，即现小王身而为说法；应以长者身得度者，即现长者身而为说法；应以居士身得度者，即现居士身而为说法；应以宰官身得度者，即现宰官身而为说法；应以婆罗门身得度者，即现婆罗门身而为说法；应以比丘、比丘尼、优婆塞、优婆夷身得度者，即现比丘、比丘尼、优婆塞、优婆夷身而为说法；应以长者、居士、宰官、婆罗门、妇女身得度者，即现妇女身而为说法；应以童男、童女身得度者，即现童男童女身而为说法；应以天、龙、夜叉、乾闼婆、阿修罗、迦楼罗、紧那罗、摩睺罗伽、人非人等身得度者，即皆现之而为说法；应以执金刚身得度者，即现执金刚身而为说法。"

㉕案《笺注》："本具身智，何劳修治？若有修治，皆是妄动。"

㉖案《笺注》："执守三身四智，亦是不是。上文言无住者人之本性，今若守住，非本性矣，故云匪真精也。"

㉗"旨"，北宋道原《景德传灯录》卷五《寿州智通禅师》作"言"。

案《笺注》："妙旨，三身、四智之旨也。师，谓六祖也。"

㉘"亡"，真朴本、金陵本作"忘"。

"污"，原作"汙"，据增上本、大谷本、真朴本、金陵本改。

案《笺注》："悟自性之身智，亡假名之染污。"《讲记》："染污，凡是有所造作，有所趣向，皆可说是染污。未悟前固然如是，悟后染污假名一切皆无。"

## 【释义】

僧人智通，安徽寿州安丰人。最初看《楞伽经》大约一千馀遍，但不能领会经中所讲三身、四智的道理，便参礼惠能求解其义。惠能说道："所谓三身，清净法身，就是你的本性；圆满报身，就是你的智慧；千百亿化身，就是你的行业。如果离开自心本性，而别说另有三身，这就叫作有身而无智。如果领悟三身没有自性，就能够明了四智菩提。"听我所说偈颂道：

> 人之自性本来就具备法、报、化三身，
>
> 从而能够发明成就佛果四种智慧。
>
> 不脱离世俗所见所闻之各种因缘，
>
> 便能超然登上诸佛彻底解脱境地。
>
> 我现在为你讲说有关三身的道理，
>
> 你要确实信受且永远不要再迷惑。

切莫仿效那些向自性外求道之人，

因为他们只是终日空说菩提而已。

智通再次启问道："四智的要义，可否再给讲给我听一下？"惠能答道："既然已经领会了三身之义，便应该明了四智之义，又何须再次发问呢？如果脱离了三身，而别谈四智的话，这就叫作有智而无身。这种无身之有智，最终还是会变成无智的。"惠能又说偈颂道：

大圆镜智就是自性清净无有杂染，

平等性智就是自心无有各种病患，

妙观察智就是所见无碍而非功成，

成所作智就是犹如圆镜观照分明。

前五识与第八识从果上转识成智，

第六识与第七识从因上转识成智，

这只是用名言加以分别而无实性。

如果在转识成智时达到不退境地，

即使身处繁兴喧闹也能永处定中。

以上讲的就是转识成智的道理。依教门中的解释：转眼、耳、鼻、舌、身等前五识为成所作智，转第六意识为妙观察智，转第七末那识为平等性智，转第八阿赖耶识为大圆镜智。虽然第六识、第七识是在因地中转，而前五识与第八识是在果地上转，但转化只是其名相，而并有没有转化其本体。

智通顿悟自性之智，于是呈上偈颂道：

法、报、化三身原本都是我自性之体，

佛果四智本来就是自心明了所现，

三身与四智之间圆融且无有障碍，

应化万物任意随顺众生各种形相。

任何刻意发起的修行都属于妄动，

一味守住不修行也并非真精之道。

如此微妙义旨因您的讲说而知晓，

自此以后终究灭除各种染污之名。

## 【原文】

僧智常，信州贵溪人①。髫年出家②，志求见性。一日参礼，师问曰："汝从何来？欲求何事？"曰："学人近往洪州白峰山③，礼大通和尚，蒙示见性成佛之义。未决狐疑，远来投礼，伏望和尚慈悲指示。"

师曰："彼有何言句，汝试举看。"曰："智常到彼，凡经三月，未蒙示诲。为法切故，一夕独入丈室④，请问：'如何是某甲本心本性？'大通乃曰：'汝见虚空否？'对曰：'见。'彼曰：'汝见虚空有相貌否？'对曰：'虚空无形，有何相貌？'彼曰：'汝之本性⑤，犹如虚空。了无一物可见，是名正见；无一物可知，是名真知。无有青黄、长短，但见本源清净、觉体圆明，即名见性成佛，亦名如来知见。'学人虽闻此说，犹未决了，乞和尚开示⑥。"

师曰："彼师所说，犹存见知⑦，故令汝未了。"吾今示汝一偈：

不见一法存无见⑧，大似浮云遮日面⑨。

不知一法守空知⑩，还如太虚生闪电⑪。

此之知见瞥然兴⑫，错认何曾解方便⑬。

汝当一念自知非⑭，自己灵光常显现⑮。

常闻偈已，心意豁然，乃述偈曰：

无端起知见，著相求菩提⑯。

情存一念悟⑰，宁越昔时迷⑱？

自性觉源体，随照枉迁流⑲。

不入祖师室，茫然趣两头⑳。

智常一日问师曰："佛说三乘法㉑，又言最上乘㉒。弟子未解，愿为教授。"师曰："汝观自本心，莫著外法相㉓。法无四乘，人心自有等差。见闻转诵是小乘㉔，悟法解义是中乘㉕，依法修行是大乘㉖；万法尽通，万法俱备，一切不染，离诸法相，一无所得，名最上乘。乘是行义，不在口争。汝须自修，莫问吾也。一切时中，自性自如。"常礼谢、执侍㉗，终师之世。

【校注】

①"溪"，真朴本、金陵本作"谿"。

信州贵溪：指今江西省鹰潭市贵溪市。《笺注》："信州，唐置，元为路，明改广信府，今江西上饶县其旧治也。贵溪，县名，唐置，故城在今江西贵溪县西，今属江西豫章道。"《解义》："新州，今属江西。"《讲记》："唐时，信州是现在江西省的上饶县。"

②髫年：指孩童时期。《笺注》："髫年，小儿垂发辫时也。又为年幼者之称。"《讲记》："髫年是幼年，幼年小孩额上垂下来的头发叫髫。"

③"往"，真朴本作"住"。

"洪州"下，北宋道原《景德传灯录》卷五《信州智常禅师》有"建昌县"。案洪州建昌县，即今江西省抚州市南城县建昌镇。

④"丈"，大谷本作"文"。形误。

丈室：指住持所居止之屋室。《笺注》："丈室，又云方丈，禅林主持之正寝也。相传维摩诘居士之石室，方一丈，丈室之名即本于此。"

⑤本性：指前智常所问之本心本性。《笺注》："禅家心与性，名别实同，说性即说心，故独言本性。"

⑥案《解义》："大通所说，非真正见性，不过掇拾经文参加己意，无怪智常不了。"

⑦"见知"，大谷本作"知见"。

案《讲座》："初看一下，大通禅师对智常开示的那段话很不错嘛，与六祖在《般若品》中讲的差不多嘛，为什么六祖还说他是'犹存见知'呢？但是如果把六祖下面的偈子看了，才知道还有另外一面。常人执著于'有'，把'有'当作实在。通过善知识的开示和自己用功，知道执'有'不对，那个'有'是'空'，但又不自觉地把这个'空'作为实在而执著了。通过善知识的开示和自己的用功，知道执'空'也不对，还有个'非空非有'，又把这个'非空非有'当作实在而执著了。"

⑧案《笺注》："'不见一法'承上文'了无一物'可见而言，然不可有'无见'二字存于胸中。存无见者，随在无见，故能障蔽自己。"

⑨案《笺注》："浮云，喻胸中所存之'无见'二字也。"

⑩案《笺注》："'不知一法'承上文'无一物可知'而言，然不可执守空知。守空知者，如木石而取守空寂，即为空知所障。"

⑪案《笺注》："太虚，天空也。闪电，谓电光一瞥，喻疾速也。闪电，喻执守之空知也。若不守空知，则太虚不生闪电矣。"

⑫瞥然：指忽然。

⑬案《笺注》："错认以无知无见为是，而失见性之捷径。"

⑭案《笺注》："自知非者，自知见之与知，俱不是也。"

⑮"现"，北宋道原《景德传灯录》卷五、南宋普济《五灯会元》卷二《信州智常禅师》作"见"。

灵光：指人灵性之光。《笺注》："灵光者，人人固有之佛性，灵灵照照，而放光明者。"《讲记》："灵光，又名灵知。因为吾人自性，灵灵昭昭的常放光明。"

⑯案《笺注》："存无见，守空知，皆著相也。"

⑰案《笺注》："情，私意也。才存悟迹，何如未悟？故不可自以为悟也。"

⑱案《笺注》："言私意存一念之悟，与昔时之迷初无少异。"

⑲案《笺注》："随照，随见知照也。枉，劳而无功。迁流者，念念迁谢，如水之流注。"

⑳案《笺注》："茫然，即杳茫意，无主张貌。两头者，存无见、守空知也。"

㉑三乘法：指声闻乘、缘觉乘、菩萨乘。《笺注》："三乘，指声闻乘为羊车、缘觉乘为鹿车、菩萨乘为牛车言也。"

㉒最上乘：指一佛乘。《笺注》："最上乘指大白牛车，譬得佛乘者。"

㉓"著"，原作"被"，据诸本改。

㉔案《笺注》："仅据目之所见、耳之所闻，而诵读经典者，是知其然而不知其所以然也。"

㉕案《笺注》："仅能悟佛法、解经典中之意义，虽知其所以然，尚未能躬行实践者。"

㉖案《笺注》："既悟六度万行之理，能依法实践者。"

㉗执侍：指执役侍奉。

## 【释义】

僧人智常，江西信州贵溪人。自幼出家，立志要求得明心见性。一天他参礼六祖，惠能问道："你从什么地方来？又想求什么事？"智常答道："我今日前往江西洪州白峰山，参礼大通和尚，承蒙其开示见性成佛之要义。但并未完全解决我心中的疑惑，所以特地从远处前来投奔参礼您，希望和尚您能够慈悲给予指示。"

惠能说道："大通和尚有什么话语，你试着举出几个来看看。"智常说道："我智常到大通和尚那里，经过三个多月，未曾蒙其开示教诲。由于我求法心切，一天晚上独自进入方丈居室，请问道：'什么才是我的本心本性呢？'大通反问道：'你看见虚空了吗？'智常答道：'看见。'大通问道：'你看见虚空有什么相状样貌吗？'智常答道：'虚空没有形状，又有何相状样貌呢？'大通说道：'你的本性，就像虚空一样。了无一物可见，就叫作正见；了无一物可知，就叫作真知。没有青黄等颜色、长短等形相，只见到本源清净、觉悟本体圆满明彻，这就叫作见性成佛，又叫作如来知见。'我虽然听完他的说教，但仍然没能解决疑惑，所以乞请和尚慈悲开示。"

惠能说道："大通所说的道理，仍然存有见、知，并未达到无见无知的境界，所以才让你未能决了疑惑。"我现在给你开示一首偈颂：

> 不见一法仍然是残存了无见之见，
>
> 大致好似天上的浮云遮住了太阳。
>
> 不知一法仍然是执守了顽空之知，
>
> 还好像太虚之中生出的闪电一样。
>
> 这种对知见的错误认识忽然兴起，
>
> 又何曾能够解了真正的方便法门。
>
> 你应当于一念之中自知错误认识，
>
> 这样自己内心灵光就会恒常显现。

智常听完偈颂后，心意豁然开朗，于是也说了一首偈颂道：

> 无端生起对知见的各种错误认识，
>
> 执著各种相貌而去追求无上菩提。
>
> 就算遣除知见但还情存开悟之念，
>
> 这又如何能超越过去的各种迷惑？
>
> 自心自性就是觉悟的源头和本体，
>
> 如果追随知见求道只能枉费功时。
>
> 这样不能契入历代祖师所传法要，
>
> 茫然趣向知与见的错误两端上去。

智常一天问惠能道："佛演说三乘教法，又言及最上乘。弟子我不能理解其中要义，希望您能为我教授。"惠能说道："你观察自性本心，不要被外在的法相所惑著。真正的佛法没有四乘，只是人心各自存在差别。见闻诵读经典的是小乘，悟解经典法义的是中乘，能够依法修行的是大乘；万法全都通达，万法全都具备，不被一切诸法染著，远离各种法相，一无所得，这就叫作最上乘。乘就是行持的意义，而不再于口头争执。你必须自己修行，不要再问我了。在一切时刻之中，自性都是本自如如不动的。"智常顶礼拜谢，后执侍左右，直到惠能去世。

## 【原文】

　　僧志道，广州南海人也<sup>①</sup>。请益曰："学人自出家，览《涅槃经》十载有馀，未明大意，愿和尚垂诲。"师曰："汝何处未明？"曰："'诸行无常，是生灭法；生灭灭已，寂灭为乐。'<sup>②</sup>于此疑惑。"师曰："汝作么生疑<sup>③</sup>？"曰："一切众生皆有二身<sup>④</sup>，谓：色身、法身也。色身无常，有生有灭；法身有常，无知无觉。经云'生灭灭已，寂灭为乐'者，不审何身寂灭？何身受乐？若色身者，色身灭时，四大分散<sup>⑤</sup>，全然是苦，苦不可言乐。若法身寂灭，即同草木、瓦石，谁当受乐？又法性是生灭之体，五蕴是生灭之用。一体五用，生灭是常。生则从体起用，灭则摄用归体。若听更生，即有情之类不断不灭；若不听更生，则永归寂灭，同于无情之物。如是，则一切诸法被涅槃之所禁伏，尚不得生，何乐之有？"

　　师曰："汝是释子<sup>⑥</sup>，何习外道断、常邪见<sup>⑦</sup>，而议最上乘法？据汝所说，即色身外别有法身，离生灭求于寂灭。又推涅槃常乐<sup>⑧</sup>，言有身受用。斯乃执悋生死<sup>⑨</sup>，躭著世乐<sup>⑩</sup>。汝今当知，佛为一切迷人认五蕴和合为自体相，分别一切法为外尘相，好生恶死，念念迁流，不知梦幻虚假，枉受轮回，以常乐涅槃翻为苦相⑪，终日驰求。佛悯此故，乃示涅槃真乐。刹那无有生相，刹那无有灭相，更无生灭可灭，是则寂灭现前。当现前时，亦无现前之量，乃谓常乐。此乐无有受者，亦无不受者，岂有'一体五用'之名？何况更言'涅槃禁伏诸法，令永不生'，斯乃谤佛毁法。"
听吾偈曰：

> 无上大涅槃，圆明常寂照⑫，
> 凡愚谓之死，外道执为断。
> 诸求二乘人，目以为无作。
> 尽属情所计，六十二见本⑬。
> 妄立虚假名⑭，何为真实义⑮？
> 惟有过量人⑯，通达无取舍⑰。
> 以知五蕴法，及以蕴中我，
> 外现众色象⑱，一一音声相；
> 平等如梦幻，不起凡圣见，
> 不作涅槃解，二边三际断⑲。
> 常应诸根用⑳，而不起用想㉑；
> 分别一切法，不起分别想㉒。
> 劫火烧海底，风鼓山相击㉓；
> 真常寂灭乐㉔，涅槃相如是。
> 吾今彊言说㉕，令汝舍邪见㉖，
> 汝勿随言解㉗，许汝知少分㉘。

志道闻偈大悟，踊跃作礼而退㉙。

# 【校注】

①广州南海：指今广东省佛山市南海区。《笺注》："南海，县名。隋以番禺改置，明、清时与番禺县并为省治，民国徙治佛山镇，属广东粤海道。"

②案此偈出北凉昙无谶译《大般涅槃经》卷一四《圣行品》。又《解义》："此偈不解者甚多，当不仅志道一人，姑就十二因缘释之。无明生行，行生识，乃至生老病死，终而复始，如环无端。修行者要先了解此行字之重要，知一切诸行是生灭法，不离十二因缘，至于四生六道、无尽轮回，皆诸行无常也。既知诸行无常，当求所以常住之道。既明常住之道，则生灭可灭，至于灭之尽净，则寂灭现前而快乐无边矣。此过去诸佛所由反覆谛观十二因缘而证阿耨多罗三藐三菩提也。寂灭非断灭之谓，当作不生不灭，圆明寂照解。"《讲记》："生灭法，诸如内而身心，外而器界，无一不是生灭法。如身有生、老、病、死的生灭现象，心有生、住、异、灭的变化现象，器界有成、住、坏、空的转易现象，可知皆是生灭无常。身心、器界生灭诸法，到了完全灭已，就得超出三界。"

③作么生：案《笺注》："作么生，犹言因何，禅家疑问之词也。"

④"皆"，真朴本、金陵本作"当"。

⑤四大：梵 catvāri mahā-bhūtāni，指地大、水大、火大、风大。

⑥释子：指释迦牟尼佛之弟子。

⑦断、常邪见：指断见与常见。断见，指认为人之身心断灭不再相续。常见，指认为人之身心永恒相续不灭。

⑧"推"，真朴本作"谁"。

⑨"恁"，增上本、大谷本作"恽"，真朴本、金陵本作"吝"。

⑩ "躭"，增上本、大谷本作"耽"。

⑪ "翻"，原作"飜"，据增上本、大谷本、真朴本、金陵本改。

⑫案《笺注》："一物不欠故云圆，妙净明心故云明，无始无终故云常，无有散乱故云寂，灵鉴不昧故云照。"

⑬六十二见：梵 dvāṣaṣṭi dṛṣṭātayaḥ，指外道六十二种邪见。案北凉昙无谶译《大般涅槃经》卷二五《光明遍照高贵德王菩萨品》："所谓五见，何等为五？一者身见，二者边见，三者邪见，四者戒取，五者见取。因是五见生六十二见，因是诸见生死不绝。"隋灌顶《大般涅槃经疏》卷三二："六十二见有二解，一云：身见、边见共六十二。何者？身见五十六，边见有六。约于五阴各有四执：即色、离色、亦即亦离、不即不离，馀四例然，则为二十。欲界、色界则为四十，无色无色但说四阴，四四十六，故知身见有五十六。边见六者，谓三界中各有断、常。以足身见，成六十二。二、直就边见，自六十二。现在世中，即色为我，则色灭我断；离色为我，则色灭我常，亦即亦离，亦断亦常，不即不离，则不断不常。四阴亦然，则我二十。去来例然，则成六十。虽有六十，不出断、常，故以断、常而标其首，为六十二。"

⑭案《笺注》："六十二见，立种种见之名目，皆是假名目。"

⑮案《笺注》："言凡夫、外道、二乘所执所云，皆非真实义也。"

⑯ "惟"，北宋道原《景德传灯录》卷五、南宋普济《五灯会元》卷二《广州志道禅师》作"唯"。

过量人：指智慧超常之人。《笺注》："过量人，非常人所能量度之人也。"

⑰案《笺注》："通达涅槃真理，不取涅槃，不捨涅槃。"

⑱ "象"，大谷本、真朴本、金陵本作"像"。

⑲三际：指过去、现在、未来。

⑳案《笺注》："在眼为见，在耳为闻，在鼻为嗅，在口为谈，在手为捉，在足为步。"

㉑案《笺注》："不起用想者，知识尽捐，心同太虚，有叩斯响，如谷应声，随类感通也。"

㉒案《笺注》："因物付物也，于第一义而不动，安有分别想。"

㉓劫火：梵 kalpāgni，指坏劫所生起之火灾。

㉓案《笺注》："风鼓，灾风鼓动也。山相击，须弥崩倒也。"《解义》："劫末之世，火灾由海底烧起，大地山河乃至天宫彼此相撞，完全粉碎。"

㉔真常：指佛法真实常住。《笺注》："如来所得之法，真实常住，故云真常。"

㉕"彊"。真朴本、金陵本作"强"。

㉖"令"，原作"今"，据诸本改。

㉗案《笺注》："六祖谓志道当离去语言文字，不可随吾偈而解说也。"

㉘少分：指部分。《笺注》："少分，对全分言。离言说相，方有少分相应。"

㉙"踊"，真朴本、金陵本作"踴"。

## 【释义】

僧人志道，广州南海人。他向惠能请益道："我自出家以来，看《大般涅槃经》已经十年有馀，但仍然不能明了经文大意，希望和尚您垂示教诲。"惠能问道:"你对何处经文未能明了?"志道答道:"'诸行无常,是生灭法;生灭灭已,寂灭为乐。'我对这句经文还存有疑惑。"惠能问道:"你对这句经文产生什么疑惑呢?"志道答道:"一切众生全都具有两种身体,称为:色身、法身。色身是无常的,所以有产生就有灭亡;而法身是永恒的,没有任何知、觉作用。经中说'生灭灭已,寂灭为乐',不知是指哪个身体寂灭?哪个身体感受快乐?如果指的是色身,色身毁灭时,四大分散,全然都是苦苦,不可称之为乐。如果法身寂灭了,就如同草木、瓦石等无情之物,又是谁来感受快乐呢?再有法性是生灭的本体,而五蕴是生灭的作用。一个本体五种作用,生灭就是恒常之法。生则从本体中产生作用,灭则收摄作用回归本体。如果听任其反复生起,则有情众生就是不断不灭的;如果不听任反复生起,则有情众生就永远归于寂灭,等同于无情之物。如果这样,那么一切诸法就被涅槃所禁锢降伏,尚且不能获得产生,更何谈有乐的感受呢?"

惠能说道:"你是释迦佛的弟子,为何修习外道的断见、常见,并以此二种邪见来妄议佛陀的最上乘法呢?根据你所说的,在色身之外还别有一个法身存在,试图离于生灭法而求涅槃寂灭。又推知涅槃是恒常快乐的,并认为此涅槃之乐是有身体可以感受作用的。这就是执取吝惜生死,耽著世间快乐。你现在应当知道,佛指出:一切迷惑之人误认五蕴和合色身为自体之相,又分别一切诸法为各种外境尘相,好生恶死,念念迁流,却不知人生如梦幻般虚假,枉自承受轮回不以为苦,反以常乐涅槃为苦相,终日驰求,不得解脱。佛怜愍迷苦众生,于是显示涅槃真乐。刹那没有出生之相,刹那没有灭亡之相,更没有一个出生、灭亡之相可以灭除,这样寂灭就现前了。当寂灭现前时,也没有什么实际的现前之量，这就成为常乐。此乐没有可感受的实体，又不是不可以感受，哪里还能有什么'一体五用'的说法呢？何况你又说'涅槃禁锢降伏诸法，令诸法永不产生'，这种言论就是诽谤佛陀、毁坏正法。"听我所说偈颂道：

> 至高无上无有生灭常乐广大涅槃，
>
> 圆满明彻恒常寂灭普遍观照一切，
>
> 凡夫愚痴之人以为涅槃就是死亡，
>
> 非佛外道之人执著涅槃就是断灭。
>
> 那些追求声闻、缘觉二乘境界之人，
>
> 会以为无上涅槃境界是无所作为。
>
> 以上这些全都属于以迷情来计度，
>
> 是产生六十二种邪见的根本来源。
>
> 妄自设立各种虚假的名称和相状，
>
> 这其中又能有什么真实的意义呢？
>
> 只有那些智慧超常见解过量之人，
>
> 才能够通达无有取舍的涅槃妙义。
>
> 从而了知色受想行识等五蕴之法，
>
> 以及认为在五蕴之中还存在的我，
>
> 外界显现出来的各种色彩和形象，
>
> 再加上事物发出的每一种音声相，
>
> 都能平等观察它们犹如梦幻不实，
>
> 从不生起凡俗或圣者的分别之见，
>
> 不一味地执著于涅槃的教条解说，

断、常二边见和三世迁流全都断除。

恒常随应六根从而产生各种妙用，

但心中又不生起实际作用之想念；

思量分别一切诸法的事理和相状，

但心中又不生起实际分别之想念。

坏劫产生之大火灼烧大海之海底，

产生之大风吹鼓须弥山相互撞击；

真正恒常寂灭的快乐就如同这样，

摧伏一切无有执著才是涅槃之相。

我现在勉强为你讲说涅槃的道理，

让你彻底捨弃对涅槃的固有邪见，

你切勿随着我的言说而执取生解，

这样我才认可你知晓少分的佛法。

志道听闻偈颂后言下大悟，欢喜踊跃，作礼而退。

## 【原文】

行思禅师，生吉州安城刘氏①。闻曹溪法席盛化，径来参礼，遂问曰："当何所务，即不落阶级②？"师曰："汝曾作什么来？"曰："圣谛亦不为③。"师曰："落何阶级？"曰："圣谛尚不为，何阶级之有？"师深器之，令思首众④。一日，师谓曰："汝当分化一方⑤，无令断绝。"思既得法，遂回吉州青原山⑥，弘法绍化⑦。谥弘济禅师⑧。

# 【校注】

①吉州安城：指今江西省吉安市安福县。《笺注》："《大清一统志》二百四十九：'吉州，唐武德五年（622）置，明曰吉安府，清因之，属江西省。安城，唐之安福县也，属吉州。弘济禅师，名行思，姓刘氏，安福人。幼出家，参曹溪六祖，归住清原净居寺。'"

②阶级：指阶段层次。《笺注》："阶级，阶之层次也。"

③圣谛：指圣人作证见之真理。

④"思"，真朴本作"师"。

案《解义》："此分一问一答，皆称性而谈，不见佛性者读之，思量测度，不知所语为何事，故逐句解释，以期瞭然。盖佛及众生，阶级也；智慧、愚痴，阶级也；生死、涅槃，阶级也。凡涉二乘见解，即落阶级。最上一乘，无圣无凡，无智无愚，不取涅槃，不捨生死，心佛众生等无差别，所谓平等不二，更无阶级可言。此思之所以高出侪辈，而造诣极深也。"《讲座》："依教下来讲，从凡夫到佛是有许多层次的，从凡夫修成佛要经过许多阶段，总共有四十一位，即四十一个修行阶段：十住、十行、十回向、十地和佛果。如果把十住中的第一信心位所修信等十心为十信，于十地之后再加一个顿觉，就成了五十二位，即五十二个修行阶段。这五十二位，需要多少时间才能功行圆满呢？时间是'三大阿僧祇劫'，这是数以万亿年计的超天文学的数位，一般学佛的人看到这样的功课表会吓得缩不回舌头。而禅宗则不讲这些，只讲顿悟成佛，所以不论阶段。修行真正的功夫不在理论上，甚至也不在禅定上，禅宗最重见地。禅宗的修行，当然应'不落阶级'，但就这个'不落阶级'也是有一定层次的。"

⑤分化：指分流教化。

⑥吉州青原山：指今江西省吉安市河东乡南之青原山。《笺注》："《大清一统志》二百四十九：'青原山，在庐陵县东南十五里，山上有净居寺。'"

⑦"弘"，金陵本作"宏"。

"法"，真朴本、金陵本作"治"。

⑧"谥"上，北宋道原《景德传灯录》卷五《吉州青原山行思禅师》有"僖宗"。

"谥"下，真朴本、金陵本有"号"。

"弘"，金陵本作"宏"。

又此夹注真朴本、金陵本作正文。

## 【释义】

行思禅师，出生于江西吉州安城刘氏之家。听说曹溪六祖惠能说法教化十分兴盛，径自前来参礼，便问惠能道："应当作何行业，就能不落入二乘阶级？"惠能反问道："你曾经作什么行业？"行思答道："就算圣谛也不以为行业。"惠能又问道："这又落入何等阶级呢？"行思答道："圣谛尚且不作为行业，又何来有阶级能够落入呢？"惠能十分器重他，令行思为众弟子之首座。一天，惠能对行思说道："你应当分施教化一方，不要让我的禅法断绝。"行思既然获得传法，于是就回到江西吉州青原山，弘扬禅法绍隆教化。行思去世后，敕谥弘济禅师。

## 【原文】

怀让禅师，金州杜氏子也①。初谒嵩山安国师②，安发之曹溪参扣③。让至礼拜，师曰："甚处来？"曰："嵩山。"师曰："什么物恁么来④？"曰："说似一物即不中。"⑤师曰："还可修证否？"曰："修证即不无，污染即不得。"师曰："只此不污染⑥，诸佛之所护念。汝既如是⑦，吾亦如是。西天般若多罗谶汝足下出一马驹⑧，踏杀天下人⑨。应在汝心，不须速说。⑩"让豁然契会，遂执侍左右一十五载，日臻玄奥。后往南岳，大阐禅宗。敕谥大慧禅师⑪。

## 【校注】

①金州：指今陕西省安康市。《笺注》："金州属陕西，于后汉为西城郡，于魏为魏兴郡，西魏置为金州，明改为兴安州，清升为兴安府，民国废，今安康县其旧治也。"

②嵩山安国师：指慧安（582—709），俗姓卫，荆州枝江人，为五祖弘忍之弟子。北宋赞宁《宋高僧传》卷一八、南唐静、筠《祖堂集》卷三、北宋道原《景德传灯录》卷四、南宋普济《五灯会元》卷二有传。

③参扣：指参学扣问。

④案《讲座》："六祖这里是直下问他的本来面目。"

⑤案《解义》："此非寻常语，乃机锋也。云何机锋？意谓佛性本无来去，汝今究从何来以观其曾否认识。让曰'嵩山'者，是有来去处所，已非佛性，不能与师机锋针对。故师再问曰'什么物恁么来'者，言四大色身，如机关起尸，此起尸机关究竟是何物，何以能来也。让至是始悟为机锋。因答曰'说似一物即不中'者，言此起尸之机关说似一物即不像。何则？法无有比，随其所作处处得名，然皆假名，究竟无有一物能比拟恰合也。"

⑥"只"，金陵本作"即"。

⑦"既"，大谷本作"即"。

⑧般若多罗：梵 Prajñātāra，东天竺人，为禅宗西天第二十七祖。南唐静、筠《祖堂集》卷二、北宋道原《景德传灯录》卷二、南宋普济《五灯会元》卷一有传。

马驹：指马祖道一（709—788），俗姓马，四川广汉人，为怀让之弟子。北宋赞宁《宋高僧传》卷一〇、北宋道原《景德传灯录》卷六、南宋普济《五灯会元》卷三有传。

⑨案《笺注》："踏杀天下人者，言其纵横不可当之意。"

⑩"西天般若多罗谶，汝足下出一马驹，踏杀天下人。应在汝心，不须速说"，真朴本、金陵本无。又此处《径山藏》、增上本、大谷本有双行夹注："一本无'西天'以下二十七字。"

⑪此夹注真朴本、金陵本作正文。

## 【释义】

怀让禅师，陕西金州杜氏之子。最初参谒嵩山安国师，安国师让他前去曹溪参扣六祖惠能。怀让到了礼拜六祖，惠能问道："你从什么地方来？"怀让大道："嵩山。"惠能问道："什么东西就这么来了？"怀让答道："只要说像某一个东西就都不对。"惠能问道："那还可以用来修证吗？"怀让答道："修证不是没有，污染却是不得。"惠能说道："就凭此不污染，一切诸佛都要护持忆念。你既然证得如是境界，我也证得如是境界。西方天竺国般若多罗祖师有一个预言，说在你的门下弟子中会产生出一个马驹，可以踏杀天下之人。此谶语应该留在你的心中，不须要迅速将其点破说出。"怀让豁然契会玄意，于是执侍惠能左右十五年，道行日臻玄奥。后来怀让前往南岳衡山，广大阐扬南宗顿教禅法。怀让去世后，敕谥大慧禅师。

## 【原文】

永嘉玄觉禅师，温州戴氏子。少习经论，精天台止观法门①。因看《维摩经》，发明心地。偶师弟子玄策相访②，与其剧谈③，出言暗合诸祖。策云："仁者得法师谁？"曰："我听方等经论各有师承④，后于《维摩经》悟佛心宗⑤，未有证明者。"策云："威音王已前即得⑥，威音王已后无师自悟，尽是天然外道。"曰⑦："愿仁者为我证据。"策云："我言轻⑧。曹溪有六祖大师，四方云集，并是受法者⑨。若去，则与偕行。"

觉遂同策来参，绕师三匝⑩，振锡而立⑪。师曰："夫沙门者⑫，具三千威仪⑬、八万细行⑭。大德自何方而来，生大我慢？"觉曰："生死事大，无常迅速。"师曰："何不体取无生，了无速乎？"曰："体即无生，了本无速。"师曰："如是。如是。"玄觉方具威仪礼拜，须臾告辞⑮。师曰："返太速乎⑯？"曰："本自非动，岂有速耶？"师曰："谁知非动？"曰："仁者自生分别。"师曰："汝甚得无生之意。"曰："无生岂有意耶？"师曰："无意谁当分别⑰？"曰："分别亦非意⑱。"师曰："善哉！少留一宿。"时谓"一宿觉"⑲，后著《证道歌》，盛行于世。谥曰无相大师，时称为真觉焉⑳。

# 【校注】

①天台止观法门：指隋智顗（538—597）所创天台宗之宗旨。止，即定；观，即慧。止观法门，就是主张定慧双修之法门。

②"玄策"，南唐静、筠《祖堂集》卷三作"智策"。

玄策：婺州金华人，为六祖惠能之弟子。南唐静、筠《祖堂集》卷三、北宋道原《景德传灯录》卷五、南宋普济《五灯会元》卷二有传。

③剧谈：指畅谈。

④方等：梵 vaipulya，指广大深奥之经典，为十二部经之一。方等经论，即谓大乘经论。《笺注》："方者，理之方正；等者，平等也。方等二字，本十二部内方广之别称，乃大乘法藏之总名也。"

⑤佛心宗：指佛心要之宗趣，即谓禅宗。《笺注》："佛心宗，禅宗之别名，直觉悟佛心为禅之体故也。佛心何物，心之自体是也。故云'直指人心、见性成佛'，人心之性即佛性也。发现佛性，谓之成佛。"

⑥威音王：梵 Bhīṣma-garjitasvara-rāja，指过去庄严劫之初佛。案后秦鸠摩罗什译《妙法莲华经》卷六《常不轻菩萨品》："乃往古昔过无量无边不可思议阿僧祇劫，有佛名威音王如来、应供、正遍知、明行足、善逝、世间解、无上士、调御丈夫、天人师、佛、世尊，劫名离衰，国名大成。其威音王佛，于彼世中，为天、人、阿修罗说法，为求声闻者说应四谛法，度生、老、病、死，究竟涅槃；为求辟支佛者说应十二因缘法；为诸菩萨因阿耨多罗三藐三菩提，说应六波罗蜜法，究竟佛慧得大势。是威音王佛寿四十万亿那由他恒河沙劫，正法住世劫数如一阎浮提微尘，像法住世劫数如四天下微尘。其佛饶益众生已，然后灭度。正法、像法灭尽之后，于此国土复有佛出，亦号威音王如来、应供、正遍

知、明行足、善逝、世间解、无上士、调御丈夫、天人师、佛、世尊，如是次第有二万亿佛皆同一号。"明德清《法华经通义》卷六："此乃空劫初成之佛，已前无佛，故宗门称向上曰威音那畔。"又北宋睦庵善卿《祖庭事苑》卷五："威音王佛已前盖明实际理地，威音已后即佛事门中，此借喻以显道，庶知不从人得。后人谓音王实有此缘，盖由看阅乘教之不审。"

⑦"曰"，真朴本、金陵本作"云"。

⑧案《笺注》："玄策自谦人微言轻。言轻者，谓其言不能尊重于人也。"

⑨"並"，《径山藏》作"竝"。

⑩"绕"，真朴本作"遶"。

"匝"，原作"币"，据增上本、大谷本、真朴本、金陵本改。

绕师三匝：指右绕惠能三圈。右绕，此为印度行礼方式之一。

⑪锡：指锡杖（梵khakkhara）。《笺注》："锡杖，梵语隙弃罗，译曰声杖、智杖，简称为锡，僧侣修验者等所携之杖也。上部以锡为之，中部木为之，下部牙或角为之。头如塔婆形，有一大镮，于其环周附小镮数枚。僧侣行时，镮发响声以警恶兽毒蛇者。振锡而立者，锡杖不著地，举起使离地而立也。"《讲记》："锡杖，亦名智杖，或名德杖，以表佛法者智行及功德之本。"

⑫沙门：梵śramaṇa，指出家修道之人。《笺注》："沙门，为沙门那之略，又云桑门，梵语舍罗摩拏之讹，译云勤息，出家修佛道者之通名。此出家者，勤修诸善法，止息诸恶法也。"

⑬威仪：指行、住、坐、卧之威德仪态。

三千威仪：指行、住、坐、卧之四威仪，各具有二百五十戒，计为一千威仪，再摄以三聚净戒，共成三千威仪。

⑭八万细行：指八万四千微细行为，即：三千威仪配以杀、盗、淫、两舌、恶口、妄语、绮语等七支为二万一千，再配以贪、瞋、痴、等分四种烦恼，共成八万四千细行。

⑮须臾：梵 muhūrta，指短暂之时刻。

⑯"太"，真朴本作"大"。

⑰案《笺注》："分别有二种：一、为心、心所之分别，此吾人所不可有者；一、为《维摩经》'善能分别诸法相，于第一义而不动'，此吾人所不可无者。六祖谓果无意谁能分别，因此分别二字含有二种之意。闻玄觉如何答法，即可以证其学问之高下也。"

⑱案《笺注》："分别者，即'善能分别诸法相，于第一义而不动'也。第一义不动，即非意也。"《解义》："以上问答了了，皆称性而谈，愈辩愈精，至'分别亦非意'，则活画一个佛性给人看。所以大势至菩萨久灭意根而圆通自在，即无生也。三世诸佛无一不如此修入，世人每闻灭除意识，即生惊疑，盖不见本性耳。若见本性，则意识虽灭，而见闻觉知，仍了了如常。"

⑲案《讲座》："解悟是什么呢？那是顺著理路来的，依据佛的经教，穷究苦习而有所悟入，一般经论的注疏，大体都属于解悟。证悟则不然，证悟虽不离开思维之路，但实悟的那一刹那，必然是言语道断。所悟之境，又不离思维路数，但又非思维路数所能范围。你看六祖与永嘉的那一席话，似有思路可寻，又无思路可寻。六祖与永嘉觉一问一答都是在圆圈上转圈圈，把教下的理论，放在自己的见地上，针锋相对，

一环扣一环，见地稍有不到，立刻会原形毕露。所以要用功，参禅也要在心里参，不要在嘴上热闹，见地可是要经过勘验的。永嘉大师经过六祖的勘验，过了关，才能称之为'一宿觉'的。"

⑳ "时"，真朴本、金陵本无。

又此夹注真朴本、金陵本作正文。

## 【释义】

永嘉玄觉禅师，浙江温州戴氏之子。从少年时就研习佛教经论，精通天台宗止观法门。因看了《维摩诘经》，从而发明心地。偶然遇到惠能的弟子玄策来访，玄觉与他畅谈，所说的话都暗合诸位祖师所传法义。玄策问道："您的得法师父是谁？"玄觉答道："我听习大乘方等各种经论都各有师承，后来于《维摩诘经》才悟佛心宗，还未有证明我境界之人。"玄策说道："在威音王以前可以自己即得证悟，在威音王以后无师自悟的人，全都是天然的非佛外道。"玄觉说道："希望您能为我证明境界。"玄策说道："我人微言轻，不能为你证明境界。曹溪有六祖惠能大师，四方学人云集他处，全都是求受教法之人。如果你愿意去参礼六祖，我就与你同行。"

玄觉便同玄策前来曹溪参礼六祖，右绕惠能三匝行礼，然后振动锡杖肃立一旁。惠能说道："凡是沙门，就要具备三千种威仪、八万种细行。大德你从何方而来，产生如此大的我慢？"玄觉说道："生死之事巨大，无常变坏迅速，未曾顾忌礼仪，还请您直接开示。"惠能说道："为何不将自体悟取无生，从而彻底了却无常迅速呢？"玄觉说道："自体本来就是无生的，了却本来就无速的。"惠能说道："正是。正是。"玄觉这才具足威仪礼拜，之后马上就要告辞离开。惠能说道："你返回也太迅速了吧？"玄觉说道："本来自体就从未动过，又怎么能有迅速之说呢？"惠能说道："谁知道你自体没有动过？"玄觉说道："您这是自生分别。"惠能说道："你彻底获得无生之意义。"玄觉说道："无生难道还有意义吗？"惠能说道："无有意义谁还能予以分别呢？"玄觉说道："分别本是就不是意义。"惠能说道："善哉！你暂且留住一宿。"

当时玄觉就被称为"一宿觉"，后来他著有《证道歌》，盛行于世间。玄觉去世后，敕谥无相大师，当时又称他为"真觉"。

〔附〕唐玄觉《永嘉证道歌》云：

君不见，绝学无为闲道人，不除妄想不求真。无明实性即佛性，幻化空身即法身。

法身觉了无一物，本源自性天真佛。五阴浮云空去来，三毒水泡虚出没。

证实相，无人法，刹那灭却阿鼻业。若将妄语诳众生，自招拔舌尘沙劫。

顿觉了，如来禅，六度万行体中圆。梦里明明有六趣，觉后空空无大千。

无罪福，无损益，寂灭性中莫问觅。比来尘镜未曾磨，今日分明须剖析。

谁无念，谁无生，若实无生无不生。唤取机关木人问，求佛施功早晚成。

放四大，莫把捉，寂灭性中随饮啄。诸行无常一切空，即是如来大圆觉。

决定说，表真乘，有人不肯任情征。直截根源佛所印，摘叶寻枝我不能。

摩尼珠，人不识，如来藏里亲收得。六般神用空不空，一颗圆光色非色。

净五眼，得五力，唯证乃知难可测。镜里看形见不难，水中捉月争拈得。

常独行，常独步，达者同游涅槃路。调古神清风自高，貌悴骨刚人不顾。

穷释子，口称贫，实是身贫道不贫。贫则身常披缕褐，道则心藏无价珍。

无价珍，用无尽，利物应机终不吝。三身四智体中圆，八解六通心地印。

上士一决一切了，中下多闻多不信。但自怀中解垢衣，谁能向外夸精进。

从他谤，任他非，把火烧天徒自疲。我闻恰似饮甘露，销融顿入不思议。

观恶言，是功德，此则成吾善知识。不因讪谤起冤亲，何表无生慈忍力？

宗亦通，说亦通，定慧圆明不滞空。非但我今独达了，恒沙诸佛体皆同。

狮子吼，无畏说，百兽闻之皆脑裂。香象奔波失却威，天龙寂听生欣悦。

游江海，涉山川，寻师访道为参禅。自从认得曹溪路，了知生死不相关。

行亦禅，坐亦禅，语默动静体安然。纵遇锋刀常坦坦，假饶毒药也闲闲。

我师得见燃灯佛，多劫曾为忍辱仙。

几回生，几回死，生死悠悠无定止。自从顿悟了无生，于诸荣辱何忧喜。

入深山，住兰若，岑崟幽邃长松下。优游静坐野僧家，阒寂安居实潇洒。

觉即了，不施功，一切有为法不同。住相布施生天福，犹如仰箭射虚空。

势力尽，箭还坠，招得来生不如意。争似无为实相门，一超直入如来地。

但得本，莫愁末，如净琉璃含宝月。既能解此如意珠，自利利他终不竭。

江月照，松风吹，永夜清宵何所为。佛性戒珠心地印，雾露云霞体上衣。

降龙钵，解虎锡，两钴金环鸣历历。不是标形虚事持，如来宝杖亲踪迹。

不求真，不断妄，了知二法空无相。无相无空无不空，即是如来真实相。

心镜明，鉴无碍，廓然莹彻周沙界。万象森罗影现中，一颗圆光非内外。

豁达空，拨因果，莽莽荡荡招殃祸。弃有著空病亦然，还如避溺而投火。

捨妄心，取真理，取捨之心成巧伪。学人不了用修行，真成认贼将为子。

损法财，灭功德，莫不由斯心意识。是以禅门了却心，顿入无生知见力。

大丈夫，秉慧剑，般若锋兮金刚焰。非但空摧外道心，早曾落却天魔胆。

震法雷，击法鼓，布慈云兮洒甘露。龙象蹴踏润无边，三乘五性皆醒悟。

雪山肥腻更无杂，纯出醍醐我常纳。

一性圆通一切性，一法遍含一切法。一月普现一切水，一切水月一月摄。

诸佛法身入我性，我性同共如来合。一地具足一切地，非色非心非行业。

弹指圆成八万门，刹那灭却三祇劫。一切数句非数句，与吾灵觉何交涉。

不可毁，不可赞，体若虚空勿涯岸。不离当处常湛然，觅即知君不可见。

取不得，捨不得，不可得中怎么得。

默时说，说时默，大施门开无壅塞。有人问我解何宗，报道摩诃般若力。

或是或非人不识，逆行顺行天莫测。吾早曾经多劫修，不是等闲相诳惑。

建法幢，立宗旨，明明佛敕曹溪是。第一迦叶首传灯，二十八代西天记。

法东流，入此土，菩提达摩为初祖。六代传衣天下闻，后人得道何穷数。

真不立，妄本空，有无俱遣不空空。二十空门元不著，一性如来体自同。

心是根，法是尘，两种犹如镜上痕。痕垢尽除光始现，心法双忘性即真。

嗟末法，恶时世，众生福薄难调制。去圣远兮邪见深，魔强法弱多冤害。

闻说如来顿教门，恨不灭除令瓦碎。

作在心，殃在身，不须怨诉更尤人。欲得不招无间业，莫谤如来正法轮。

旃檀林，无杂树，郁密森沉狮子住。境静林闲独自游，走兽飞禽皆远去。

狮子儿，众随后，三岁便能大哮吼。若是野干逐法王，百年妖怪虚开口。

圆顿教，勿人情，有疑不决直须争。不是山僧逞人我，修行恐落断常坑。

非不非，是不是，差之毫厘失千里。是则龙女顿成佛，非则善星生陷坠。

吾早年来积学问，亦曾讨疏寻经论。分别名相不知休，入海算沙徒自困。

却被如来苦诃责，数他珍宝有何益。从来蹭蹬觉虚行，多年枉作风尘客。

种性邪，错知解，不达如来圆顿制。二乘精进没道心，外道聪明无智慧。

亦愚痴，亦小骏，空拳指上生实解。执指为月枉施功，根境法中虚捏怪。

不见一法即如来，方得名为观自在。了即业障本来空，未了应须还宿债。

饥逢王膳不能餐，病遇医王怎得瘥。在欲行禅知见力，火中生莲终不坏。

勇施犯重悟无生，早时成佛于今在。

狮子吼，无畏说，深嗟懵懂顽皮靼。只知犯重障菩提，不见如来开秘诀。

有二比丘犯淫杀，波离萤光增罪结。维摩大士顿除疑，犹如赫日销霜雪。

不思议，解脱力，妙用恒沙也无极。四事供养敢辞劳，万两黄金亦消得。

粉骨碎身未足酬，一句了然超百亿。

法中王，最高胜，恒沙如来同共证。我今解此如意珠，信受之者皆相应。

了了见，无一物，亦无人，亦无佛。大千沙界海中沤，一切圣贤如电拂。

假使铁轮顶上旋，定慧圆明终不失。

日可冷，月可热，众魔不能坏真说。象驾峥嵘谩进途，谁见螳螂能拒辙？

　　大象不游于兔径，大悟不拘于小节。莫将管见谤苍苍，未了吾今为君诀。


## 【原文】

　　禅者智隍，初参五祖，自谓已得正受①，菴居长坐②，积二十年。师弟子玄策，游方至河朔③，闻隍之名，造菴问云："汝在此作什么？"隍曰："入定④。"策云："汝云入定，为有心入耶？无心入耶？若无心入者，一切无情草木、瓦石应合得定；若有心入者，一切有情含识之流亦应得定⑤。"隍曰："我正入定时，不见有有无之心。"策云："不见有有无之心，即是常定，何有出入？若有出入，即非大定⑥。"隍无对，良久问曰："师嗣谁耶？"策云："我师曹溪六祖。"隍云："六祖以何为禅定？"策云："我师所说，妙湛圆寂，体用如如。五阴本空，六尘非有，不出不入，不定不乱⑦。禅性无住，离住禅寂；禅性无生，离生禅想⑧。心如虚空，亦无虚空之量⑨。"隍闻是说，径来谒师。

　　师问云："仁者何来？"隍具述前缘。师云："诚如所言，汝但心如虚空，不著空见，应用无碍，动静无心，凡圣情忘，能所俱泯⑩，性相如如，无不定时也。⑪"隍于是大悟，二十年所得心都无影响⑫。其夜，河北士庶闻空中有声云⑬："隍禅师今日得道。"隍后礼辞，复归河北，开化四众⑭。

## 【校注】

①正受：梵 samāpatti，指正定。《讲记》："正受是华语，梵语叫禅那。不受诸受，名为正受。得到正受，一般妄想都息，一切缘虑皆无，与三昧相应。"

②"菴"，真朴本、金陵本作"庵"。下同。

菴：指以草木搭建之简陋屋舍。

③河朔：指黄河以北地区。《笺注》："黄河之北岸曰河朔。"

④入定：指摄心进入禅定之状态。

⑤含识：指有情，即谓一切有情众生均含有心意识也。

⑥大定：指佛所进入之禅定状态。《笺注》："大定、大智、大悲，为佛之三德。佛心证明，谓之大定。以大定能断一切之妄惑，是为断德。"

⑦案《笺注》："此心本来未出，故无所谓入。本来未乱，故无所谓定。"

⑧案《笺注》："禅性本无止住，不可有住于禅寂之想；禅性本无生灭，不可有生于禅想之心。"

⑨案《笺注》："心离一切之所缘能缘，住于无心，故心如虚空。若心起妄想，测度我之心量大如虚空之量，则心有所著，已非《楞伽经》之所谓离攀缘所缘无心之心量矣。故心如虚空，心中亦无虚空之量。"

⑩能所：指主体与客体。《笺注》："二法为对待之时，自动之法谓之能，不动之法谓之所。"

⑪"汝但心如虚空，不著空见，应用无碍，动静无心，凡圣情忘，能所俱泯，性相如如，无不定时也"，真朴本、金陵本作"师愍其远来，

遂垂开决"。

又此处《径山藏》、增上本、大谷本有双行夹注："一本无'汝但'以下三十五字，止云'师悯其远来，遂垂开决'。"

⑫案《笺注》："所得心，有所得之心。违背无相之真理，心中有所执著也。有所分别，谓之有所得，与无分别智相反者。影之于形，响之于声，相随而来者。无影响，言无所有也。"

⑬河北：指黄河以北，即河朔。

⑭四众：梵 catasraḥ parṣadaḥ，指佛教四类弟子，即：比丘、比丘尼、优婆塞、优婆夷。《笺注》："出家二众，在家二众，合为四众也。"

## 【释义】

习禅僧人智隍，最初参礼五祖弘忍，自以为已经获得正定，便在寺庵居止长久坐禅，已有二十年。惠能弟子玄策，游方来到河朔地区，听到智隍的名声，便造访庵中问道："你在此作什么呢？"智隍答道："入定。"玄策说道："你说的入定，是有心入定呢？还是无心入定呢？如果是无心入定，一切无情之物，如草木、瓦石等应该全都符合入定的标准；如果是有心入定，一切有情含识众生也应该全都获得入定。"智隍说道："我正在入定之时，不见有有心和无心。"玄策说道："不见有有心和无心，就是恒常入定，既然永远处于定中，又怎么会有出定与入定呢？如果还有出定、入定，就不是大定。"智隍无法答对，过了许久才问道："您是谁的弟子？"玄策答道："我师从曹溪六祖惠能。"智隍问道："六祖以什么作为禅定？"玄策答道："依我师父所说，自心妙湛圆满寂静，自性体用自在如如。五阴本来空无，六尘非是实有，不出不入，不定不乱。禅性本无所住，故要远离对住于禅定寂静的执著；禅性本自无生，故要远离对产生禅定想法的执著。心如同虚空一样，又不能有虚空实际之体量。"智隍听完玄策所说，径自前去参谒六祖。

惠能问道："您为何到我这里来？"智隍将之前遇到玄策的缘由具体复述了一遍。惠能说道："诚然如玄策所言，你只要心如虚空，又不执著于有一个实际的空存在，应用无有障碍，动静之间无有心念作用，凡俗与圣人两情皆忘，能与所全都泯灭，本性之相如如不动，这样就没有不在定中的时刻了。"智隍于是大悟，二十年来执著于有所得之心全都消失，不在产生障道影响。当天夜里，河北一带的士庶听到空中有声音说道："智隍禅师今天得道了。"智隍后来礼谢告辞，回到河北，开演教化那里的僧俗四众。

## 【原文】

一僧问师云①："黄梅意旨，甚么人得？"师云："会佛法人得。"僧云："和尚还得否？"师云："我不会佛法。"②

## 【校注】

①案《解义》："此分不言何人参扣，只记问答之语，并以机锋出之。盖师处处悉以无上法门开示于人，使之自省。"

②案《解义》："盖得即不得，不得即得，会即不会，不会即会。来去相因，皆所以显示中道之义。"《讲记》："如会佛法，已得黄梅玄旨，已得必有所得，有得心不清净，怎能继承祖位？"

## 【释义】

有一个僧人问惠能道："黄梅五祖弘忍禅法的意旨，什么人能够获得？"惠能答道："会佛法的人能够获得。"僧人问道："和尚您是否获得了呢？”惠能答道：“我不会佛法。”


【原文】

师一日欲濯所授之衣①，而无美泉。因至寺后五里许，见山林郁茂，瑞气盘旋。师振锡卓地②，泉应手而出，积以为池，乃跪膝浣衣石上④。忽有一僧来礼拜云：“方辩是西蜀人，昨于南天竺国见达磨大师，嘱方辩速往唐土，吾传大迦叶正法眼藏及僧伽梨⑤，见传六代于韶州曹溪，汝去瞻礼。方辩远来，愿见我师传来衣钵。”师乃出示。

次问⑥：“上人攻何事业？”曰：“善塑。”⑦师正色曰⑧：“汝试塑看。”辩罔措⑨。过数日，塑就真相⑩，可高七寸，曲尽其妙。师笑曰：“汝只解塑性⑪，不解佛性。”师舒手摩方辩顶，曰⑫：“永为人天福田⑬。”师仍以衣酬之⑭。辩取衣分为三，一披塑像，一自留，一用棕裹瘗地中，誓曰：“后得此衣，乃吾出世，住持于此，重建殿宇。”宋嘉祐八年，有僧惟先修殿掘地，得衣如新。像在高泉寺⑮，祈祷辄应。⑯

【校注】

①濯：指洗。

②卓地：指拄击于地。

③泉：指卓锡泉。《笺注》：“《大明一统志》八十：‘南雄府有霹雳泉，在大庾岭下云封寺东。其泉涌出石穴，甘冽可爱。相传昔大鉴禅师，得法归南，卓锡于此，又名卓锡泉。’”

④浣：指洗。

⑤"藏",《径山藏》作"臧"。

"梨",《径山藏》作"棃"。

大迦叶:梵 Mahā-kāśyapa,指佛十大弟子之一,为禅宗付法之第
一祖。

正法眼藏:指禅宗教外别传、以心传心之法要。案北宋道原《景德
传灯录》卷一《第一祖摩诃迦叶》:"尔时,世尊欲涅槃时,迦叶不在众
会。佛告诸大弟子:'迦叶来时,可令宣扬正法眼藏。'"

僧伽梨:梵 saṃghāṭī,指用九条以上碎布缝制成之大衣。《笺注》:
"僧伽梨,为比丘三衣之一,割截之更重合而成。其义译有种种之名,
为三衣中之最大,故称曰大衣;以条数最多,故称曰杂碎衣;入王宫聚
落乞食说法必服之,故称曰入王宫聚落时衣。"

⑥"忽有一僧来礼拜云:'方辩是西蜀人,昨于南天竺国见达磨大
师,嘱方辩速往唐土,吾传大迦叶正法眼藏及僧伽梨,见传六代于韶州
曹溪,汝去瞻礼。方辩远来,愿见我师传来衣钵。'师乃出示。次问",
真朴本、金陵本作"有蜀僧方辩谒师,师曰"。

又此处大谷本有双行夹注:"一本无'忽有'以下七十六字,止云
'有蜀僧方辩谒师,师问'云云。"

⑦案《解义》:"祖师所问,意在施法对治,岂料方辩所答,乃在身
心之外,而以塑像为事。"

⑧正色:指神情严肃。

⑨罔措:指不知所措。

⑩真相:指惠能生前之相貌。

⑪"只解",真朴本、金陵本作"善"。

⑫"师舒手摩方辩顶，曰"，真朴本、金陵本作"即为摩顶授记"。

⑬"为人天"，真朴本、金陵本作"与人天为"。

⑭"师"，真朴本、金陵本无。

⑮高泉寺：指信州高泉寺，位于今江西省上饶市。案清弘瀚《博山进如瀚禅师语录》卷二有《住信州高泉寺语录》。

⑯此夹注真朴本、金陵本作正文。

## 【释义】

惠能在某一天想濯洗五祖弘忍所传授给他的法衣，但当时没有很好的泉水。为此惠能来到寺院后面五里远的地方，看见山林繁郁茂盛，有祥瑞之气盘旋。惠能便振动锡杖杵在那块地上，泉水当下就从地下涌出，很快就积成了一个水池。惠能便曲膝跪下来，在一块石头上浣洗法衣。忽然有一位僧人前来礼拜道："我叫方辩，是西蜀人士，昨天在南天竺国遇见达磨大师，他嘱咐我方辩赶快前往唐朝中土，我所传付的大迦叶正法眼藏及僧伽梨法衣，看着已经传付六代到了韶州曹溪，你去瞻礼。我方辩从远处赶来，就是想见一下我师父从天竺传来的衣钵。"惠能于是出示衣钵给他看。

惠能接着问道："上人您主攻什么事业？"方辩答道："善于塑像。"惠能正色说道："你试着给我塑个像来看看。"方辩罔然无措。过了几天，方辩塑就了惠能真容形相，塑像高七寸，工艺极尽细致微妙。惠能笑道："你只了解塑像的性质，却不了解佛性。"惠能伸手抚摩方辩的头顶，说道："你要永远为人天作福田。"惠能便以法衣相送作为酬谢。方辩将法衣分作三份，一份披在塑像之上，一份自己留存，一份用棕叶裹起来埋在地下，并发誓道："后来若有人能够从地中获得此法衣，此人就是我的投胎转世，他将住持于此地，重新兴建殿堂庙宇。"北宋嘉祐八年（1063），有僧人惟先因修建殿堂而挖掘土地，得到法衣如同新的一样。方辩所塑的惠能像被供奉在高泉寺，信众在像前祈祷全都有求必应。

## 【原文】

有僧举卧轮禅师偈曰①：

> 卧轮有伎俩②，能断百思想③。
>
> 对境心不起④，菩提日日长⑤。

师闻之曰⑥："此偈未明心地。若依而行之，是加系缚。"因示一偈曰：

> 惠能没伎俩⑦，不断百思想⑧。
>
> 对境心数起⑨，菩提作么长⑩。

## 【校注】

①"曰"，北宋道原《景德传灯录》卷五作"云"。

案北宋道原《景德传灯录》卷五："卧轮者，非名，即住处也。"

②伎俩：指技能手段。

③案《笺注》："思，谓令心造作为性；想，谓于境取像为性。断思想，如槁木死灰也。"

④"境"，金陵本作"镜"。

案《笺注》："心之游履攀缘之所为境，如色为眼识游履之所谓之色境，乃至法为意识游履之所谓之法境也。不起者，调伏心念令不起也。"

⑤案《解义》："此偈已入于顽空邪见，而犹以'菩提日日长'自诩。

自错不知，且举以教人，其害可胜言哉！"

⑥"师"，北宋道原《景德传灯录》卷五作"六祖大师"。

⑦"惠"，北宋道原《景德传灯录》卷五作"慧"。

⑧案《笺注》："本来无思想，故不用断也。"

⑨"境"，金陵本作"镜"。

⑩案《讯释》："古人有言曰：'善恶如浮云，俱无起灭处。'岂非所谓实性中，元不染善恶邪？若能如是解，即得真如自性，而顿悟无生矣。故'能断百思想'者，卧轮之断灭也；'不断百思想'者，六祖之寂灭也。"《解义》："此偈正与上针对，盖祖师所言乃自性菩提，卧轮所言犹木本菩提。"《讲记》："六祖针对卧轮偈而说的四句，相互对比，可知卧轮偈句无一不错，六祖偈句悉皆正确。当知思想不可断的，说断怎样断法？若说断念好似巨石压草，硬将思想压下去可怎？当知思想譬如昼夜在流著的泉源，怎么可以阻之不流？"《讲座》："卧轮禅师可能得了定，有了一点功夫，可以切断一切分别思维，达到了'对境心不起'——不动心了。这有什么不对呢？为什么六祖还要批评他呢？六祖认为，思想本来是活的，本来就是自性。'何期自性能生万法'，你硬要把它压下去，自己把自己捆起来，怎么行。禅宗是绝对反对百不思，百不想的，因为这是断灭见，是邪见。念头是谁起的呢？你如果承认人人都有佛性，这个念头离开了这个佛性吗？禅宗认为，就这个念头就是这个自性，就是这个佛性。再者，一切法空，这个一念也是空的，既然是空的，取掉它干什么呢？水中月，镜中花嘛，你又怎么个取法呢？又何必去取呢？禅宗对付念头与教下的方法是有区别的，教下是对治法，禅宗不对治，念头就是自己，明白吗！一切法空，你还起什么妄念？一切

法都是你自己，你还起什么妄念？认识了这些问题，妄念就起不来，尽管起了妄念，你明白它是空，不起作用，这个妄念就悄悄过去了，如雁影过潭一样；你真的对治它时，却恰恰是你又在动妄念了。"

## 【释义】

有僧人举卧轮禅师的偈颂道：

卧轮我自己拥有修行的方便伎俩，

能够断除心念中的所有胡思乱想。

对于外界各种境界心念不为生起，

这样修行菩提道果就会与日增长。

惠能听到之后说道："这首偈颂并未了心地。如果依之修行，必定更加受到束缚，不得解脱。"因此，惠能又出示一首偈颂道：

惠能我自己没有修行的方便伎俩，

不去断除心念中的所有胡思乱想。

对于外界各种境界心念随之生起，

菩提道果也随着心念而与日增长。

顿渐第八①

【原文】

时祖师居曹溪宝林②，神秀大师在荆南玉泉寺③，于时两宗盛化，人皆称"南能北秀"，故有南北二宗、顿渐之分，而学者莫知宗趣。

师谓众曰："法本一宗，人有南北；法即一种，见有迟疾。何名顿渐？法无顿渐，人有利钝，故名顿渐。"然秀之徒众，往往讥南宗："祖师不识一字，有何所长？"④秀曰："他得无师之智⑤，深悟上乘，吾不如也。且吾师五祖亲传衣法⑥，岂徒然哉？吾恨不能远去亲近，虚受国恩⑦。汝等诸人，毋滞于此，可往曹溪参决⑧。"

一日，命门人志诚曰："汝聪明多智，可为吾到曹溪听法。若有所闻，尽心记取，还为吾说。"⑨志诚禀命至曹溪，随众参请，不言来处。时祖师告众曰："今有盗法之人，潜在此会。"志诚即出礼拜，具陈其事。师曰："汝从玉泉来，应是细作⑩。"对曰："不是。"师曰："何得不是？"对曰："未说即是，说了不是。"师曰："汝师若为示众？"对曰："常指诲大众，住心观静⑪，长坐不卧。"师曰："住心观静⑫，是病非禅；长坐拘身，于理何益？⑬听吾偈曰：

生来坐不卧，死去卧不坐。

一具臭骨头<sup>⑭</sup>，何为立功课<sup>⑮</sup>？

志诚再拜曰："弟子在秀大师处，学道九年，不得契悟<sup>⑯</sup>。今闻和尚一说，便契本心<sup>⑰</sup>。弟子生死事大，和尚大慈，更为教示。"师云："吾闻汝师教示学人戒、定、慧法，未审汝师说戒、定、慧行相如何<sup>⑱</sup>，与吾说看。"诚曰："秀大师说：'诸恶莫作名为戒，诸善奉行名为慧，自净其意名为定。'<sup>⑲</sup>彼说如此，未审和尚以何法诲人？"师曰："吾若言有法与人，即为诳汝。但且随方解缚<sup>⑳</sup>，假名三昧。如汝师所说戒、定、慧，实不可思议；吾所见戒、定、慧，又别<sup>㉑</sup>。"志诚曰："戒、定、慧只合一种，如何更别？"师曰："汝师戒、定、慧接大乘人，吾戒、定、慧接最上乘人。悟解不同，见有迟疾。汝听吾说，与彼同否？吾所说法，不离自性；离体说法，名为相说<sup>㉒</sup>，自性常迷。须知一切万法，皆从自性起用，是真戒、定、慧法<sup>㉓</sup>。"听吾偈曰：

心地无非自性戒，心地无痴自性慧，

心地无乱自性定<sup>㉔</sup>。

不增不减自金刚<sup>㉕</sup>，身去身来本三昧<sup>㉖</sup>。

诚闻偈悔谢，乃呈一偈曰<sup>㉗</sup>：

五蕴幻身，幻何究竟？

回趣真如，法还不净<sup>㉘</sup>。

师然之，复语诚曰："汝师戒、定、慧，劝小根智人；吾戒、定、慧，劝大根智人<sup>㉙</sup>。若悟自性，亦不立菩提涅槃，亦不立解脱知见，无一法可得，方能建立万法。若解此意，亦名佛身③⓪，亦名菩提涅槃，亦名解脱知见。见性之人，立亦得，不立亦得，去来自由③①，无滞无碍，应用随作，应语随答，普见化身，不离自性③②，即得自在神通③③，游戏三昧③④，是名见性③⑤。"

志诚再启师曰："如何是不立义？"师曰："自性无非、无痴、无乱，念念般若观照，常离法相，自由自在，纵横尽得，有何可立？自性自悟，顿悟顿修，亦无渐次，所以不立一切法③⑥。诸法寂灭，有何次第？"志诚礼拜，愿为执侍③⑦，朝夕不懈。诚吉州太和人也③⑧。

## 【校注】

①"渐"下，真朴本、金陵本有"品"。

案《笺注》："顿者，使人顿时解悟；渐者，使人依次修行。南宗之顿、北宗之渐，约人分见，则论其二；依法入理，则归于一，皆是善巧方便之所致。"《解义》："佛法本无顿渐，因众生根器利钝不同，所以立顿渐之假名。智者言下了悟，愚者渐次修习，到达见自本性，则利钝如一，原无分别。故佛说理则顿悟，事以渐除。所谓顿者，系顿然悟入第一妙谛，仍须以次扫除一切法相，损之又损，以至于无为。若谓一悟即证妙果，是名魔说。所谓渐者，言下不能悟入，先将妄念烦恼除却，一心思惟圣道，忽然照见本来，即与智人无别，从此精进，直至成就菩提。所谓殊途同归，实无顿渐之分也。"《讲记》："佛法初无顿渐分别，如大乘说一切皆为一佛乘故，还谈什么顿渐？说顿说渐，全约众生根机而论，因众生根机有利钝之别。利根众生宿植深厚，现在因缘成熟，不论听到一言，或是听到半句，立刻明心见性，钝根众生未曾种诸善根，现在因缘不足，不论听到怎样大法，不特是一般善知识说，就是佛陀亲口所说，亦不能立即有所体悟，须要经过相当时间修持，还要修持相当如法，如是渐次悟入名为渐悟。古德有说：但依一念不生即名为佛，不按位次渐渐修去名顿，不能做到一念不生，须依位渐渐修成名渐。如菩萨行者，直往菩萨，不设三乘教，名为顿悟顿证。回向菩萨，大由小起，设有三乘教法差别，名为渐悟渐证。禅宗向有南顿北渐之说：南顿是六祖所传的禅法，北渐是神秀所传的禅法。禅宗虽作是分，而实从佛圣教而来，如无圣教所依，禅无顿渐之别。过去佛法行者都是渐修，到六祖惠能及其弟子神会提倡顿悟，只从智慧求其大彻大悟，立刻见性成佛，非常直截了当，有人认为这是佛教思想的革命，不特引导很多人来信佛，并使惠能所弘传的南方顿教，成为禅宗的正统。顿悟思想对渐修言，虽是一大革命，但怎样使人顿悟，六祖并未提出适当方法教人。到唐武宗会昌元年，宗密禅师，对顿悟分成‘顿悟顿修’、‘顿悟渐修’、‘渐修顿悟’、‘渐修渐悟’四种方法，使人对顿渐之说，才有清楚的眉目。"

②"溪"，原作"谿"，据诸本改。

③荆南：指荆南府，即今湖北省宜昌市、荆州市江陵县一带。《笺注》："《一统志》六十二曰：'宋淳熙初，改曰荆南府。'"

玉泉寺：指今湖北省宜昌市当阳县玉泉山南麓之玉泉寺。

案北宋赞宁《宋高僧传》卷八《唐荆州当阳山度门寺神秀传》："忍于上元中卒，秀乃往江陵当阳山居焉。"北宋道原《景德传灯录》卷四《北宗神秀禅师》："忍既示灭，秀遂住江陵当阳山。"

④案《行由》第一："惠能曰：'惠能不识字，请上人为读。'"

⑤无师之智：指无师自通之智慧。《笺注》："无师智，无师独悟之佛智也。"案《行由》第一："惠能得钱，却出门外，见一客诵经。惠能一闻经语，心即开悟。"

⑥"衣"，金陵本作"依"。形误。

⑦国恩：指皇家恩宠。案北宋赞宁《宋高僧传》卷八《唐荆州当阳山度门寺神秀传》："则天太后闻之召赴都，肩舆上殿，亲加跪礼，内道场丰其供施，时时问道，敕于昔住山置度门寺，以旌其德。时王公已下、京邑士庶竞至礼谒，望尘拜伏，日有万计。洎中宗孝和帝即位，尤加宠重。中书令张说，尝问法执弟子礼。"

⑧案《解义》："卒见秀师受五祖薰陶，虚怀若谷，一心求道，毕竟高处侪辈，后卒证果，以视不知真谛徒作门户之争者，相去奚啻霄壤。"《讲记》："看来神秀对于惠能，没有任何意见。知诸徒众对惠能不敬，除诚心诚意的推重祖师，且诚徒众坏法恼人，其过失是很大的，决不推波助澜的随徒众妄论，可知神秀没有门户之见。"

⑨案《解义》："即此数语，足见秀师是时尚未悟入，只是一味苦修。何以故？顿教之所以为顿教者，闻师开示，若悟则言下便悟；不悟，则对面千里，岂有令徒前往闻法还以奉告，宁非隔靴搔痒！卒之志诚闻教，顿然悟入，愿为执侍，而秀仍依然故我，此其明证也。"

⑩细作：指奸细。

⑪"静"，真朴本、金陵本作"净"。

⑫"静"，真朴本、金陵本作"净"。

⑬案《笺注》："本自不动，何静之有？本自不蔽，何观之有？是病

非禅。当时秀大师门下，皆偏于住心观静之病，故六祖以药除其病，非除其法也。今人本无此病，若误服其药，或以药能除病故，执而不舍，由是因药而反成病矣。"

⑭ "一具"，真朴本、金陵本作"元是"。

⑮ "课"，真朴本、金陵本作"过"。

又"课"下，大谷本有双行夹注："'一具'，或作'元是'。"

案《笺注》："此言人当明心见性，一悟即至佛地，何必在臭皮囊上强立功课，而使之常坐不卧乎。"《解义》："盖秀师所教全在色身上用功，不知色身如舍宅，不过数十百根臭骨头结构成形，有何功课可立？而乃强令长坐，不亦迷乎？总之能见自本性，坐也可，卧也可。不见本性，坐也是妄，卧也是妄。修道者不可不知，后志奉其教，及误解般舟行，数十日不坐卧者，可幡然悟矣。"《讲记》："修禅本是为求解脱，像这样的有住著心，其心怎得自在？像这样的长坐不卧，其身怎得自在？身心皆不自在，怎能求得解脱？无怪修禅者是很多的，但得解脱者都是极少，原因就是修禅不如法。"

⑯ 契悟：指契入领悟。《笺注》："契悟，与本心契合而开悟也。"

⑰ 案《解义》："试思学道九年，毫无进益，则渐教之难以悟入，亦已明甚。而志诚心知其非，然在未闻顿教之前，亦只如盲人摸象，各是其是。殆一闻开示，即悟前非，性根之利可想。"

⑱ 行相：指行事之相状。案《解义》："师不即开示，乃先问秀师所教行相如何，然后再对症投药，解其缚束。缚束既解，自能悟入。此顿教法门所由最尊最上最妙，为我佛独一无二之心印，付诸教外别传，得之者固无一不成佛作祖也。"

⑲案东晋瞿昙僧伽提婆译《增壹阿含经》卷一《序品》:"迦叶问言:'何等偈中出生三十七品及诸法?'时尊者阿难便说此偈:'诸恶莫作,诸善奉行,自净其意,是诸佛教。所以然者?诸恶莫作,是诸法本,便出生一切善法。以生善法,心意清净。是故。迦叶。诸佛世尊身、口、意行,常修清净。'迦叶问曰:'云何?阿难。《增壹阿含》独出生三十七品及诸法,馀四《阿含》亦复出生乎?'阿难报言:'且置。迦叶。四《阿含》义,一偈之中,尽具足诸佛之教,及辟支佛、声闻之教。所以然者,诸恶莫作,戒具之禁,清白之行;诸善奉行,心意清净,自净其意,除邪颠倒;是诸佛教,去愚惑想。'"《解义》:"在未见性之人,闻此教法无不奉为桂臬。所谓诸恶莫作,众善奉行,三岁小儿能知得,八十老翁行不得。虽舌底翻莲,无能难之者。然以之劝世,捨恶修善则可,若求入道,则如鸟兽临渴,误阳焰为水,由所见不真耳。"

⑳随方解缚。方,指方便,缚,指烦恼。《笺注》:"随方解缚,随方便而解被缚人之缚也。故禅宗无定说法,要在当机解缚。"

㉑案《讲座》:"不要认为只有六祖才代表禅宗,神秀也是禅宗的大师,也是五祖的弟子,他的见解虽然还不能与六祖相比,但在当时已经是极其高明的了。大家知道,'诸恶莫作,众善奉行,自净其意,是诸佛教'是佛的一首偈语,可以说是对全部佛教的教、理、行、果的精要概括。神秀把这个偈子用来作为对戒定慧的理解,的确也恰到好处。神秀这几句,可以说是对'如来禅'的最佳表述。神秀北宗之禅,就是'如来禅'。如法修行,次第而进,所以又称为'渐门'。'如来禅'可以说是佛教内正统的修持方法,稳妥可靠,与教下也没有多大的分歧,一般学佛的人都走的这个路子,也可以取得成就。但六祖大师这里却是'祖

师禅'，其特点是直彻本源，因果一如，建立在万法皆空的基础上。"

㉒相说：指著相之说。

㉓案《笺注》："万法唯心，离自性外，无戒、定、慧，故云起用。"

㉔案《讲记》："以自性戒说，如虚空一样，根本不可分别何者为持、何者为犯；以自性定说，不见心相名为正定，那可避免喧杂而守宁静；以自性慧说，不求诸法性相因缘是为正慧，那可外询文字，强生知见，以为心外有法。"

㉕案《笺注》："自性本无增减，故成佛亦无增，居凡亦无减。其体精坚明净、百炼不消，故以金刚为喻。"

㉖案《笺注》："一切行、住、坐、卧，来去自由，无不本于三昧。三昧者，禅定也。"

㉗"曰"，金陵本无。

㉘案《笺注》："真如中清净圆明，本无一法可得。若回趣真如自性，则自性中本来无非、无痴、无乱，斯即自性之戒、定、慧。若离自性而别求戒、定、慧法，则此法为不净矣。"《解义》："针对以前秀师所教，全在色身上用功，幻中求幻，老死无成。今知悔悟，不但幻身无常，即回趣真如亦是著相，著一丝头，法即不净也。"

㉙案《般若》第二："此法门是最上乘，为大智人说，为上根人说。小根小智人闻，心生不信。"

㉚"亦名佛身"，真朴本、金陵本无。

案《讲记》："成佛就是证得法尔本具之身，并不是另有佛身可得。"

㉛案《笺注》："立，建立法门之事也。此言见性之人，立菩提涅槃亦可，不立亦可；立解脱知见亦可，不立亦可；立一切万法亦可，不立

亦可也。去来自由,去来兼生死而言。"

㉜案《笺注》:"当用即作,当语即答。虽所作所答,随处不同,因人而异,即是普见一切化身。而所作所答者,皆不离自性。"

㉝神通:梵 abhijñā,指由禅定生起之超人力量。

㉞游戏三昧:指佛、菩萨专以度化众生而自为娱乐。

㉟案《讲座》:"顿悟的依据是菩提与烦恼本为一体,差别只是相上的。从体上来讲,烦恼也是它,菩提也是它,排除了烦恼,等于就排除了菩提,所以说'烦恼即菩提'。你如果坚信这点,敢于这样下手,你学禅宗就可以见功效,得受用。一些这样用功,并有些经验和效益的人都有这种感受:原来那种种杂念全是自己,自己对自己还有贪求吗?需要去排除吗?久而久之,烦恼也好,杂念也好就淡了下去,不那么起作用了,如能再进一步,见了本性,那烦恼就断。断的那一刹那是顿,悟的那一刹那是顿,这就是禅宗的方便。禅宗的方便就是直截了当,不必去绕圈子。"

㊱案《笺注》:"般若性空,故本无一法可建立,更不涉渐次阶级而一超直入也。"

㊲案北宋道原《景德传灯录》卷五《吉州志诚禅师》:"祖然之,寻回玉泉。"

㊳吉州太和:指今江西省吉安市泰和县。

【释义】

当时,六祖惠能居止在韶关曹溪宝林寺,神秀大师则在湖北荆州之南的玉泉寺,此时两派禅宗同时盛行教化,世人都称"南能北秀",因此就形成了禅宗的南宗和北宗,禅法也就有了顿教与渐教的区分,但学禅的人都不知道这两派禅法的宗趣所在。

惠能对大众说道："佛法本来只有一宗，而人们却有南北之分；佛法当下只有一种，而见解却有慢快之别。什么叫作顿渐之教？佛法本来无有顿渐之分，而人的根性却有利钝之别，所以才称作顿渐之教。"然而神秀的弟子们，往往讥讽南宗道："你们祖师惠能是个一字不识之人，哪还能有什么所长本领呢？"神秀说道："惠能他获得无师自通的智慧，深刻领悟上乘佛法，我确不如他。况且我的师父五祖弘忍亲自传付他衣法，难道是徒然之举吗？我只悔恨自己不能从遥远的北方前去南方亲近他，虚忝蒙受国家赐予的恩宠。你们这些人，不要滞留于我处，可以前往曹溪惠能处参扣决疑。"

一天，神秀命门人志诚道："你人聪明又多智慧，可以为我到曹溪惠能那里去听学禅法。如果你有所闻法，一定要尽心记取，回来之后再给我讲说。"志诚秉承师命前往曹溪惠能处，随大众参礼请益，但未言明自己的来处。当时惠能就告诉大众道："今天有一位盗取禅法之人，潜伏在现在的法会之中。"志诚随即出来礼拜，并将自己前来的原委从头到尾陈述了一遍。惠能说道："你既然是从玉泉寺来的，应该就是奸细。"志诚说道："我不是奸细。"惠能问道："为何你不是奸细？"志诚答道："如果我未说明原委，那就是奸细；但现在已然说明原委，所以我不是奸细。"惠能问道："你师父神秀平时都是如何开示大众的？"志诚答道："神秀经常指示教诲大众，要止住心念以观其静，长久打坐而不将身躺倒。"惠能说道："止住心念以观其静，这只是病患而非真正的禅法；长久打坐拘泥身体，对体悟佛理又有什么益处呢？"听我所说偈颂道：

人活着的时候只是坐着而不躺下，

　　人死去的时候只能躺下而不坐着。

　　肉身终将会变成一具发臭的骨头，

　　又何必在这臭骨头上枉立功课呢？

　　志诚再次礼拜道："弟子我在神秀大师处，修学道法九年，不得契悟真谛。今天听闻和尚您一翻讲说，便能契合本心。弟子我生死事大，希望和尚您大发慈心，再为我教授开示。"惠能说道："我听说你师父神秀在教授开示学人戒、定、慧三学之法，不知道你师父具体是如何讲说戒、定、慧三学之法的，你给我说说看。"志诚说道："神秀大师说道：'诸恶莫作就叫作戒学，诸善奉行就叫作慧学，自净其意就叫作定学。'他的说法就是这样，不知道和尚您是以什么方法教诲他人的？"惠能说道："我如果说自己有法教授与人，就是在欺骗你。我只是姑且随顺方便而解除各种烦恼束缚，从而假托三昧之名，其实并无实法可得。像你师父神秀所说的戒、定、慧三学之法，确实不可思议；但我所见到的戒、定、慧三学之法，又与之不同。"志诚问道："戒、定、慧三学之法，只有一种，如何又别有不同？"惠能答道："你师父神秀所说的戒、定、慧三学之法，只能接引大乘根性之人；而我所说的戒、定、慧三学之法，接引的是最上乘根性之人。所悟解的禅理不同，故见地有慢快之分。你听我所说的禅法，与神秀说的一样吗？我所说的禅法，不理自性本体，离开本体而说禅法，只能称为著相之说，自性永远处于迷惑之中。须知一切万法，全都从自性中生起作用，这才是真正的戒、定、慧三学之法。"听我所说偈颂道：

　　　　心地没有非分之想就是自性戒学，

心地没有丝毫愚痴就是自性慧学,

心地没有任何扰乱就是自性定学。

心不增益也不减损就是自性金刚,

身体任意去来但心恒处三昧之中。

志诚听完惠能所说偈颂后,忏悔谢罪,并呈上一首偈颂道:

人是由五蕴假合构成的虚幻之身,

如何能通过幻身而达究竟真实呢?

回转趣向真如本性自然无染清净,

若离自性而求别法最终不得清净。

惠能认可偈颂中所表达之见解,又对志诚说道:"你师父神秀所说的戒、定、慧三学之法,是劝进小乘根性的有智之人;而我所说的戒、定、慧三学之法,是劝进大乘根性的有智之人。如果悟得自性,就不用再设立菩提涅槃,也不用再设立解脱知见,没有一个确实之法可以获得,才能建立起一切诸法。如果能够悟解这个意趣,就可称为佛身,也可称为菩提涅槃,又可称为解脱知见。见到本性之人,通过设立法相可以证得,不通过设立法相也同样可以证得,来去自由,没有滞碍,应其功用随意造作,应其话语随意解答,普见诸佛化身,而不脱离自性,当下获得自在神通,游戏三昧度化众生,这就叫作见性。"

志诚再次启问惠能道:"什么是不立之义?"惠能答道:"自性没有非想、愚痴、扰乱,念念之间都以智慧观照,恒常离于诸法相状,自由自在,纵横驰骋尽得法要,又有何可以设立之法呢?自性是要靠自己来领悟,想获得顿悟就要立刻发心修行,这本身并没有什么步骤次第,所以说不需要设立一切法。诸法本来寂灭,又有何次第可言呢?"志诚礼拜，愿为惠能执侍，早晚从不懈怠。志诚是江西吉州太和人。

## 【原文】

僧志彻<sup>①</sup>，江西人，本姓张，名行昌，少任侠<sup>②</sup>。自南北分化，二宗主虽亡彼我，而徒侣竞起爱憎。时北宗门人自立秀师为第六祖，而忌祖师传衣为天下闻，乃嘱行昌来刺师<sup>③</sup>。师心通<sup>④</sup>，预知其事，即置金十两于座间。

时夜暮，行昌入祖室，将欲加害。师舒颈就之，行昌挥刃者三，悉无所损<sup>⑤</sup>。师曰："正剑不邪，邪剑不正。只负汝金，不负汝命。"<sup>⑥</sup>行昌惊仆，久而方苏，求哀悔过，即愿出家。师遂与金言："汝且去，恐徒众翻害于汝<sup>⑦</sup>。汝可他日易形而来，吾当摄受<sup>⑧</sup>。"行昌禀旨宵遁<sup>⑨</sup>，后投僧出家，具戒精进<sup>⑩</sup>。

一日，忆师之言，远来礼觐<sup>⑪</sup>。师曰："吾久念汝，汝来何晚？"曰："昨蒙和尚捨罪<sup>⑫</sup>，今虽出家苦行<sup>⑬</sup>，终难报德，其惟传法度生乎！弟子常览《涅槃经》<sup>⑭</sup>，未晓常、无常义，乞和尚慈悲，略为解说。"师曰："无常者，即佛性也；有常者，即一切善恶诸法分别心也<sup>⑮</sup>。"曰："和尚所说，大违经文。"师曰："吾传佛心印<sup>⑯</sup>，安敢违于佛经。"曰："经说佛性是常，和尚却言无常；善恶诸法乃至菩提心皆是无常<sup>⑰</sup>，和尚却言是常。此即相违，令学人转加疑惑。"师曰："《涅槃经》吾昔听尼无尽藏读诵一遍<sup>⑱</sup>，便为讲说，无一字一义不合经文。乃至为汝，终无二说。"

曰:"学人识量浅昧,愿和尚委曲开示⑲。"师曰:"汝知否,佛性若常,更说什么善恶诸法,乃至穷劫无有一人发菩提心者,故吾说无常正是佛说真常之道也⑳。又一切诸法若无常者,即物物皆有自性容受生死,而真常性有不遍之处,故吾说常者正是佛说真无常义㉑。佛比为凡夫、外道执于邪常,诸二乘人于常计无常㉒,共成八倒;故于《涅槃》了义教中㉔,破彼偏见㉕,而显说真常、真乐、真我、真净㉖。汝今依言背义,以断灭无常及确定死常㉗,而错解佛之圆妙最后微言㉘,纵览千遍,有何所益?"

行昌忽然大悟㉙,说偈曰:

因守无常心,佛说有常性㉚。

不知方便者,犹春池拾砾㉛。

我今不施功,佛性而现前㉜。

非师相授与,我亦无所得㉝。

师曰:"汝今彻也,宜名志彻。"彻礼谢而退。

【校注】

①"僧"上,真朴、金陵本有"一"。

②任侠:指忠信侠义。

③案《解义》:"门户之见最为痛心。如神秀与师,同隶五祖门下,神秀多年而不得,师言下而顿悟,此根器之不同,亦以见大道之公,决无私授。古人取则天地日月,以天无私覆、地无私载、日月无私照,故也。苟是其人,陌路可教;设非其人,父子不传。非不传也,彼既不悟,传之犹不传也。此五祖衣法所以授师而不及秀者,道固应尔,岂有

所为而为之耶？神秀与师尚无彼此，而秀之徒众因妒生憎，既私立秀师为六祖，复恐师传衣为天下所闻，遽谋杀害。门户之争，今古一辙。然如此存心，凡夫尚不可，况修道之士乎！"

④心通：指他心通（梵 para-cetaḥ-paryāya-jñāna-sākṣāt-kriyābhijñā），即能知晓他人心中所想之神通力量。

⑤案《解义》："得道之人，水、火、刀、兵弗能损害。观于师之舒颈就刃，悉无所损，足为明证。且以物言固为剑，以法言则为见，邪不胜正，焉能为害。"

⑥案《解义》："因果报应丝毫不爽，冤债酬偿尤难幸免。如大师过去生中负行昌金十两，今因缘和合，故受秀徒所使。设师被害而取其金，是师债已偿，而行昌反负师命。冤冤相报，宁有了期？一切众生不知因果报应，固无日不在愁忧苦恼之中，宛转呻吟，无可奈何。"

⑦"翻"，原作"飜"，据增上本、大谷本、真朴本、金陵本改。

⑧摄受：指摄取纳受。《笺注》："摄受，又云摄取，以慈悲心摄取众生也。"

案《解义》："冤亲平等，无我无人。如大师受行昌三刃，毫不为劢，既偿其金，纵之使去。复嘱他日易形而来，吾当摄受。此何等胸襟，何等度量，修大乘者，不可不如是存心也。"

⑨宵遁：指连夜逃遁。

⑩具戒：指具足戒（梵 upasaṃpanna），即出家比丘、比丘尼所应持受之戒法。《笺注》："具戒者，比丘受二百五十戒也，即具足戒之略名。"

⑪礼觐：指参礼觐见。

⑫昨：指过去。《笺注》："昨，犹昔也。追溯已往皆曰昨。"

⑬苦行：梵 duṣkara-caryā，指艰苦之修行。

⑭案《讲座》："在《坛经》中，六祖大师有关《涅槃经》的开示凡四见：一为《行由品》中答印宗法师，二、三为《机缘品》中答无尽藏和志道，这一品中六祖是第四次因问《涅槃经》而方便开示。从六祖的这四次答话中可以看到，参问人的根基不同，疑点不同，六祖所回答的却不尽相同。有的答话差距很大，甚至截然相反，从中可见到六祖的灵活性，他的路数不是来自学问，而是处处以本分接人。《涅槃经》在大乘佛教中有重要的地位，也是禅宗的理论依据之一。"

⑮案《解义》："佛说《涅槃经》，一者常，二者无常，佛性非常、非无常。盖无常是边，常亦是边，所以说佛性非常非无常。但此处未即开示佛性正义，先将常、无常二相翻说，以启发行昌疑问。"《讲座》："不变的常是死常，变化了还是常，所以六祖说佛性无常，恰恰深刻地阐述了佛性真常的道理。无常是佛性的一种作用，常也是佛性的一种作用，执著于一边是不对的。作用是活的，要应酬无碍，必须有所变化，应该无常。这个无常，并没有离开本体，也离不开本体，如果孤立和静止来看，是难以想通。但你把这一切放在全体上看，整体上看，一切都迎刃而解了。六祖说：'有常者，即一切善恶诸法分别心也。'你看到的那种种无常，实际上就是常，一切法都是常。不是说一切法空，一切法无自性吗？怎么又说一切法是常呢？六祖认为，既然这一切不是佛性，那什么才是佛性呢？佛性之外还有什么别的东西吗？这一切又全在佛性之外吗？当然不是，一切善恶诸法全是佛性，我们的语言、行为全是佛性。如果认为外面另有一个常，另有一个佛性要修，那完了，你就永远

解脱不了。"

⑯佛心印：指佛印可之以心传心、不立文字、教外别传之禅法。

⑰"诸"，原作"之"，从上下文，据大谷本、真朴本、金陵本改。

⑱"遍"，原作"徧"，据增上本、大谷本、真朴本、金陵本改。下同。

⑲委曲：指详尽细致。

⑳案《笺注》："佛性若常，则众生早已成佛，更不必说三藏十二部经以化度之。然何以历久而无有一人发菩提心者，盖就恶人一方面而论，可说佛性无常。放下屠刀，立地成佛，可说佛性有常。"《解义》："意谓佛性本常，众生悉有。但迷不回头，万劫轮回，即是无常，佛说非幻成幻法。所谓真正大善知识绝迹世间，非无也，如凤毛麟角不易觏见也。"《讲座》："佛性若是死寂一团，没有生机和变化，那么，说善、谁在善呢？恶、谁在恶呢？如果佛性是常、是不变的，那么众生永远就没有分了，发菩提心也没有用了。要知道，发菩提心就是无常。从前我造孽，没有发菩提心，但我今天向善，发了菩提心。如果佛性是常，那我以前就应发菩提心，但这个菩提心是今天发的，不是以前的。发菩提心的原因是什么呢？因为有佛性，那么这个佛性以前没有发菩提心，但今天发了；佛性知道了以前做恶不对，今天要改恶向善了，你说这个佛性是常还是无常？要知道，六祖这里是对机，在'行由品'中六祖答印宗法师问时，六祖的根本看法是佛性超越了常与无常。超越了常与无常，这个佛性才是真的，才是活的，才是超越了。"

㉑案《笺注》："自性不生不灭，故自性不受生死。苟一切诸法若为无常，即物物之自性皆各受生死矣。物物之自性，既容受生死，则真常

性之不生不死者，将有不遍之处。故六祖谓‘一切善恶诸法皆有常’，即自性不生不死之故。佛以人执著一切善恶诸法分别心为有常，故说无常。六祖以志彻执著一切善恶诸法分别心为无常，故说有常。然自性往往为一切有为法所汩没，亦可谓之无常，故曰‘吾说常者，正是佛说真无常义’也。"《解义》："意谓一切万法本无自性，若有自性，则物物皆可容受生死。性有限量，或断或续，因果业报亦失准确，而真常性有不能周遍之处，故师说常者，正是佛说真无常义。"

㉒ "二"，大谷本作"一"。

㉓ 八倒：指凡夫、二乘之人所执有之八种颠倒邪见，即：非常计常、非乐计乐、非我计我、不净计净、常计无常、乐计非乐、我计非我、净计不净。《笺注》："凡夫、二乘各有四倒，故成八倒。于生死之无常、无乐、无我、无净，执为常、乐、我、净，此凡夫四倒也。于涅槃之常、乐、我、净，执无常、无乐、无我、无净，此二乘四倒也。凡夫谓之有为之四倒，二乘谓之无为之四倒。断有为四倒为二乘，断有为无为之八倒为菩萨。"

㉔ 了义教：梵 nītārtha，指显了彻底之教法。《笺注》："《涅槃经》者，宗佛性故，为满字大乘了义教，属圆妙醍醐胜修之判。"

㉕ "偏"，大谷本作"徧"。形误。

㉖ 案《笺注》："常、乐、我、净，大乘大般涅槃所具之四德也。一、常德：涅槃之体恒不变而无生灭，是名为常；又随缘化用而常不绝，名之为常。二、乐德：涅槃之体，寂灭而永安，名之为乐；又运用自在，所为适心，名之为乐。三、我德：我解有二种：一者就体，自实名我；二者就用，自在名我。四、净德：涅槃之体，解脱一切之垢染，名之为

净，又随缘而处，未尝有污，名之为净。"《讲座》："常不能离开无常，无常也不能离开常，常与无常是二，佛性是不二。所以，常与无常，都应归结在这个'向上之常'；因与果，也应归结在这个'向上之因'；苦与乐，也应归结在这个'向上之乐'；净与秽，还是要归结在这个'向上之净'。"

㉗案《笺注》："六祖谓：'志彻汝以有断灭者为无常，及确定而死板者为常。'岂知常可言无常，无常可言常，且自性本非常非无常乎。"《讲记》："佛法是活泼泼的，如真精通佛法，或是体悟佛法，到为众生说法时，横说竖说，无不契于正理，所以说佛性是常，无碍说其无常；说诸法无常，亦无碍说其是常。"

㉘最后微言：指佛临涅槃前，最后之遗教。

㉙案《解义》："勇于改过，终成上善。如行昌任侠自诩，谋刺不得，求哀悔过，投僧出家。蒙师开示，卒悟妙谛。然则一切凡夫又安可自甘暴弃，而不亟求反省乎。"

㉚"说"，北宋道原《景德传灯录》卷五、南宋普济《五灯会元》卷二《江西志彻禅师》作"演"。

案《笺注》："凡夫、二乘若执守以为无常，而佛欲破其执，则说以为有常；凡夫、二乘若执守以为有常，而佛欲破其执，则又说以为无常。凡夫、二乘若执守善根有二：一者常，二者无常。而佛欲破其执，则又说以为非常、非无常。共分三层，此偈仅举一层者，省文也。"

㉛"拾"，北宋道原《景德传灯录》卷五《江西志彻禅师》作"执"。

案《笺注》："佛说常、无常，皆为破凡夫、二乘之执。犹之医病之药，皆权说也，此之谓方便。乃至广破二乘无常、无我之见，如春池中执石为宝。"《解义》："前以无常幻心误作法王，不知佛说本有常性，认贼作子，一切凡夫拾瓦砾为明珠，亦复如是。"《讲记》："此喻如来所说常与无常，是显佛性非常、非无常，岂不等于捨弃家中珍宝而捡瓦砾？愚痴何有过于此者。"

㉜ "现"，北宋道原《景德传灯录》卷五、南宋普济《五灯会元》卷二《江西志彻禅师》作"见"。

案《笺注》："忽得见性，本不假功用，自性天真佛竟尔现露。"《解义》："我今蒙师开示，豁然省悟，不加功力，佛性自然现前。"

㉝ 案《笺注》："此非师之相授与也，亦非我自己有所得也。"《解义》："所谓佛性者，本自具有，非师授与；而自性内照，我亦无所得焉。"

## 【释义】

僧人志彻，江西人，本俗姓张，名叫行昌，少年时处世忠信侠义。自禅宗南北分化以来，惠能、神秀两位宗主虽然都摒弃你我成见，但他们的弟子却竞相生起爱憎之心。当时北宗的门人私自确立神秀为禅宗第六祖，但又顾忌五祖传衣法给惠能的事情被天下人闻知，于是就嘱托行昌前来行刺惠能。惠能具有他心通，预知行刺之事，于是就放置黄金十两在座位上。

当时天至夜暮，行昌进入惠能居室，准备欲以加害，惠能便伸出脖子让他来砍。行昌挥刀砍了三次，惠能全都无所损伤。惠能说道："正义之剑不能行于邪恶之事，邪恶之剑不能行于正义之事。我只欠你黄金，并不欠你性命。"行昌惊诧昏蹶倒地，过了很久才苏醒过来，向惠能哀求悔过，并表示愿意随其出家。惠能便给他黄金道："你暂且离去，恐怕我的弟子们知道后反而会加害于你。你可在他日改换形象以后再来见我，我必当收你为弟子。"行昌禀承意旨连夜逃走，后来归投一位僧人出家，受了具足戒后精进修行。

一天，他想起惠能之前所说的话，从远方前来礼拜觐见。惠能问道："我已经想念你很久了，你为何这么晚才来？"行昌答道："之前承蒙和尚您饶恕我的罪过，现在虽然我已经出家勤苦修行，但终究难以报答您的恩德，只能一心弘传禅法以度众生啊！弟子经常阅读《大般涅槃经》，不能通晓经中'常'与'无常'的意义，乞求和尚您慈悲，略微为我进行解说。"惠能说道："所谓无常，指的就是佛性；所谓有常，指的就是一切善恶诸法分别之心。"行昌说道："和尚您所说的解释，极大违背了经文原义。"惠能说道："我传承佛的心印，安能敢于违背佛经原义。"行昌说道："经中说佛性是常，和尚您却说佛性是无常；经中说善恶诸法乃至菩提心都是无常，和尚您却说这些是常。这就是与经文原义相违背，让学人我转而更加疑惑了。"惠能说道："《大般涅槃经》我曾经听无尽藏比丘尼读诵过一遍之后，便为她讲说，没有一字一义不符合经文原义的。乃至到了现在为你讲说，我始终如一从未作过第二种阐释。"行昌说道："学人我见识度量浅薄暗昧，希望和尚您能够为我详细开示。"惠能说道："你是否知道，佛性如果是恒常不变的，那还说什么善恶诸法，乃至穷尽劫数也不会有一个人发起菩提心，所以我才说无常正是佛所说的真常之道。另外，一切诸法如果是无常变化的，也就是说每一个事物都有自性可以容纳接受生死，那么真常佛性就有不能遍及之处，所以我才说常正是佛所说的真无常义。佛都是为了凡夫、外道执著于常而产生的邪见，那些声闻、缘觉二乘之人于常计度无常，共形成八种错误的知见，所以才在《大般涅槃经》的彻底了义教法中，破除这些偏见，而开显演说真正的常、乐、我、净之法。你现在只依于文句表面，背离了字词之后的真义，以断灭法为无常，及以确定僵化者为常，从而错误理解了佛的圆妙最后微言，纵然阅读了一千遍《大般涅槃经》，又能有什么获益呢？"

行昌忽然大悟，说偈颂道：

> 正因为众生执著固守于无常之心，
> 所以佛才讲说众生皆有恒常自性。
> 不能知晓佛说法教化的权宜方便，
> 犹如在春池中捡到石头以为是宝。
> 我现在不刻意施加任何修行功用，
> 自心佛性自然而然就会显现当前。
> 这要不是师父您相传授与我此法，
> 我至今仍然对佛法还是一无所得。

惠能说道："你现在已经彻悟了，应该改名叫志彻。"志彻礼谢惠能后退下。

## 【原文】

有一童子名神会，襄阳高氏子。年十三①，自玉泉来参礼。师曰："知识远来艰辛，还将得本来否？若有本则合识主②，试说看。"会曰："以无住为本，见即是主。"师曰："这沙弥争合取次语③！"会乃问曰："和尚坐禅，还见不见？"师以拄杖打三下④，云："吾打汝痛不痛⑤？"对曰：

"亦痛亦不痛。"师曰："吾亦见亦不见。"神会问："如何是亦见亦不见？"师云："吾之所见，常见自心过愆[6]，不见他人是非好恶，是以亦见亦不见[7]。汝言亦痛亦不痛如何？汝若不痛，同其木石；若痛，则同凡夫，即起恚恨。汝向前见不见是二边，痛不痛是生灭，汝自性且不见，敢尔弄人！"神会礼拜悔谢[8]。师又曰："汝若心迷不见，问善知识觅路[9]；汝若心悟，即自见性，依法修行。汝自迷不见自心，却来问吾见与不见。吾见自知，岂代汝迷[10]？汝若自见，亦不代吾迷[11]。何不自知自见，乃问吾见与不见？"神会再礼百馀拜，求谢过愆[12]，服勤给侍，不离左右。

一日，师告众曰："吾有一物，无头无尾，无名无字，无背无面，诸人还识否？"[13]神会出曰："是诸佛之本源，神会之佛性。"师曰："向汝道无名无字，汝便唤作本源佛性[14]。汝向去有把茆盖头[15]，也只成箇知解宗徒[16]。"祖师灭后，会入京洛[17]，大弘曹溪顿教[18]，著《显宗记》，盛行于世。是为荷泽禅师[19]。

【校注】

① "十三"，北宋道原《景德传灯录》卷五、南宋普济《五灯会元》卷二作"十四"。

② 识主：指心识之主。《笺注》："主，主人公，即自性也。"

③ 沙弥：梵 śrāmaṇerakā，指年龄未满二十岁，仅能受持十戒之出家男子。《讲记》："沙弥是印度话，中国译为息慈，为息恶行慈义。出家以后，曾受沙弥十戒，尚未受具足戒。男的出家名沙弥，女的出家名

沙弥尼。七岁至十三岁出家的，称驱乌沙弥；十四岁至十九岁出家的，称应法沙弥；二十岁道七十岁出家的，只要不曾受比丘大戒，都称名字沙弥。"

取次：指仓促随意。

案《解义》："意谓言不由衷，造次对答，毫无义意。就会言而论，无住则失所归依，见即是妄，而彼反以为主，岂非邪见？"

④"拄"，《径山藏》、增上本、大谷本作"柱"。

⑤"汝"下，真朴本、金陵本有"是"。

⑥"愆"，增上本、大谷本作"愆"，真朴本作"罪"。

⑦案《笺注》："责已者，可以成己之德；责人者，适以长己之恶。"《解义》："盖世人不见自性，即因不见自心过愆，开口便说他人是非长短，宁独会哉！"

⑧案《解义》："盖会既不见性，只学得一片机语，恃其唇舌犀利，欲以此逗引师言，一聪明太过之误也。然后世不如会之虚心悔过，徒尚利口喋喋，禅机娓娓，毫无真实者可以休矣。"

⑨案《笺注》："向善知识问见自性之路，而使心悟。"

⑩"代"，真朴本作"待"。

⑪"代"，真朴本作"待"。

⑫"愆"，增上本、大谷本作"愆"。

⑬案《解义》："奇哉！此物即之不见，呼之却应，三世诸佛咸不认识，安立无边假名，迷误无量众生。何则？开口即错，动念便乖。"

⑭案《笺注》："此物本是离名绝相，无解无说，清净本觉，不与妄合；不生亦不灭，无来也无去；住禅定而不寂，在烦恼而不乱。虽在尘

劳，亦不污染，宝体精光，一无所坏。此本非物，此本无名，非物则强指为物，无名则强名其名，无名之名，名曰本源佛性。"

⑮向去：指发心归向。《笺注》："从偏位向于正位者曰向去，从正位向于偏位者曰却来。"

把茆盖头：茆，指茅草。以茅草搭建一个小屋，让自己能够容身。《笺注》："把茆盖头者，言取茆作草庵，盖在头上，以蔽风雨也。"案此亦暗指神会后来，独立门户，授徒传法，大弘南宗顿教。

⑯"箇"，《笺注》作"個"。

宗徒：指宗门之徒。

案《讲座》："在宗宝本里的一些机缘中，神会与行思、怀让、永嘉觉相比，当然不行。从与六祖的答话中就可以看得出，那三位祖师是过来人，到六祖这儿来是求印证的。而神会虽然机敏，但毕竟停留在分别思维上，还谈不上见性，所以六祖说他'也只成个知解宗徒'。"

⑰京洛：指唐朝东都洛阳。《笺注》："京洛，即洛阳。周平王始都于此，东汉继之，故曰京洛。"

⑱案《讲座》："神会是禅宗史上重要的人物。前面曾经提到禅宗南北二宗的分立，神秀的北宗，在当时比六祖的南宗，无论势力、影响都大得多。六祖圆寂后二十年间，神会在洛阳传法，对六祖的法门大加弘扬，并与北宗的代表人物进行过多场辩论，影响极大，引起朝廷的猜忌，一度被赶到湖北一带。直到'安史之乱'时，洛阳长安两京沦陷，国家财政困难，而神会当时德高望重，对政府资助不少；得到唐肃宗的尊敬，迎入宫廷供养。使六祖的南宗顿门，在力量和影响上超过了北宗渐门。后来，唐德宗又正式立神会为禅宗第七代祖师，这样一来，北宗

就逐渐瓦解，而南宗独传，从这里可以看到神会的巨大贡献。"

⑲ "为"，真朴本、金陵本作"谓"。

又此夹注真朴本、金陵本作正文。

荷泽：指洛阳荷泽寺。北宋赞宁《宋高僧传》卷八《唐洛京荷泽寺神会传》："肃宗皇帝诏入内供养，敕将作大匠并功齐力，为造禅宇于荷泽寺中是也。"《唐韶州今南华寺慧能传》："会于洛阳荷泽寺崇树能之真堂，兵部侍郎宋鼎为碑焉。"《笺注》："荷泽，即地名以为寺号。"

## 【释义】

有一位童子名叫神会，湖北襄阳高氏之子。他出家以后，先从神秀在湖北荆州玉泉寺修学禅法。十三岁时，他从玉泉寺前来参礼六祖。惠能说道："你远道而来十分辛苦，是否已经得见自心本来面目了呢？如果见地有本则能符合禅法识得心中之主，你且试着说说看。"神会答道："我是以无所执著为本，此见地就是我的心主。"惠能说道："你这沙弥净说些草率的大话！"神会问道："和尚您坐禅，是见到心主，还是没有见到？"惠能以拄杖打他三下，然后问道："我打你感觉是痛还是不痛？"神会答道："也痛也不痛。"惠能说道："那我是也见到也没见到。"神会问道："什么是也见到也没见到？"惠能答道："我所见到的，就是常见自心的过错与罪业，不见他人的是非好恶，所以说也见到也没见到。你说也痛也不痛指的又是什么呢？你如果感觉不痛，就如同草木瓦石；你如果感觉痛，就如同凡夫，立刻产生恚恨之心。你之前问我的见与不见属于二边邪见，而痛与不痛属于生灭法，你自己的本性尚且不能见到，还敢在我这里糊弄人！"神会礼拜忏悔谢罪。惠能又说道："你如果心中迷惑不能自见本性，应该请教善知识寻觅见性之路；你如果心中已然开悟，就应该自见本性，并且依法修行。你自己迷惑不能见到自心本性，却前来问我见到没见到自性。我是否能够见性心中自知，难道能取代你是否迷惑吗？你如果自见本性，也不能取代我是否迷惑。你为何不去追求自知本心、自见本性，反而来问我见没见性呢？"神会再次顶一百多拜，乞求谢罪过错，随后就精勤服侍，不离惠能左右。

　　一天，惠能告诉大众道："我有一件东西，没有头尾，没有名字，没有反正，你们大家还能认识它吗？"神会站出来答道："这是一切诸佛的本源，神会我自己的佛性。"惠能说道："我已经对你们说了，这件东西没名字，可你却称它为本源佛性。你将来离我而去独立门户，也只能成为一个知解文字表面的宗门之徒。"惠能去世之后，神会来到东都洛阳，极大弘扬曹溪六祖惠能的南宗顿教禅法，并著有《显宗记》，盛行于世。因其居止在洛阳菏泽寺弘法，故当时称之为菏泽禅师。

　　〔附〕唐神会《荷泽大师显宗记》云：

　　无念为宗，无作为本，真空为体，妙有为用。夫真如无念，非想念而能知；实相无生，岂色心而能见？无念念者，即念真如；无生生者，即生实相。无住而住，常住涅槃，无行而行，即超彼岸。如如不动，动用无穷，念念无求，求本无念。菩提无得，净五眼而了三身；般若无知，运六通而弘四智。是知即定无定，即慧无慧，即行无行。性等虚空，体同法界，六度自兹圆满，道品于是无亏，是知我法体空，有无双泯。心本无作，道常无念，无念无思，无求无得，不彼不此，不去不来。体悟三明，心通八解，功成十力，富有七珍，入不二门，获一乘理。妙中之妙，即妙法身；天中之天，乃金刚慧。湛然常寂，应用无方，用而常空，空而常用。用而不有，即是真空；空而不无，便成妙有。妙有即摩诃般若，真空即清净涅槃，般若是涅槃之因，涅槃是般若之果。般若无见，能见涅槃；涅槃无生，能生般若。涅槃般若，名异体同，随义立名，故云法无定相。涅槃能生般若，即名真佛法身，般若能建涅槃，故号如来知见。知即知心空寂，见即见性无生，知见分明，不一不异。故能动寂常妙，理事皆如，如即处处圆通，达即理事无碍。六根不染，即定慧之功；六识不生，即如如之力。心如境谢，境灭心空，心境双亡，体用不异。真如性净，慧鉴无穷，如水分千月，能见闻觉知，见闻觉知而常空寂。空即无相，寂即无生，不被善恶所拘，不被静乱所摄，不厌生死，不乐涅槃，无不能无，有不能有。行住坐卧，心不动摇，一切时中，获无所得。三世诸佛，教旨如斯，即菩萨慈悲，递相传受。自世尊灭后，西天二十八祖，共传无住之心，同说如来知见。至于达摩，届此为初，递代相传，于今不绝。所传秘教，要藉得人，如玉髻珠，终不妄与。福德智慧，二种庄严，行解相应，方能建立。衣为法信，法为衣宗，唯指衣法相传，更无别法。内传心印，印契本心；外传袈裟，将表宗旨。非衣不传于法，非法不受于衣，衣是法信之衣，法是无生之法。无生即无虚妄，乃是空寂之心，知空寂而了法身，了法身而真解脱。

## 【原文】

师见诸宗难问[1]，咸起恶心，多集座下，愍而谓曰："学道之人，一切善念、恶念应当尽除。无名可名，名于自性；无二之性，是名实性。于实性上建立一切教门[2]，言下便须自见。"诸人闻说，总皆作礼，请事为师。

①难问：指发难质问。

②教门：指教法。因教法为入道之门，故称教门。

【释义】

　　惠能见到各种宗派的学人向自己发难质问，大都生起邪恶之心，便将他们大部分人集中在自己座下，慈愍地对他们说道："学道之人，一切善、恶之念都应当全部去除。原本就没有名相可以称谓，只是姑且命名为自性；这种无有分别的自性，就叫作真实之性。在真实之性上建立起一切教门，当下就必须自见本性。"诸人听完惠能所说后，全都作礼，并恭请事奉他为师父。

## 宣诏第九①

【原文】

神龙元年上元日②，则天、中宗诏云③："朕请安、秀二师宫中供养④，万机之暇⑤，每究一乘⑥。"二师推让云："南方有能禅师，密授忍大师衣法，传佛心印，可请彼问。"⑦今遣内侍薛简⑧，驰诏迎请："愿师慈念，速赴上京⑨。"师上表辞疾，愿终林麓⑩。

薛简曰："京城禅德皆云⑪：'欲得会道⑫，必须坐禅习定⑬。若不因禅定而得解脱者，未之有也。'未审师所说法如何？"师曰："道由心悟，岂在坐也？经云：'若言如来若坐若卧，是行邪道。何故？无所从来，亦无所去。'⑭无生无灭，是如来清净禅⑮；诸法空寂，是如来清净坐⑯。究竟无证，岂况坐耶？"

简曰："弟子回京，主上必问，愿师慈悲，指示心要⑰，传奏两宫及京城学道者⑱。'譬如一灯，然百千灯，冥者皆明，明明无尽。'⑲"师云："道无明暗，明暗是代谢之义。明明无尽，亦是有尽，相待立名⑳。故《净名经》云：'法无有比，无相待故。'㉑"

简曰："明喻智慧㉒，暗喻烦恼。修道之人倘不以智慧照破烦恼，无始生死凭何出离㉒？"师曰："烦恼即是菩提，无二无别㉔。若以智慧照破烦恼者，此是二乘见解，羊、鹿等机。上智大根，悉不如是。㉕"

简曰："如何是大乘见解？"师曰："明与无明，凡夫见二；智者了达，其性无二。无二之性，即是实性。实性者，处凡愚而不减，在贤圣而不增，住烦恼而不乱，居禅定而不寂。不断不常，不来不去，不在中间及其内外，不生不灭，性相如如，常住不迁，名之曰道。"

简曰："师说不生不灭㉖，何异外道？"师曰："外道所说不生不灭者，将灭止生，以生显灭，灭犹不灭，生说不生㉗。我说不生不灭者，本自无生，今亦不灭，所以不同外道。汝若欲知心要，但一切善恶都莫思量，自然得入清净心体，湛然常寂，妙用恒沙。"

简蒙指教，豁然大悟，礼辞归阙㉘，表奏师语。其年九月三日，有诏奖谕师曰㉙："师辞老疾，为朕修道，国之福田。师若净名㉚，托疾毗耶㉛，阐扬大乘，传诸佛心，谈不二法㉜。薛简传师指授如来知见，朕积善馀庆㉝，宿种善根，值师出世，顿悟上乘。感荷师恩㉞，顶戴无已㉟。"并奉磨衲袈裟及水晶钵㊱，敕韶州刺史修饰寺宇，赐师旧居为国恩寺㊲。

**【校注】**

①"宣诏"，真朴本、金陵本作"护法品"。

②神龙元年上元日：指唐中宗神龙元年（705）正月十五日。

③则天：指则天皇后（624—705）。后晋刘昫《旧唐书》卷六有纪。

中宗：指唐中宗李显（656—710）。后晋刘昫《旧唐书》卷七有纪。

案后晋刘昫《旧唐书》卷六《则天皇后本纪》："神龙元年春正月，大赦，改元。上不豫，制自文明元年已后得罪人，除扬、豫、博三州及诸逆魁首，咸赦除之。癸亥，麟台监张易之与弟司仆卿昌宗反，皇太子率左右羽林军桓彦范、敬晖等，以羽林兵入禁中诛之。甲辰，皇太子监国，总统万机，大赦天下。是日，上传皇帝位于皇太子，徙居上阳宫。戊申，皇帝上尊号曰则天大圣皇帝。"

④安、秀二师：安，指慧安。秀，指神秀。《笺注》："安，嵩岳慧安国师。秀，北宗神秀大师。"

⑤"机"，真朴本、金陵本作"几"。

案《笺注》："《书》：'一日二日万几。'言王者当戒惧万事之几微也。后谓天子治理万事曰'万几'，亦作'万机'。"

⑥案《讲座》："学习过中国佛教史的人都知道，唐代的几十位皇帝中，武则天是以敬佛闻名的。唐代皇帝大多信佛，但因政治需要，更加尊信道教，因为道教教主太上老君姓李，唐代皇帝自称是李老君的后人，所以往往把道教列在佛教之前。但武则天不姓李，她当上皇帝要树立自己的权威，加上她曾一度出家当过尼姑，对佛教有相当的感情，所以她对佛教特别尊信。武则天与华严宗、禅宗有特殊的关系，她把华严祖师法藏迎入宫中讲《华严》，亲自为《华严经》写序，敕封法藏为'贤首大师'。同时，她还把禅宗北宗大师神秀、老安、智诜等迎入宫内供养。由于她几十年不断地宣传佛教，使唐代佛教在她的时代中发展到了顶峰。"

⑦案后晋刘昫《旧唐书》卷一九一《神秀传》："神秀尝奏则天，请追慧能赴都，慧能固辞。神秀又自作书重邀之，慧能谓使者曰：'吾形貌短陋，北土见之，恐不敬吾法。又先师以吾南中有缘，亦不可违也。'竟不度岭而死。天下乃散传其道，谓神秀为北宗，慧能为南宗。"《讲座》："武则天对禅宗很感兴趣，经常向神秀等问法，可能也向神秀等询问世外高人，这时神秀就向武则天介绍了六祖，谈到了五祖传法的事情。从这里可以看出神秀是一位有道德、有修养的大师，他对五祖是尊敬的，对五祖传衣钵给六祖是没有什么意见的，对六祖也是推重的。不然，他为什么会向武则天推荐六祖，并明言五祖的衣钵传给六祖而没有传给他这一事实呢。"

⑧内侍：指掌管宫廷内部事务之宦官。《笺注》："内侍，官名。隋置内侍省，领内侍、内常侍等官，皆以宦者为之，唐因其制。后人因沿称宦者为内侍。"《讲记》："内侍，官名，侍于内庭，专负宣传诏令的宦官。"

薛简：案北宋司马光《资治通鉴》卷二〇八《唐纪》："宦官左监门大将军薛简等有宠于安乐公主，纵暴不法，传弓奏请诛之。"北宋王钦若《册府元龟》卷五一五《宪官部》："时监门左大将军薛简、内常侍辅信义，尤称纵暴，傅弓将奏请诛之。"

⑨上京：指首都。《笺注》："上京，京师之通称。"

⑩林麓：指山林。

案《讲座》："六祖为什么要推辞武则天的礼请而不到京城去呢？一般人可能要说，到了京城，见了皇上，就可以弘扬禅宗啊！这是庸俗和简单的看法。六祖不到京城，不见武则天，没有他的道理吗？这里就可看到六祖的定力和功夫了。其中表现了六祖多大的智慧啊！你想，神秀在那里地位是那么高，势力是那么大，除了禅宗的心印衣钵这一点外，神秀无论学问、相貌、口辩、年纪、地位都比六祖强。六祖是南方人，政治上也没有本钱，而且他传的法与神秀有差别，到了洛阳一定会引起意想不到的矛盾和纷争。正如《坛经》所谈到的情况'二宗主虽亡彼我'，六祖与神秀本人之间虽不会有什么冲突，但'徒侣竟起爱憎'，下面的弟子们则早就剑拔弩张了。六祖在广东，北宗弟子尚敢多次来找麻烦，甚至派人行刺，那六祖到了他们的地盘上，会有什么后果呢？如果说六祖为法忘躯，必须到中原传法，那就必然会引起争斗，从大处讲，对佛法不好，毕竟都是佛教嘛，都是五祖的传人啊。从小处讲，六祖未见得必胜，很可能失败，所以他不去，这是需要受大的智慧才能抉择啊，稍有一点利禄的私心，能这样做吗？"

⑪禅德：指禅宗大德。《笺注》："禅德，参禅师之有德行者。"

⑫会道：指体会大道。

⑬案《解义》："此正秀师所教，常坐不卧，住心观净之法。盖未见性之人，无一不作如是修。在初，未尝不自以为妙法，岂料误己误人，终至无成，如此之辈，几于无处无知。"

⑭案后秦鸠摩罗什译《金刚般若波罗蜜经》："若有人言如来若来、若去、若坐、若卧，是人不解我所说义。何以故？如来者，无所从来，亦无所去，故名如来。"

⑮案《笺注》："如来清净禅，省曰如来禅，为《楞伽经》所说四种禅之一。如来所得之禅定，即首楞严定也。依此禅定，穷竟法身般若解脱三德秘藏之大涅槃，而起无作之妙用。"

⑯案《讯释》："心若起念，有生有灭，即不名禅；心若起念，有生有灭，即不名坐；心若起念，有生有灭，即不清净；心若起念，有生有灭，即不空寂。"《讲记》："坐禅不过是种形式，不论坐到怎样程度，身心如果没有所悟，习禅坐定是无用的。"

⑰心要：指心髓精要。《笺注》："心者，心髓；要者，精要。为法门至极之名，又心性上精要之法义也。"

⑱两宫：指则天太后与唐中宗。

⑲案后秦鸠摩罗什译《维摩诘所说经》卷上《菩萨品》："维摩诘言：'诸姊。有法门名无尽灯，汝等当学。无尽灯者，譬如一灯，燃百千灯，冥者皆明，明终不尽。如是诸姊。夫一菩萨开导百千众生，令发阿耨多罗三藐三菩提心，于其道意亦不灭尽，随所说法而自增益一切善法，是名无尽灯也。'"《讲记》："一灯然百千灯，喻祖一人说法，使令无数众生，皆得传心法印，一直尽未来际，法灯化化不绝。迷昧者心得开悟，先觉者觉于后觉，令诸众生慧命延续。"

⑳案《解义》："言佛性独一无二，无有与之相对待者，不可以明明无尽为比。"

㉑案后秦鸠摩罗什译《维摩诘所说经》卷上《弟子品》："夫说法者，当如法说。法无众生，离众生垢故；法无有我，离我垢故；法无寿命，离生死故；法无有人，前后际断故；法常寂然，灭诸相故；法离于相，无所缘故；法无名字，言语断故；法无有说，离觉观故；法无形相，如虚空故；法无戏论，毕竟空故；法无我所，离我所故；法无分别，离诸识故；法无有比，无相待故；法不属因，不在缘故；法同法性，入诸法故；法随于如，无所随故；法住实际，诸边不动故；法无动摇，

不依六尘故；法无去来，常不住故；法顺空随，无相应无作。法离好丑，法无增损，法无生灭，法无所归，法过眼、耳、鼻、舌、身、心，法无高下，法常住不动，法离一切观行。唯。大目连。法相如是，岂可说乎？"

㉒"智"，金陵本作"知"。

㉓无始生死：指无明生死无有开始发生之时刻。《笺注》："如来藏无前际故，无明亦无有始。无明无始故，生死亦无始。"

案《解义》："不知以智慧照破烦恼，正是生灭二法。如何以生灭法而求出离生死，岂非南辕而北辙乎？"

㉔案《讲记》："所以说为烦恼，是约迷时说的，所以说为菩提，是约悟时说的。而实烦恼、菩提，都是无实自性，亦本无有其名，仍随迷悟有别，而立两者假名。如此，烦恼黑暗，智慧光明，都是无始无终。当行者证悟菩提时，一般以为无明会灭，而实无明是不灭的，因本就没有的，那里更有所灭？凡夫在随无明转时，一般以为本具智慧灭去，而实智慧是不灭的，因本就没有的，当然更无所灭。"《讲座》："修道的人以智慧照破烦恼，这是教下传统的说法，也没有什么不对，但禅宗却在这里向上提持。从体上来讲，烦恼即菩提，所以禅宗从高一层的意义上讲，是不断烦恼的，断烦恼等于断了菩提。所以既不重于菩提，也不畏于烦恼，而只重明心见性。"

㉕案《笺注》："六祖对韦使君等言，则谓当用大智慧打破五蕴烦恼尘劳，如此修行定成佛道。今薛简已知此义，故六祖破其执，而更进一层乃为此说。皆随机说法，本无一定，非矛盾也。"

㉖"说"，真朴本、金陵本作"曰"。

㉗案《解义》:"不怕念起,只怕觉迟。念起是病,不续是药。换言之,即以后念止前念之法,不知前念未灭,后念又生,灭非灭尽,生谓无生,是以楔出楔之类耳。"

㉘阙:指皇帝所居之宫殿。《笺注》:"归阙,归于帝所也。"

㉙奖谕:指皇帝对臣下之褒奖。

㉚"名",大谷本作"明"。

净名:指维摩诘(梵 Vimalakīrti)之意译。

㉛"托",真朴本、金陵本作"讬"。

毗耶:指毗耶离(梵 Vaiśāli),中印度之大城。

案后秦鸠摩罗什译《维摩诘所说经》卷上《方便品》:"尔时,毗耶离大城中有长者,名维摩诘。"《弟子品》:"尔时,长者维摩诘自念:'寝疾于床,世尊大慈,宁不垂愍?'"

㉜案后秦鸠摩罗什译《维摩诘所说经》卷中《入不二法门品》:"于是,文殊师利问维摩诘:'我等各自说已,仁者当说,何等是菩萨入不二法门。'时维摩诘默然无言。文殊师利叹曰:'善哉!善哉!乃至无有文字语言,是真入不二法门。'"《解义》:"言师以老疾辞不赴京,犹之维摩诘居士于毗离耶大城示现有疾之意。"

㉝案《周易·坤》:"积善之家,必有馀庆;积不善之家,必有馀殃。"

㉞感荷:指感恩承受。《笺注》:"心有所思而动曰感,以肩担物曰荷。"

㉟顶戴:指感激。

㊱"衲",真朴本、金陵本作"纳"。

磨衲袈裟：指高丽国所产之紫磨袈裟。

水晶钵：指以水晶制成之钵。案《笺注》："《岭南丛述》：魏庄渠校视学粤中，恶佛氏，必诋之，毁祠庙甚多，而曹溪之钵竟被捶碎。至崇祯间，有彭孝廉某，病梦至官府处。神被服如王者，闻胥吏传呼魏校一案，须臾一人峨冠盛服入。神问：'何以毁曹溪钵？'答言：'吾为孔子之徒，官督学，校在广东，毁淫祠几千百所，岂但一钵！'神云：'闻钵破，中有魏字，如此神异，焉可以为异端毁之？'答云：'魏是予姓，数已前定。虽欲不毁，其可得耶？'神语塞，校揖而出，夫庄渠手诚辣矣。然千年异物，一朝碎之，能无孙家㓾瓦吊之讥乎。"

㊲"寺"下，真朴本、金陵本有"焉"。

国恩寺：指今广东省云浮市新兴县国恩寺。

## 【释义】

唐中宗神龙元年（705）正月十五日，则天皇后与唐中宗下诏云："朕恭请慧安、神秀二位禅师在官中内庭供养，于处理国事百忙之闲暇，每与之探究一乘佛理。"二位禅师推让道："南方有惠能禅师，秘密接受了弘忍大师的衣钵禅法，传付佛祖心印，可请他来官中询问佛理。"于是就派遣内侍薛简，即刻赶往岭南传诏，迎请惠能道："希望您能慈悲顾念，迅速与我奔赴京城。"惠能上表以病推辞，希望能够终老山林。

薛简问道："京城那些禅宗大德都说：'想得以会入道法，必须打坐修习禅定。如果不因禅定而能获得解脱的人，是从未有过的。'不知道您所说的禅法又是怎样的呢？"惠能答道："道法是由心领悟的，岂是打坐能够获得的？《金刚经》云：'如果说如来有坐卧的话，那就是在行邪道。为什么呢？因为如来是没有来处，也是没有去处的。'没有生灭，就是如来清净禅；诸法空寂，就是如来清净坐。究竟无法所证，又何况坐禅呢？"

薛简说道："弟子返回京城，皇上必定询问，希望您能够慈悲，给我指示禅法心要，让我能够传奏给皇太后与皇上，以及京城那些学道之人。您所说的禅法心要，就好比用一盏灯，点亮百千盏灯，使暗冥全都获得光明，以至于光明永远无尽。"惠能说道："道法本无明暗之分，明暗是生灭代谢之义，如此明明无尽，还是有穷尽的，因为明暗是在相互依待的基础上建立起来的名相。所以《维摩诘所说经》中说：'真正的佛法是无可比拟的，因为没有与之相待的道理。'"

薛简问道："光明比喻智慧，黑暗比喻烦恼。修道之人倘若不以智慧光明照耀破除烦恼黑暗的话，无始以来之无明生死又凭借什么得以出离呢？"惠能答道："烦恼就是菩提，不是二法，没有差别。如果想以智慧光明照耀破除烦恼黑暗的话，这就是二乘人的见解，是声闻、缘觉的根机。上上智大乘根性的人，全都不像这样认为。"

薛简问道："如何才是大乘见解？"惠能答道："明与无明，凡夫认为是二个不同的概念；有智之人了达佛法，知道二者本性没有分别。这种无分别的本性，就是真实之性。所谓实性，在凡夫愚昧者那里没有减少，在贤德圣人那里没有增加，停住于烦恼之中不被扰乱，居止于禅定之中不归寂灭。不断灭也不永恒，无所从来亦无所去，不在中间以及不在内外，不产生也不灭亡，其性体相如如不动，恒常住止而不迁变，这就是所谓的道。"

薛简问道："您所说的不生不灭，与外道观点有何差异呢？"惠能答道："外道所说的不生不灭，是用灭来抑止于生，以生来显示于灭。这是一种相对生灭的观念，如此灭也不可能真灭，生也不可能不生。我所说的不生不灭，是本来就没有生，也就没有灭亡，所以是不同于外道观点的。你如果想要知道禅法心要，只要一切善恶都不要去思量计度，自然就能得以证入清净自心本体，湛然明彻恒常寂静，无穷妙用犹如恒河中的沙子一样无量无边。"

薛简承蒙惠能指教，豁然大悟，礼谢告辞回归朝廷，向皇上表奏了惠能的法语。当年九月三日，皇帝下诏褒奖惠能道："您以年老疾病而婉辞来京，愿在岭南为朕修习佛道，这是国家的广大福田。您就好比维摩诘居士，假托示疾于毗耶离大城，以为阐扬大乘佛法，传付诸佛心印，妙谈不二法门一样。薛简已经传达了您所指示教授的如来知见，朕积善而有馀庆，宿世种下善根，才得以于今生遇到您的出世，顿悟到最上乘之佛法。感念所受您的恩德，感激万分顶戴不尽。"并奉上磨衲袈裟及水晶钵，敕令韶州刺史修缮寺院殿堂，赐惠能出家前之旧居为国恩寺。

付嘱第十①

【原文】

师一日唤门人法海、志诚、法达、神会、智常、智通、志彻、志道、法珍、法如等，曰："汝等不同馀人②，吾灭度后③，各为一方师④。吾今教汝说法，不失本宗⑤。先须举三科法门⑥，动用三十六对⑦，出没即离两边。说一切法，莫离自性。忽有人问汝法，出语尽双，皆取对法⑧，来去相因，究竟二法尽除⑨，更无去处。"⑩

【校注】

①"嘱"下，真朴本、金陵本有"品"。

"十"下，大谷本有双行夹注："空谷云：此下七百七十九字，是金天教人伪造邪言，刊板增入。"

案《笺注》："付嘱者，授以法，嘱其传持也。"《解义》："付嘱者，以法付嘱诸大弟子，分化四方，流传后代，亦即师最后之微言也。"《讲记》："不论佛说或祖说的大法，是都有益人群，不特当时听众会得很大法益，在时间长流中，不论什么时代，如果有人弘扬，未来人群也能得大法益，所以总望当时每个听众，将自己所听闻到的大法，延续不断的在各个不同的区域，将之说给未来广大人群听。佛为慈念未来人群，所以特别嘱付当时听众流通。《坛经》所说圆顿大法，确是有利每个人群，如能听此大法，不特可别邪正，并能如法修持，更能弘此大法。所以在祖自知快要入灭，特召集门下常随弟子，谆谆的作最后付嘱，不致人去法亡。"

②案《笺注》："常随侍使之众，故云不同馀人。又其入道比馀人为胜，故云不同馀人。"《解义》："师座下有弟子千馀人，四方云集参扣者难以数计，惟法海等十人为师高足，悉已见性明心，堪为一方师，故特付以教化之法。"

③灭度：梵 nirvāṇa，指命终归寂。《笺注》："灭度，兼命终、证果二者而言。"

④案《笺注》："此师字指禅师而言，六祖谓各门人他日各为分化一方之禅师也。"

⑤本宗：指南宗顿教禅法。《笺注》："出家之人，各有宗派，指其所从之宗派言，各谓之本宗。此之本宗，指禅宗也。"《解义》："本宗即顿宗，直指识自本心，见自本性，自性自度，自修自证，自成佛道之法，亦即佛门最上一乘之心印也。"《讲记》："所说本宗，专指佛祖传心本宗，或不失如来出世本怀，或不失祖师西来大意，且不论在什么时候，或不论在什么地方，所说都要不失顿识本心的宗旨。"

⑥案《讲记》："三科，就是五蕴、十二处、十八界。以此三种科目，阐述存在的一切法。佛之所以采用三科法门，说明一切法的存在，因这是教起的原因。如现代科学对万事万物的探讨，只以现象界为研究的对象。如人文科学以人文现象为研究的对象；自然科学以自然现象为研究的对象，社会科学则以社会现象为研究对象。至于本体界，就不是科学探讨的对象，因这不是根据经验所能认识判断的。佛陀最初说法，同样

是以现象界为对象，根本没有谈到本体如何。到了佛教发展以后，渐渐谈到本体界的问题。"

⑦案《讲座》："六祖在这一品中，就向大家介绍三科三十六对，这些本来就是教下的，不过六祖根据禅宗的特点而加以归纳，作为自己的教学纲领。三科就是五阴、六入、十八界。对那些学习禅宗的人而言，仅仅知道什么'心外无佛''即心即佛''直指人心'是绝对谈不上事的，而且是危险的。你必须学习佛教的基础理论，了解佛教的思想体系后，才能选择某一宗派进行专修。你若对禅宗感兴趣，还是得屈尊就驾，先学习基础知识，再拜一位老师指导才行。而对于禅宗内的师家而言，就必须精熟这一切，而且要具备使用六祖这'三十六对法'的功底，不然盲捧瞎喝一气，成何体统。"

⑧对法：指相对之法。

⑨"二"，真朴本、金陵本作"三"。

⑩案《讲座》："六祖这里的'出没即离两边'、'出语尽双'、'来去相因'是见道后本体的自发作用，是认识的最高作用，它对人对事，自然而然地处于'两边三际断'的作用中。你执著于东，给你说西，你执著于有，就给你说空；你执著于秽，就给你说净；你执著于过去，就给你说现在，你执著于无常，就给你说常，你执著于烦恼，就给你说菩提。反过来也一样，总要使人回头，要使人从所执迷的境中解脱出来。这样，'二道相因，生中道义'，你才可能开悟，可能见道。"

## 【释义】

惠能一天叫弟子法海、志诚、法达、神会、智常、智通、志彻、志道、法珍、法如等人过来，对他们说道："你们不同于其他人，我去世以后，你们都会成为教化一方的禅宗大师。我现在教你们如何说法，才能不迷失本宗要旨。首先必须举出三科法门，动用三十六种相对名相，出没相对之中即能脱离两边极端见解。演说一切法，切莫脱离自性。忽然有人向你问法，你要以成双之语，全取相对之法来予以回答。问答来去要注意内在因果逻辑，最终将二边对法究竟除去后，就更无有可去执著之处了。"

【原文】

"三科法门者，阴、界、入也。阴是五阴，色、受、想、行、识，是也①；入是十二入，外六尘：色、声、香、味、触、法，内六门：眼、耳、鼻、舌、身、意，是也②；界是十八界，六尘、六门、六识，是也③。自性能含万法，名含藏识④；若起思量⑤，即是转识⑥；生六识，出六门，见六尘。如是一十八界皆从自性起用，自性若邪，起十八邪；自性若正，起十八正。若恶用⑦，即众生用；善用，即佛用。用由何等？由自性有。"

【校注】

①案《讲记》："'色'，就生命说，是指肉体。如扩大说，是一切物质。含有变坏与质碍的两个意思。不论是很大或微小的物质，都在不断变化破坏中，名为变坏。只要是属物质，必据一定空间，在同一空间中，不能存有两物，因为互相质碍，有了这个物质，就不能容另一物质。色阴的色，范围很广，内而生命肉体，外而山河大地，凡有形色可见的，无不含摄在色阴中。'受'是受阴，是领受的意思，亦即感受作

用。如感觉上的快与不快，知觉上的苦乐心情。'想'是想阴，是心的取像作用，亦即概念及表象，或浮现心中的相。'行'是行阴，是有情的意志作用，通常说为造作的意思，亦即念念不停的内心活动。'识'是识阴，以分别为义，亦即认识的主体，包含眼识乃至意识的六识。如是五阴合说：色阴是属色法，亦即物质；受想行识四阴是属心法，亦即精神。佛法说为色心二法，现在说为物质与精神二者。"

②案《讲记》："处，依梵文原意，是指'进来的场所'，或'进来的东西'。'进来的场所'，是指眼、耳、鼻、舌、身、意六根；'进来的东西'，是指经过六根门而进来的色、声、香、味、触、法六境。"

③案《讲记》："界是界限意思，意显生命体中，具有十八界别，每界都有严格的界限，彼此决不互相混同。喻如同一座山，有金银铜铁矿，金矿有金矿界，银矿有银矿界，乃至铁矿有铁矿界，各矿有它界限，决不互相含混。六识是依根缘境而生。经说二缘生识，就是'缘眼与色而生眼识，缘耳与声而生耳识，缘鼻与香而生鼻识，缘舌与味而生舌识，缘身与触而生身识，缘意与法而生意识'。由根与境而产生的认识，要素有十八种，名十八界。眼识界为视觉的认识作用，乃至意识界为知觉的认识作用。"

④含藏识：指第八阿赖耶识。《讲记》："阿赖耶是印度话，中国译为藏识，显示此识之中，含藏一切种子，因而亦称含藏识，无始以来一切善恶种子，无不含此识中。分别的说：能藏一切诸法种子名能藏，为前七识之所熏习名所藏，第七识执第八识见分为我名执藏。合此三义，名为藏识。"

⑤思量：指第七末那识。《讲记》："末那是印度话，中国译为思量，

因它‘恒审思量’，胜于其他诸识。唯识学解说：第八识虽能恒思量，但不能审思量；第六识虽能审思量，但不能恒思量；前五识既不能审亦不能恒；能审而又能恒的，唯有第七识，所以称为思量识。"

⑥转识：梵 pravṛtti-vijñāna，指末那识与前六识。《讲记》："第七识由藏识转生，说是转识并没有错，但唯识说转识，不唯是第七识，前六识亦名转识，合为七转识。"

⑦"若"，大谷本、真朴本、金陵本作"含"。

## 【释义】

"所谓三科法门，指的就是阴、界、入。阴，就是指五阴，即色、受、想、行、识；入，就是指十二入，身外六尘，即：色、声、香、味、触、法，身内六门，即：眼、耳、鼻、舌、身、意；界，就是指十八界，即：六尘、六门及眼识、耳识、鼻识、舌识、身识、意识等六识。自性能够含藏万法，所以称之为含藏识，即第八阿赖耶识，如果生起思量作用，就是转识，即第七末那识，从而生起前六识之作用，通过六门器官，而感知身外六尘境界。像这样十八界全都是从自性中产生作用的，自性如果是邪，就产生十八种邪恶作用；自性如果是正，就产生十八种正善作用。如果产生了邪恶作用，这就是众生作用；如果产生了正善作用，这就是诸佛作用。这些作用因何产生？全都是由自性而有。"

## 【原文】

"对法：外境无情五对：天与地对①，日与月对②，明与暗对③，阴与阳对④，水与火对⑤，此是五对也。法相语言十二对：语与法对⑥，有与无对⑦，有色与无色对⑧，有相与无相对⑨，有漏与无漏对⑩，色与空对⑪，动与静对⑫，清与浊对⑬，凡与圣对⑭，僧与俗对⑮，老与少对⑯，大与小对⑰，此是十二对也。自性起用十九对：长与短对⑱，邪与正对⑲，痴与慧对⑳，愚与智对㉑，乱与定对㉒，慈与毒对㉓，戒与非对㉔，直与曲对㉕，实与虚对㉖，险与平对㉗，烦恼与菩提对㉘，常与无常对㉙，悲与害对㉚，喜与瞋对㉛，舍与悭对㉜，进与退对㉝，生与灭对㉞，法身与色身对㉟，化身与报身对㊱，此是十九对也。"

## 【校注】

①案《讲记》："天与地对：世人常说生于天地之间，所以有此天地一对。天是高高在上，以现在说，指围绕地球罗列日月星辰的空间。地是地球，现说太阳系九行星之一，亦即人所居住之处，没有大地为人所住，人就无从生存。地能载荷一切，天能覆荫一切，情与无情才能存在，所以成为天与地一对。从天地距离看，当有高下，从诸法平等看，实无高下。佛法行者，如体诸法平等，就无天地一对。"

②案《讲记》："日与月对：日是太阳，现说恒星之一，为地球及诸行星所围绕，白日放光有极强热度。月是月亮，现说地球卫星，夜间放出光芒，除极清凉，亦能照耀一切。过去中国传说月亮中有广寒宫、嫦娥、玉兔、桂树等，但自一九六九年，美国太空人踏上月球，已知没有这些。"

③案《讲记》："明与暗对：明是一种光亮，或说光明。暗是黑暗，或是不光明。明暗互相倾夺，有明时就没有暗，有暗时就没有明。明是人所喜欢的，有明可看所要看的一切，暗是人所厌恶的，因在暗中不但

看不见所要看的任何东西，且可能会发生危险。"

④案《讲记》："阴与阳对：万事万物都有阴阳相待。以有情论，男性称为阳，女性称为阴，阴阳相配能衍生一切。以无情论，如不晴不雨称为阴天，光明照耀称为晴天。阳与阴相互对称，唯有阴阳配合，具有情识活动的生命，无有情识活动的万物，才能生长存在。"

⑤案《讲记》："水与火对：水是无色无臭的液体，为江湖河汉以及海洋等的总称。火是物质燃烧发生的热体，它有成熟的作用。如人类受用的饮食，如没有火，米就不能煮成熟饭，菜就不能炒成可口的熟菜。因此，水火是生活所切要的必须品。虽则如此，彼此性质，极端冲突，不能相容，如说'水火不容'，或说'热如水火'，所以成为一对。"

⑥案《讲记》："语与法对：语是语言，世间万有诸法，无一不以语言说明，如国家、社会、宗教、团体，不用语言说出，是就无法了知。到以语言说出，世人始知这是国家，那是社会，这是宗教，那是团体。诸如此类的法，假使没有语言，人们怎能知道？"

⑦案《讲记》："有与无对：有约法存在说，不论什么存在东西，都说为有；无一般说为没有，亦即是不存在。如是有无，相对而言，因有说无，因无说有，以破众生情执，使知有无皆不可得。"

⑧案《讲记》："有色与无色对：这同样是互相相显，如对有色可显无色，对无色可显有色。佛法以所住的依报说，所谓三界，欲色二界是有色的，无色界是无色的。有情心理很怪，在物质世界住久，感到色有质碍，对色就生厌患，果真入于空无所有，就感空空洞洞，对无形空又生厌，这都是一种情执，殊不知色与无色，都没有它们自性。"

⑨案《讲记》："有相与无相对：相是一种形态，如万物没有那样无

其形态，花草树木有花草树木的形态，猪马牛羊有猪马牛羊的形态，这可明白见到的。无相就是没有形态，如虚空的无形无相。以佛法说，有为法有形有相，无为法无形无相，这同样是相互对立的两法。"

⑩案《讲记》："有漏与无漏对：漏指烦恼，因烦恼而漏落三界。名为有漏，如凡夫在三界中流转。无漏是约断除烦恼而言，如二乘圣者断除烦恼以后，不再漏落三界转来转去，名为无漏。"

⑪案《讲记》："色与空对：色是有形有相的，空是无形无相的，色空互显，缺一不立。互显，意指因色显空，因空显色。众生著色固然是迷，二乘著空同样未悟，因空不是实有，不论是色是空，都是虚妄不实，执著就是错误。"

⑫案《讲记》："动与静对：动是运动或变动，经中形容动的现象：'观诸法如流水灯焰'。流水固是刹那不住，灯焰同是刹那不住，即此刹那不住，就是时时在动，或是在于变动，名之为动。与动相对是静，动静是相关的，离静没有动，离动没有静，即静而动，即动而静。"

⑬案《讲记》："清与浊对：浊是混浊，即现在所说污染，亦佛法所说垢染。一般说污染，就外在而言，如空气污染，水流污染，环境污染等，佛法所说垢染，就内在而言，如烦恼垢染，罪业垢染等。清是清净，世间说环境清净，身体清净等，佛法说内心清净，国土清净等。"

⑭案《讲记》："凡与圣对：凡是凡夫，以佛法说，不见实相的众生，烦恼既未断除，生死亦未解脱，乃是凡庸的士夫，亦是凡庸浅识者流，深深贪著欲乐的人。圣是对凡称的，或名圣者，或名出苦者，是通晓谛理的尊敬之称。具有高度智慧，断惑证真行者，名为圣人。学佛是为转凡成圣，转凡而成圣者，阶位是有差别，因所悟真理浅深不同。"

⑮案 《讲记》："僧与俗对：以僧俗说，约学佛的佛弟子说，一般在家学佛者名俗，舍俗而求出世解脱的学佛者名僧。僧具名僧伽，译为众，乃三宝之一，信受如来教法，而入圣得果者，名为圣僧，一般没有断惑者，名为凡僧。俗是在俗学佛者，以护持佛法为主，因俗人可做世间事业，以所得财利，一份作为供僧之用。僧以弘法为家务，俗以护法为主体，僧俗各负其责，佛法就可弘通。"

⑯案 《讲记》："老与少对：老少约年龄老大或年幼分别，老是年岁老的人，或指七十岁以上的人，过去说'人生七十古来稀'，是显年老的人很少，现由物质生活的美满，外在环境的清净，医药卫生的发达，老人越来越多，如何照顾老人，使老人安享晚年，已成世界各国一大问题。年少是指年轻儿童，如托儿所、幼稚园的幼年，过去医药不如现在进步，很多少年不幸夭亡，现在少年都很体健力壮，活泼泼的成长，老少以年龄大小分别成为一对。"

⑰案 《讲记》："大与小对：世间万物在相互对照下，明显有大小的差别。如佛教说的精舍是小，丛林是大，乃至大如虚空，小如微尘，甚至不论什么，只要互相对照，都可看出大小。大小虽明显有差别，但也不过是人类及众生妄念分别，若了大小都无自性，虚空并不算大，心包太虚为大，微尘亦不是小，于微尘内转大法轮，怎能说小？大小全在人们怎么看了。"

⑱案 《讲记》："长与短对：以物质说，固有长短的相对，如一丈是长，一尺是短，一尺是长，一寸是短，长短相对之下，明显可以看出。以时间说，亦有长短的相对，如佛经所说的劫，是显时间很长，所说刹那，是显时间很短。再如日夜说，夜长昼短，昼长夜短，都是说明长

短。从相对看，固有长短；从体悟观，长短不可得。"

⑲案《讲记》："邪与正对：这是佛法所极重视的一对，乃约思想正不正确分别。思想是指导行为的动力，正确思想必然指导正当行为的活动，令人走上光明大道，终而获得生命解放；错误思想指导非法行为的活跃，使人走上黑暗崎岖，终而堕入恶趣深渊。佛法所以严格破邪显正，不是争取思想领导权，而是使人在日常生活中，具有正确的人生观，循以正确人生观为人，就会完成高尚的人格。世间诸宗教，总是心外取法，其思想是错误，错误思想当不会有正确人生观，做人自亦不会光明正大。佛及历代弘法大善知识，总是严峻的不留情的破邪显正，使人善为做人。"

⑳案《讲记》："痴与慧对：痴是愚痴，亦即无明，为根本烦恼之一，具此烦恼的人，对什么叫做世界观，什么叫做人生观，必然没有了解，更谈不上正确。慧是智慧，是愚痴的反面。佛教最后目的，在使众生，特别是人，获得体悟真理的智慧，解决一切缠缚的烦恼。对此智慧，佛法极为重视，没有清净高度的智慧，决不能获得生命解脱。"

㉑案《讲记》："愚与智对：愚是愚昧，亦即无知，对万有诸法，无正确认识。愚的反面是智，讲到智有多种，有世俗的有漏智，有出世的无漏智。智对一切事理有决定而了知的作用，佛法所重当是正智，且要以正智破除邪智，使人不致有所疑惑。"

㉒案《讲记》："乱与定对：乱是散乱，是安定的反面，能令身心驰散流荡，没有刹那安定，且有一股力量，障碍正定完成。定是安定，为散乱的反面，能使行者内心安定如恒，是心凝住一境而不散动的情态。行者对所缘境，心善安住，不散乱，不动摇，名之为定。佛法行者固要

有这安然不动的心态，就是世俗做事或率领军队作战，也要做到'指挥若定'。散乱也好，安定也好，都是内心的现象，当然以定为善，散乱是不好的。"

㉓案《讲记》："慈与毒对：毒是恶毒，如一般人伤心害理，用诸恶毒手段毒害他人。慈是慈爱，亦即佛法说的慈念。如欲拔除毒害的心意，唯有运用佛法的慈力。人的恶毒心理固多，佛法总说有三毒，对治此毒害，主要是慈悲，如常心存慈悲，自然就无毒害。"

㉔案《讲记》："戒与非对：非为不是，或说为恶，如人任意做不正当事为非。戒的定义，防非止恶，如心时刻防范自己罪恶行为，自就不会为非作歹。世人所以纵情任意，或做这样不正当事，或做那样错误的事，病在于没有戒的防止，可见佛教所说戒极重要。"

㉕案《讲记》："直与曲对：直是正直，如曾做过不合法事，正直无私的坦白说出，或心直口快的全无隐藏，佛法说的'直心是道场'，确是做人之道。曲是歪曲，如做过错误的事，总是拐弯抹角的文过饰非，将之掩盖起来，更不承认是自己做的，怎可成诚实的人？为人应该正直，不应心存邪曲。"

㉖案《讲记》："实与虚对：实是真实，是就说是，非就说非，决不虚假的说出不符合事实。虚是虚伪，表面非常真诚，实是虚假伪装。心口不想应。像这样人，世间很多，明明要想解决的，恨不得令你早死，但仍虚情假意的，表示对你一片关心。"

㉗案《讲记》："险与平对：险是危险，如所走的道路，有高低不平，甚至有陷下去的深坑，稍不小心，会落其中而受伤害。平是平坦，如现在的柏油路，平坦没有坑陷，只要眼睛没病走在上面，绝对不会有什么

危险。佛法还说三恶道是险道，出世道是平坦道。为人内心险恶，必会走上三恶趣的险径，终于堕入三恶趣的险处，怎能心存险恶。"

㉘案《讲记》："烦恼与菩提对：这全就佛法说的一对。如向所说：烦恼是扰乱人的一面，为学佛者所要断除的；菩提是觉的一面，为学佛者所要证得的。有烦恼的存在，菩提决不能证，证到菩提，烦恼自然消除，所以佛法行者，都知为断烦恼求证菩提。这全约迷悟分别：行者到了悟时，烦恼当下即是菩提；修行如仍在迷，菩提也就成为烦恼。设或通达空性，了知烦恼无自性空，菩提亦是无自性空，自然体会烦恼即菩提，二者是无任何差别。"

㉙案《讲记》："常与无常对：常是常住，没有变化，无常则是变化不息。不论常与无常，皆是无实自性。是以常与无常相对，不可定夺。"

㉚案《讲记》："悲与害对：害是对不害说的，于有情无所损恼，是为不害，想方设法去害人，是名为害。悲在佛法以拔苦为义，世间有情无不有诸痛苦，对之悲愍以期减少痛苦都来不及，那里还会再去伤害他们？任何具有精神活动的生命，没有不怕受到伤害，为人特别是为佛子，理应时怀悲愍之心，不应当想到如何伤害有情。"

㉛"瞋"，真朴本作"嗔"。

案《讲记》："喜与瞋对：喜是喜悦，或是欢乐。如说喜气洋洋，或说人逢喜事精神爽，或欢喜得跳跃起来。佛法说随喜，就是他人有什么荣耀，不但不嫉妒，反生起随喜，认为像这样人，应该有此荣耀。瞋是瞋恨，或是恚怒，如对自己不满意的人，一旦见面就生高度瞋恨，甚至怒目相视。对人生随喜心，不但对方快慰，自己亦有功德，对人生瞋怒心，对方固然不安，自己亦造成罪恶；所以为人不应生瞋，而应多多随喜。"

㉜案《讲记》："捨与悭对：悭是吝啬或吝惜，是不肯施捨的意思。佛法说在家人悭财，出家人悭法。捨是施捨，如自己所有财物，不论是否极为爱好，只要有人来前求取，甚至不来求取，看他极为困苦，立即无条件的施捨给他，使他生活安定，且在捨时，心极欢喜，没有捨不得的样子。"

㉝案《讲记》："进与退对：进退是相互对待的。以世俗求学说：读书应精进不懈的向前进，决不可有所退堕。以佛法修行说：同样要不断的向前进，不可修修就懈退下来。很多学佛行人，最初确是勇猛前进，但修不久就退下来。严格说来，只要是善行，就当不断前进，不应懈怠后退。"

㉞案《讲记》："生与灭对：世间万有诸法，不论情与无情，都是有生有灭。如花草树木的最初出生，到了最后就入灭除；再如吾人生命，初从母胎出生，到了生命结束就死，死就是灭；特别是吾人的心念，总是念念生灭的互相倾夺，从没有一念安住。真正佛法行者，当生灭心生起，应当荐取无生灭性，达到不生不灭的寂灭性。"

㉟案《讲记》："法身与色身对：佛身虽说有三身四身乃至十身，但基本只有法身与色身。色身是父母所生身，为无常生灭的，法身或以诸法真理为身，或以诸功德法为身，是本来寂灭的。佛之所以为佛，不是幻化生灭的色身，而是常住寂灭的法身。"

㊱案《讲记》："化身与报身对：化身与报身，是佛三身的另二种身。化身又名变化身，是佛随顺各类众生的不同机宜，示现变化各种不同身相予以教化；报身是佛于无量劫中，积聚无量福慧而感的果报身。报身

又名自受用身，是自己受用广大法乐，化身又名他受用身，是化凡小令得法乐。如是二身相对，全以自利利他所立的二身。"

## 【释义】

"对法又包括：外境无情物质世界的五种对法，即：天地、日月、明暗、阴阳、水火；法相语言抽象事物的十二种对法，即：语法、有无、有色无色、有相无相、有漏无漏、色空、动静、清浊、凡圣、僧俗、老少、大小；自性生起分别作用的十九种对法，即：长短、邪正、痴慧、愚智、乱定、慈毒、戒非、直曲、实虚、险平、烦恼菩提、常无常、悲害、喜瞋、捨悭、进退、生灭、法身色身、化身报身。"

## 【原文】

师言："此三十六对法，若解用，即道贯一切经法，出入即离两边。自性动用，共人言语，外于相离相，内于空离空。若全著相，即长邪见；若全执空，即长无明①。执空之人有谤经，直言：'不用文字。'既云不用文字，人亦不合语言，只此语言，便是文字之相②。又云：'直道不立文字。'即此'不立'两字，亦是文字。见人所说，便即谤他言著文字。汝等须知，自迷犹可，又谤佛经；不要谤经，罪障无数。若著相于外而作法求真，或广立道场说有无之过患③，如是之人累劫不得见性④。但听依法修行，又莫百物不思，而于道性窒碍⑤；若听说不修，令人反生邪念；但依法修行无住相法施⑥。汝等若悟，依此说、依此用、依此行、依此作，即不失本宗。

若有人问汝义，问有将无对，问无将有对，问凡以圣对，问圣以凡对，二道相因，生中道义⑦。如一问一对，馀问一依此作，即不失理也。设有人问：'何名为闇⑧?'答云⑨:'明是因，闇是缘，明没即闇⑩，以明显闇⑪，以闇显明。'来去相因，成中道义，馀问悉皆如此。汝等于后传法，依此转相教授，勿失宗旨。"

【校注】

　　①案《讲记》："此明执空行者，不要以为一切皆空，甚至认为佛经亦是多馀，是则谤法罪恶会很重。佛法确极重视空义，且认这是不共世间的，但不能误解空义，以为空是什么都没有。"

　　②案《讲记》："现在有说：语言是有声的文字，文字是无声的语言，语言及文字，都是指示事理的一种方便，若定不用文字，亦应不用语言，如此语文皆捨，执空以何度生？所有言说开导众生，皆是如来善巧方便，以此引导众生，捨文字入真实。经常说到如标月指，令不见月者因指见月，藉语言文字显示教理，是为迷于真理者说，怎可不用文字？怎可废于文字？大般若经说：'若顺文字，不违正理，常无诤论，名护正法。'用文字显真理，因语言而悟道，怎可妄执不用语文。"

　　③"场"，真朴本作"塲"。下同。

　　④"得"，大谷本、真朴本、金陵本作"可"。

　　⑤窒碍：指窒障阻碍。

　　案《般若》第二："若百物不思，当令念绝，即是法缚，即名边见。"《定慧》第四："若只百物不思，念尽除却，一念绝即死，别处受生，是为大错。"

⑥无住相法施：指不住于相而行法布施。案后秦鸠摩罗什译《金刚般若波罗蜜经》："若菩萨心住于法而行布施，如人入闇，则无所见；若菩萨心不住法而行布施，如人有目，日光明照，见种种色。"

⑦中道义：指远离二边见之中道正义。案龙树造、后秦鸠摩罗什译《中论》卷四《观四谛品》："众因缘生法，我说即是无，亦为是假名，亦是中道义。"青目《释》："众缘具足和合而物生，是物属众因缘故无自性，无自性故空，空亦复空。但为引导众生故，以假名说，离有、无二边，故名为中道。是法无性故不得言有，亦无空故不得言无。"

⑧"闇"，真朴本、金陵本作"暗"。下同。

⑨"答"，金陵本作"荅"。

⑩"即"，真朴本、金陵本作"则"。

⑪"闇"，真朴本、金陵本作"晦"。

## 【释义】

惠能说道："这三十六种对法，如果能够理解运用，就可将此道贯穿于一切经法之中，出入相对之间而脱离执著两边。以自性所产生之作用，来与他人共相言语，既可以远离对外在诸相的执著，又可以远离对内在空法的执著。如果全都执著于外相，就会增长邪见；如果全都执著于内空，就会增长无明。执著内空的人就会诽谤经典，直接就说：'学佛不用文字。'既然说不用文字就可学佛，那人也就不用说话了，因为光是这些语言，也还是文字之相。他们又狡辩说：'不是不让人说话，而是就不设立于文字。'就这'不立'两个字，也还是文字。这些人见到别人所说的道法，就立刻攻击对方，说他们执著于文字之相。你们必须知道，自己迷惑尚可原谅，反而又去诽谤佛经；不能诽谤佛经，否则所感召的罪障是无数的。如果执著于外相而想作法以寻求真理，或者广泛建立道场演说有无的过患，像这些人积累劫数都不能得以见到自性。那些只听从依法修行，但又任何事物都不思考的人，对于道性也只能起到窒塞阻碍的作用，如果听到说法但不修行的人，只能使他们反而产生邪恶的念头，只能依法修行无住于相的法布施，才能真正获得证悟见性。你们如果证悟了，要依照我所说的道理，依照这些道理去运用、修行、作事，这样就不会丧失本宗义旨。

如果有人向你们询问法义，人家问有，你就要以无作为答对；人家问无，你就要以有作为答对；人家问凡，你就要以圣作为答对；人家问圣，你就要以凡作为答对；两种相对的道法相因循，从中就能产生中道的正义。像这样一问一答，其馀问题都一一依此解决，就不会丧失正理。如果有人问：'什么叫作黑暗？'应该这样答道：'光明是因，黑暗是缘，光明没有了就是黑暗，以光明来显示黑暗，以黑暗来显示光明。'问答来去相互因循，成就了中道正义，其馀的问题也都要如此回答。你们在以后的传法过程中，要依照此方法转而相互教授，切勿丧失了本门宗旨。"

【原文】

师于太极元年壬子、延和七月①，命门人往新州国恩寺建塔②，仍令促工③，次年夏末落成。七月一日，集徒众曰："吾至八月，欲离世间④。汝等有疑，早须相问，为汝破疑，令汝迷尽。吾若去后，无人教汝。"法海等闻，悉皆涕泣。惟有神会，神情不动，亦无涕泣。师云："神会小师⑤，却得善不善等，毁誉不动⑥，哀乐不生，馀者不得⑦。数年山中，竟修何道？汝今悲泣，为忧阿谁⑧？若忧吾不知去处，吾自知去处；吾若不知去处，终不预报于汝。汝等悲泣，盖为不知吾去处；若知吾去处，即不合悲泣。法性本无生灭去来，汝等尽坐，吾与汝说一偈，名曰《真假动静偈》。汝等诵取此偈，与吾意同；依此修行，不失宗旨。”

众僧作礼，请师说偈⑨。偈曰：

一切无有真，不以见于真；
若见于真者，是见尽非真。
若能自有真，离假即心真；
自心不离假，无真何处真？
有情即解动，无情即不动；
若修不动行，同无情不动⑩。
若觅真不动，动上有不动⑪。
不动是不动，无情无佛种。
能善分别相，第一义不动；
但作如此见⑫，即是真如用⑬。
报诸学道人，努力须用意，
莫于大乘门，却执生死智⑭。
若言下相应，即共论佛义；
若实不相应，合掌令欢喜⑮。
此宗本无诤，诤即失道意⑯；
执逆诤法门，自性入生死⑰。

时徒众闻说偈已，普皆作礼，并体师意⑱，各各摄心⑲，依法修行，更不敢诤。

**【校注】**

①"月"下，《普慧藏》及《径山藏》、增上本、大谷本有双行夹注："是年五月改延和，八月玄宗即位，方改元先天，次年遂改开元。他本作'先天'者非。"真朴本有双行夹注："旧本作'先天元年'，考《唐书》是年五月改延和，八月玄宗即位，方改元先天。"

案"太极"、"延和"均为唐睿宗李旦年号。后晋刘昫《旧唐书》卷七《睿宗本纪》："（景云三年春正月）己丑，大赦天下，改元为太极。（夏五月）辛未，大赦天下，改元为延和。"《笺注》："太极，唐睿宗年号，元年岁壬子。兹岁正月改元太极，又五月改元延和。七月睿宗传位于太子隆基，八月玄宗改元先天也。盖一岁三改元，故云尔也。"

②"往"，大谷本"住"。

"塔"，真朴本作"墙"。下同。

塔：指墓塔。《解义》："塔，犹世俗之寿藏。"

③促工：指督促施工。《笺注》："促工，促迫工人使勤作而早完工也。"

④案《讲座》："祖师要圆寂了，总在事前要先给弟子们打个招呼，一方面大家有个准备；二是让那些有疑的赶快来问，这的确是对众生负责的表现；第三是，老和尚修行了那么多年，指说是开悟了，见了道了，解脱于生死了，是不是真有其事呢？中国人有'盖棺论定'的习惯，你当了祖师，了了生死，总要拿点凭据给大家看看嘛。所以，尽管禅宗不提倡神通，但临终之时，那些祖师们总要表现点自由于生死的节

目给大家看看，增强弟子们的信心，让他们知道，这个事是真的，不是假的。"

⑤小师：指师父对弟子之称呼。《笺注》："受具足戒未满十夏者，曰小师。又弟子之称，又沙门谦下之称。"

⑥毁誉：指毁损与赞誉。

⑦案《解义》："盖神会平日修习空定，遇此可哀之事漠不动念，非馀人可及。"

⑧阿谁：指何人。

⑨"说"，金陵本作"作"。

"偈"，大谷本无。

⑩案《解义》："此系借无情之物，以喻真心之本来不动。但顽空不动，以其无情，真心虽不动，而佛性不断，见闻觉知亦无异平常，故能成道而可贵。盖动者四肢、五官、百骸也，不动者自性也、本心也。真修行人身虽动而心不动，反是则心随身动，不能把持，终是凡夫。"

⑪案《讯释》："悟性之人，虽在于虚极静笃矣，然而动上亦有不动。而轮刀上阵亦得见之者，不可不知也。然则何以谓之动上不动？《坛经》曰'性本不动'故也。"

⑫案《笺注》："如此见，指不可如无情之不动，宜如善能分别诸法相，于第一义而不动。"

⑬案《笺注》："以上真假动静之旨已明，故以下之偈文皆指不净而言。"

⑭案《笺注》："故不可于大乘门中，仍执生死之见。生死智者，落于生死之见识也。"

⑮案《笺注》："言与人谈论，若彼此契合者，即可同论佛义也。若彼不契合，则亦合掌表敬，使彼生欢喜心而不诤论。"

⑯案《定慧》第四："自悟修行，不在于诤，若诤先后，即同迷人。不断胜负，却增我、法，不离四相。"

⑰案《笺注》："有诤则瞋，瞋则退失无生忍。失却无生忍，自性便入生死轮回，不能超三界矣。"《解义》："一涉诤论，则是非即起，自性入于生死，先失道意。"

⑱"並"，《径山藏》作"竝"。

"並体"，大谷本作"直明"。

⑲摄心：指收摄散乱有诤之心念。

## 【释义】

惠能于唐睿宗太极元年（712）壬子、改元延和（712）七月，命弟子前往新州国恩寺修建自己的墓塔，并督促加紧施工，该塔于第二年夏末落成。七月一日，惠能召集弟子们说道："我到了八月，就要离开世间。你们还有什么疑问，趁早赶紧发问，我好为你们破除疑惑，让你们的迷惑彻底消除。我如果去世之后，就没有人来教你们了。"法海等弟子听后，全都流泪哭泣。只有神会，神情不为所动，也不流泪哭泣。惠能说道："神会小师，反而证得善与不善均等视之的境界，毁损与赞誉不为所动，悲哀与快乐不为生起，其他人都没有证得如此境界。你们其他这些人长年在山中参学，究竟修的是什么道法？你们现在悲伤哭泣，到底是为谁在担忧呢？如果是担忧我不知道自己死后的去处，我自己知道自己死后的去处；我如果不知道自己死后的去处，终究不可能预先报知你们我要死去。你们悲伤哭泣，就是因为不知道我死后的去处；如果你们知道我死后的去处，就不应该在这里悲伤哭泣。法性本来就是没有生灭与去来的，你们全都坐好，我给你们说一首偈颂，名叫《真假动静偈》。你们只要诵持这首偈颂，就与我心意相同；依照这首偈颂修行，就不会丧失本门宗旨。"

众僧作礼，恭请惠能演说偈颂。《真假动静偈》的内容是：

世间一切诸法都没有实体的存在，

不能以所见虚假之相而误认真实；

如果认为能够直接看到真理的话，

你所看到的事物全都不是真实的。

如果能够见到自心所具有的真实，

离开假相之后当下心体就是真实；

自心不能离开对一切假相的执著，

心中没了真实何处还能有真实呢？

有情识的众生自然身心就会活动，

那些没有情识的东西才不会活动；

如果执著修习使身心不动的行业，

这就等同于无情之物的那种不动。

如果想寻觅真正的身心无所动摇，

就应追求在运动之上的那个不动。

如果不动就是停止身心活动的话，

那就同无情物一样不具成佛种子。

要能够善于分别一切诸法的相状，

真正的第一义谛才是如如不动的；

只要能够作出像这样的真实见解，

就是真如法性所生起的真实妙用。

我现在报告于诸位修学佛道之人，

在努力修道的时候必须著力用意，

不要在大乘法门中迷失正确方向，

反而执著于生死分别之错误认知。

如果你们当下能够与我所说相应，

我就与你们共同来讨论佛法奥义；

如果你们实在不能与我所说相应，

我就合掌行礼让你们获得欢喜心。

此禅宗顿教法门本来就没有诤讼，

相互诤讼就会丧失道法真正意旨；

如果执著于违逆相互诤讼的法门，

自性就会堕入生死之中永无解脱。

当时弟子们听惠能说完偈颂，全都作礼，并能体会惠能教诲的意图，各自收摄心意，依法修行，再也不敢相互诤讼了。

## 【原文】

乃知大师不久住世，法海上座再拜问曰："和尚入灭之后，衣法当付何人？"师曰："吾于大梵寺说法以至于今，抄录流行[①]，目曰《法宝坛经》[②]。汝等守护，递相传授，度诸群生，但依此说，是名正法。今为汝等说法，不付其衣，盖为汝等信根淳熟[③]，决定无疑，堪任大事。然据先祖达磨大师付授偈意④，衣不合传。"偈曰：

吾本来兹土，传法救迷情。

一华开五叶⑤，结果自然成。

师复曰："诸善知识⑥。汝等各各净心，听吾说法⑦。若欲成就种智⑧，须达一相三昧、一行三昧。若于一切处而不住相，于彼相中不生憎爱，亦无取舍，不念利益成坏等事，安闲恬静，虚融澹泊，此名一相三昧⑨。若于一切处行、住、坐、卧，纯一直心，不动道场，真成净土，此名一行三昧⑩。若人具二三昧，如地有种，含藏长养，成熟其实，一相一行亦复如是。我今说法⑪，犹如时雨⑫，普润大地。汝等佛性，譬诸种子，遇兹霑洽⑬，悉得发生。承吾旨者，决获菩提；依吾行者，定证妙果。"听吾偈曰：

心地含诸种，普雨悉皆萌。

顿悟华情已，菩提果自成。

师说偈已，曰："其法无二，其心亦然⑭；其道清净，亦无诸相。汝等慎勿观静及空其心⑮，此心本净，无可取舍。各自努力，随缘好去⑯。"尔时，徒众作礼而退。

【校注】

① "抄"，金陵本作"钞"。

② 目：指题目。

③ "淳"，金陵本作"涫"。

信根淳熟：指向道信心之根基坚固。

④ "磨"，金陵本作"摩"。下同。

⑤"华"，真朴本、金陵本作"花"。下同。

案《讲记》："一华是指达摩祖师，五叶是指从二祖慧可到六祖惠能。"

⑥"诸善知识"，真朴本、金陵本无。

⑦"各各净心，听吾说法"，真朴本、金陵本无。

⑧种智：指一切种智（梵 sarvathā-jñāna）。《笺注》："种智，佛之一切种智也。知佛智一切种种之法，名一切种智。"《讲座》："一般人的智慧只是世间的聪明伶俐而已。你若证了空性，证了万法皆空的道理，就得了一切智，又叫根本智。有了根本智，你就得到了解脱。一切种智又叫一切智智。"

⑨案《讲座》："只有佛才具有，也就是不仅能洞悉万法的共相，而且通穷尽一切事物的差别相。一相三昧就是在性空这个问题上得定，得决定见，不论善恶、美丑、因果、凡圣、生死、烦恼菩提等等，你都能'无取无捨'，'不生爱憎'，也就是做到不住色生心，不住声香味触法生心，这样，你就实践了一相三昧。"

⑩案《定慧》第四："一行三昧者，于一切处行、住、坐、卧，常行一直心是也。"《讲座》："一相三昧是在念头上，而一行三昧则重在行为上，你一相三昧到家了，一行三昧也做到了，它们同体而异名。"

⑪"今"，金陵本作"合"。

⑫时雨：指应时之雨。

⑬霑洽：指雨水充足浸润土地。

⑭案《笺注》："海水一滴，不见生灭迷悟华果二法差别，则触目无障碍之大道，何二其法、二其心哉。"

⑮案《般若》第二："莫闻吾说空便即著空，第一莫著空。若空心静坐，即著无记空。"《顿渐》第八："住心观静，是病非禅。"

⑯随缘：指随顺因缘。《笺注》："外界之事物来，自体与之感触，谓之缘。应其缘而自体动作，谓之随缘。"

## 【释义】

得知惠能将不久于人世，法海上座再行礼拜问道："和尚您去世之后，衣法当传付给什么人呢？"惠能答道："我在大梵寺所说之法，以至于现在所说之法，全都抄录汇集流行于世，就取名为《法宝坛经》。你们要善自守护，依次相互传授，以便度化群生，只要能够依止《坛经》中所说的道理，就称之为正法。现在只为你们说法，并不传付给你们法衣，就是因为你们信根淳熟，已经决定没有疑惑了，足堪担任弘法大事。又根据先祖达磨大师传授偈颂的意思，法衣不适合再传下去了。"达磨大师偈颂的内容是：

> 我从印度远道来至中国这片土地，
>
> 就是为了传播佛法救度迷惑众生。
>
> 禅宗这一枝花将会开出五个支叶，
>
> 未来结成的菩提道果会自然成就。

惠能又说道："诸位善知识。你们各自澄净自心，认真听我说法。如果想成就一切种智，必须通达一相三昧和一行三昧。如果在一切处所都不执著于相，在诸相之中不生起憎爱之心，亦无取舍之念，不计较利益成坏得失等事，安闲恬淡静雅，虚怀融洽澹泊，这就叫作一相三昧。如果在一切处所行、住、坐、卧，都能纯一直心，以不动为道场，真正成就净土，这就叫作一行三昧。如果人能够具足这两种三昧，就如同土地有了种子，自然能够含藏长养，成熟各种果实；修习一相三昧和一行三昧，就如同种长养佛种，将来自然能够成就无上菩提道果。我现在的说法，就如同应时之雨，普遍滋润大地。你们各自本具佛性，就好比各种种子，一旦遇到雨露的浸泽，全都会得以开发生长。秉承我意旨的人，决定能够获得无上菩提；依我法修行的人，必定能够证得殊妙佛果。"听我所说偈颂道：

> 心地之中含藏了各种成佛的种子，
>
> 在法雨普遍滋润后全都开始萌芽。
>
> 顿悟自性本具佛种开花的情理后，
>
> 无上菩提道果自然就能够成就了。

惠能说完偈颂后，又说道："佛法没有分别，心地也没有分别；佛道是清净的，也就不会有各种相状。你们慎勿住心观静及执空于心，自心本来就是清净的，没有什么可以取舍。你们各自努力修道，随顺因缘好自散去。"当时，弟子们全都作礼而退。


## 【原文】

大师七月八日，忽谓门人曰："吾欲归新州，汝等速理舟楫①。"大众哀留甚坚②，师曰："诸佛出现，犹示涅槃，有来必去，理亦常然。吾此形骸，归必有所。"众曰："师从此去，早晚可回。"③师曰："叶落归根，来时无口。"④又问曰："正法眼藏传付何人？"师曰："有道者得，无心者通。"又问："后莫有难否⑤？"师曰："吾灭后五六年，当有一人来取吾首。"听吾记曰⑥：

头上养亲，口里须餐⑦。

遇满之难⑧，杨柳为官⑨。

又云："吾去七十年，有二菩萨从东方来，一出家，一在家⑩。同时兴化，建立吾宗；缔缉伽蓝⑪，昌隆法嗣⑫。"

【校注】

①舟楫：指船只。

②"大"，原作"人"，据诸本改。

③案《笺注》："门弟子慰藉六祖，言师虽往归新州，然未必即行迁化，早晚可仍回到此地也。"

④案《解义》："意谓此次归里即般涅槃，所以必须归故里者，犹落叶归根之意。但佛性常存，寂光普照，神虽来而形已离，故来时无口。"《讲记》："因为去了以后，究竟何时再来，完全是看机缘，机缘到了随时都会回来，现在要我说出何时回来，真的没有开口之处。"

⑤"后莫"，真朴本、金陵本作"此后无"。

⑥"记"，真朴本、金陵本作"谶"。

⑦"餐"，真朴本作"飡"，金陵本作"飱"。

案《笺注》："头上养亲者，言金大悲欲取大师首，顶戴供养，如慈亲也。口裹须餐者，言净满受金大悲之钱、来劫大师之首、为口腹所累也。"

⑧满：指张净满。

⑨杨柳：指杨侃、柳无忝。

又"又问：'后莫有难否？'师曰：'吾灭后五、六年，当有一人来取吾首。'听吾记曰：头上养亲，口里须餐。遇满之难，杨柳为官"，此段真朴本、金陵本置于下段末"毋令乖误"下。

⑩案《笺注》："一出家指马祖道一禅师而言，一在家指庞蕴居士而言。或曰：一出家指黄檗禅师，一在家指裴休。"

⑪缔缉：指建造修葺。

伽蓝：梵 saṃghārāma，指寺院。

⑫法嗣：指继承禅法之亲传弟子。

又"又云：'吾去七十年，有二菩萨从东方来，一出家，一在家。同时兴化，建立吾宗；缔缉伽蓝，昌隆法嗣'"，真朴本、金陵本无。

## 【释义】

惠能在七月八日，忽然对弟子说道："我想回新州老家，你们赶紧给我备船。"众弟子苦苦哀求惠能留下的意志十分坚决，惠能说道："一切诸佛出现于世，都要显示归入涅槃，有来必有去，这是永恒不变的道理。我这副形骸，辞世时必须有个归所。"众弟子说道："您从此处离去，早晚还可以回来。"惠能说道："我是叶落归根，等再来时已无具体口目形骸了。"众弟子又问道："您准备将正法眼藏传付给什么人呢？"惠能答道："有道之人获得，无心之人通晓。"众弟子又问道："您去世之后还会遭受什么厄难吗？"惠能答道："我去世之后的五六年中，会有一个人来盗取我的首级。"听我所说预言道：

　　盗取我的头颅是为了供养和亲近，

　　而为非之人是为了果腹求得生存。

　　遭遇到张净满前来取我首级之难，

　　正是杨侃、柳无忝当地方官的时候。

惠能又说道："我去世后七十年，有两位菩萨从东方来，一位是出家菩萨，一位是在家菩萨。他们同事大兴教化，建立我的南宗禅法；建造修整寺院，昌隆本宗法嗣。"

## 【原文】

问曰①："未知从上佛祖应现已来，传授几代？愿垂开示。"师云："古佛应世已无数量，不可计也②。今以七佛为始，过去庄严劫毗婆尸佛③、尸弃佛④、毗舍浮佛⑤，今贤劫拘留孙佛⑥、拘那含牟尼佛⑦、迦叶佛⑧、释迦文佛⑨，是为七佛。已上七佛，今以释迦文佛首传⑩。第一、摩诃迦叶尊者⑪，第二、阿难尊者⑫，第三、商那和修尊者⑬，第四、优波毱多尊者⑭，第五、提多迦尊者⑮，第六、弥遮迦尊者⑯，第七、婆须蜜多尊者⑰，第八、佛驮难提尊者⑱，第九、伏驮蜜多尊者⑲，第十、胁尊者⑳，十一、富那夜奢尊者㉑，十二、马鸣大士㉒，十三、迦毗摩罗尊者㉓，十四、龙树大士㉔，十五、迦那提婆尊者㉕，十六、罗睺罗多尊者㉖，十七、僧伽难提尊者㉗，十八、伽耶舍多尊者㉘，十九、鸠摩罗多尊者㉙，二十、阇耶多尊者㉚，二十一、婆修盘头尊者㉛，二十二、摩拏罗尊者㉜，二十三、鹤勒那尊者㉝，二十四、师子尊者㉞，二十五、婆舍斯多尊者㉟，二十六、不如蜜多尊者㊱，二十七、般若多罗尊者㊲，二十八、菩提达磨尊者，此土是为初祖㊳，二十九、慧可大师㊴，三十、僧璨大师㊵，三十一、道信大师㊶，三十二、弘忍大师㊷，惠能是为三十三祖。从上诸祖，各有禀承，汝等向后，递代流传，毋令乖误。"④

## 【校注】

①"问"，真朴本、金陵本无。

②案《笺注》："古佛应世之数，无量无边，非可以譬喻算之，实不可思议。久远劫来诸佛出兴，有二万亿威音王佛，二万亿日月灯明佛，二千亿云自在灯王佛，过去久远大通智胜佛等佛，实不可枚举。"

③庄严劫：梵 vyūha kalpa，指过去之大劫，有一千佛出世。

毗婆尸佛：梵 Vipaśyin。南唐静、筠《祖堂集》卷一、北宋道原《景德传灯录》卷一、南宋普济《五灯会元》卷一有传。

④尸弃佛：梵 Śikhi。南唐静、筠《祖堂集》卷一、北宋道原《景德传灯录》卷一、南宋普济《五灯会元》卷一有传。

⑤毗舍浮佛：梵 Viśvabhū。南唐静、筠《祖堂集》卷一、北宋道原《景德传灯录》卷一、南宋普济《五灯会元》卷一有传。

⑥贤劫：梵 bhadrakalpa，指现在之大劫，有一千佛出世。

拘留孙佛：梵 Krakucchanda。南唐静、筠《祖堂集》卷一、北宋道原《景德传灯录》卷一、南宋普济《五灯会元》卷一有传。

⑦拘那含牟尼佛：梵 Kanakamuni。南唐静、筠《祖堂集》卷一、北宋道原《景德传灯录》卷一、南宋普济《五灯会元》卷一有传。

⑧迦叶佛：梵 Kaśyapa。南唐静、筠《祖堂集》卷一、北宋道原《景德传灯录》卷一、南宋普济《五灯会元》卷一有传。

⑨释迦文佛：即释迦牟尼佛（梵 Śākya-muni）。南唐静、筠《祖堂集》卷一、北宋道原《景德传灯录》卷一、南宋普济《五灯会元》卷一有传。

⑩ "已上七佛，今以"，大谷本、真朴本、金陵本无。

⑪ "第一"，大谷本、真朴本、金陵本无。

摩诃迦叶：梵 Mahākāśyapa。唐智炬《大唐韶州双峰山曹溪宝林传》卷一、南唐静、筠《祖堂集》卷一、北宋道原《景德传灯录》卷一、南宋普济《五灯会元》卷一有传。

⑫阿难尊者：梵 Ānanda。唐智炬《大唐韶州双峰山曹溪宝林传》卷一、南唐静、筠《祖堂集》卷一、北宋道原《景德传灯录》卷一、南宋普济《五灯会元》卷一有传。

⑬商那和修：梵 Śāṇa-vāsin。唐智炬《大唐韶州双峰山曹溪宝林传》卷二、南唐静、筠《祖堂集》卷一、北宋道原《景德传灯录》卷一、南宋普济《五灯会元》卷一有传。

⑭优波毱多：梵 Upagupta。唐智炬《大唐韶州双峰山曹溪宝林传》卷二、南唐静、筠《祖堂集》卷一、北宋道原《景德传灯录》卷一、南宋普济《五灯会元》卷一有传。

⑮提多迦尊者：梵 Dhītika。唐智炬《大唐韶州双峰山曹溪宝林传》卷二、南唐静、筠《祖堂集》卷一、北宋道原《景德传灯录》卷一、南宋普济《五灯会元》卷一有传。

⑯弥遮迦：梵 Mikkaka。唐智炬《大唐韶州双峰山曹溪宝林传》卷二、南唐静、筠《祖堂集》卷一、北宋道原《景德传灯录》卷一、南宋普济《五灯会元》卷一有传。

⑰婆须蜜多：梵 Vasumitra。唐智炬《大唐韶州双峰山曹溪宝林传》卷二、南唐静、筠《祖堂集》卷一、北宋道原《景德传灯录》卷一、南宋普济《五灯会元》卷一有传。

⑱佛驮难提：梵 Buddhanandi。唐智炬《大唐韶州双峰山曹溪宝林传》卷二、南唐静、筠《祖堂集》卷一、北宋道原《景德传灯录》卷一、南宋普济《五灯会元》卷一有传。

⑲伏驮蜜多：梵 Buddhamitra。唐智炬《大唐韶州双峰山曹溪宝林传》卷三、南唐静、筠《祖堂集》卷一、北宋道原《景德传灯录》卷一、南宋普济《五灯会元》卷一有传。

⑳胁：梵 Pārśva。唐智炬《大唐韶州双峰山曹溪宝林传》卷三、南唐静、筠《祖堂集》卷一、北宋道原《景德传灯录》卷一、南宋普济《五灯会元》卷一有传。

㉑富那夜奢：梵 Puṇyayaśas。唐智炬《大唐韶州双峰山曹溪宝林传》卷三、南唐静、筠《祖堂集》卷一、北宋道原《景德传灯录》卷一、南宋普济《五灯会元》卷一有传。

㉒马鸣：梵 Aśvaghoṣa。唐智炬《大唐韶州双峰山曹溪宝林传》卷三、南唐静、筠《祖堂集》卷一、北宋道原《景德传灯录》卷一、南宋普济《五灯会元》卷一有传。

㉓迦毗摩罗：梵 Kapimala。唐智炬《大唐韶州双峰山曹溪宝林传》卷三、南唐静、筠《祖堂集》卷一、北宋道原《景德传灯录》卷一、南宋普济《五灯会元》卷一有传。

㉔龙树：梵 Nāgārjuna。唐智炬《大唐韶州双峰山曹溪宝林传》卷三、南唐静、筠《祖堂集》卷一、北宋道原《景德传灯录》卷一、南宋普济《五灯会元》卷一有传。

㉕迦那提婆：梵 Kāṇa-deva。南唐静、筠《祖堂集》卷一、北宋道原《景德传灯录》卷二、南宋普济《五灯会元》卷一有传。

㉖罗睺罗多：梵 Rāhulabhadra。南唐静、筠《祖堂集》卷一、北宋道原《景德传灯录》卷二、南宋普济《五灯会元》卷一有传。

㉗僧伽难提：梵 Saṃghanandi。南唐静、筠《祖堂集》卷二、北宋道原《景德传灯录》卷二、南宋普济《五灯会元》卷一有传。

㉘伽耶舍多：梵 Gayasata。唐智炬《大唐韶州双峰山曹溪宝林传》卷四、南唐静、筠《祖堂集》卷二、北宋道原《景德传灯录》卷二、南宋普济《五灯会元》卷一有传。

㉙鸠摩罗多：梵 Kumaralāta。唐智炬《大唐韶州双峰山曹溪宝林传》卷四、南唐静、筠《祖堂集》卷二、北宋道原《景德传灯录》卷二、南宋普济《五灯会元》卷一有传。

㉚阇耶多：梵 Gayata。唐智炬《大唐韶州双峰山曹溪宝林传》卷四、南唐静、筠《祖堂集》卷二、北宋道原《景德传灯录》卷二、南宋普济《五灯会元》卷一有传。

㉛婆修盘头：梵 Vasubandhu。唐智炬《大唐韶州双峰山曹溪宝林传》卷四、南唐静、筠《祖堂集》卷二、北宋道原《景德传灯录》卷二、南宋普济《五灯会元》卷一有传。

㉜摩拏罗：梵 Manorhita。唐智炬《大唐韶州双峰山曹溪宝林传》卷四、南唐静、筠《祖堂集》卷二、北宋道原《景德传灯录》卷二、南宋普济《五灯会元》卷一有传。

㉝鹤勒那：梵 Haklena-yaśa。南唐静、筠《祖堂集》卷二、北宋道原《景德传灯录》卷二、南宋普济《五灯会元》卷一有传。

㉞师子：梵 Siṃha。唐智炬《大唐韶州双峰山曹溪宝林传》卷五、南唐静、筠《祖堂集》卷二、北宋道原《景德传灯录》卷二、南宋普济

《五灯会元》卷一有传。

㉟婆舍斯多：梵 Basiasita。唐智炬《大唐韶州双峰山曹溪宝林传》卷六、南唐静、筠《祖堂集》卷二、北宋道原《景德传灯录》卷二、南宋普济《五灯会元》卷一有传。

㊱不如蜜多：梵 Punyamitra。唐智炬《大唐韶州双峰山曹溪宝林传》卷六、南唐静、筠《祖堂集》卷二、北宋道原《景德传灯录》卷二、南宋普济《五灯会元》卷一有传。

㊲般若多罗：梵 Prajñātāra。南唐静、筠《祖堂集》卷二、北宋道原《景德传灯录》卷二、南宋普济《五灯会元》卷一有传。

㊳案《讲记》："西天二十八祖说，是中国人编的，在印度似没有这样完整的排列。考据学者有考据的说法，其他学者又有不同的说法，众说不一，史无定论，加上坛经各本，所列二十八祖，又有出入，有的本子将一个人的两个异名，当作两个人看，有的本子将诸祖的次序前后颠倒，因而使人摸不著头脑，不知谁是谁非。"

㊴慧可（487—593）：俗姓姬，河南洛阳人。唐道宣《续高僧传》卷一六、唐智炬《大唐韶州双峰山曹溪宝林传》卷八、南唐静、筠《祖堂集》卷二、北宋道原《景德传灯录》卷三、南宋普济《五灯会元》卷一有传。

㊵僧璨（？—606）：唐道宣《续高僧传》卷一六、唐智炬《大唐韶州双峰山曹溪宝林传》卷八、南唐静、筠《祖堂集》卷二、北宋道原《景德传灯录》卷三、南宋普济《五灯会元》卷一有传。

㊶道信（580—651）：俗姓司马，湖北广济人。唐道宣《续高僧传》卷二六、南唐静、筠《祖堂集》卷二、北宋道原《景德传灯录》卷三、

南宋普济《五灯会元》卷一有传。

㊷"弘"，金陵本作"宏"。

㊸案《讲座》："为什么禅宗有如此之大的凝聚力量，这就不得不归功于《坛经》，归功于六祖大师。在古代的中国传统是稳定而强大的，在传统中找不到依据或依据不足的宗派或学如，哪怕取得了一时的显赫，也会很快为人们所淡忘，因为传统本身就是一种力量和信誉的积聚。六祖大师在这里建立了自己的法统——传法之统。六代传法当然确有其事，但六祖更把这个法统上溯到释迦牟尼佛，使自己有了绝对牢固的依据，而优越于其它宗派。以后，天台、华严、净土、密宗等也纷纷仿效，试图建立自己的法统，但都远不如禅宗的牢固。如天台宗在《佛祖统纪》中所作的努力那样。因为把法统上溯到释迦佛并不难，难的是在现实的社会中，该宗派是否有能力维系这个法统，历史表明了在这上面最成功的只有禅宗。'不立文字，教外别传，直指人心，见性成佛'，禅宗的这一旗帜，在中国佛教徒中有不可抗拒的吸引力。由于其简捷易行，故易受僧人和士大夫们的尊信和奉行，为自己建立了广阔的传布空间。所以，在六祖之后短短百馀年间，禅宗不仅承受了唐武宗灭佛运动的打击，而且迅速形成了五宗竞荣的局面，成为中国佛教的主流。当然，对于禅宗的法统，教下各大宗派是有异议的，但却无力动摇社会的承认，最后也只好随波逐流了。"

## 【释义】

众弟子问道："不知从之前佛祖应现出世以来，到现在已经传授禅法几代了？希望您垂以开示。"惠能答道："古代诸佛应现出世的数量，已经无法计算了。现在就以七尊佛开始计算，有过去庄严劫的毗婆尸佛、尸弃佛、毗舍浮佛，现在贤劫的拘留孙佛、拘那含牟尼佛、迦叶佛、释迦牟尼佛，总共是七尊佛。以上这七尊佛，现在以释迦牟尼佛首次传授禅法。之后禅宗的传承次第为：第一祖、摩诃迦叶尊者，第二祖、阿难尊者，第三祖、商那和修尊者，第四祖、优波毱多尊者，第五祖、提多迦尊者，第六祖、弥遮迦尊者，第七祖、婆须蜜多尊者，第八祖、佛驮难提尊者，第九祖、伏驮蜜多尊者，第十祖、胁尊者，第十一祖、富那夜奢尊者，第十二祖、马鸣大士，第十三祖、迦毗摩罗尊者，第十四祖、龙树大士，第十五祖、迦那提婆尊者，第十六祖、罗睺罗多尊者，第十七祖、僧伽难提尊者，第十八祖、伽耶舍多尊者，第十九祖、鸠摩罗多尊者，第二十祖、阇耶多尊者，第二十一祖、婆修盘头尊者，第二十二祖、摩拏罗尊者，第二十三祖、鹤勒那尊者，第二十四祖、师子尊者，第二十五祖、婆舍斯多尊者，第二十六祖、不如蜜多尊者，第二十七祖、般若多罗尊者，第二十八祖、菩提达磨尊者（他又是中国禅宗的第一祖），第二十九祖、慧可大师，第三十祖、僧璨大师，第三十一祖、道信大师，第三十二祖、弘忍大师，惠能我是第三十三祖。从以上诸位祖师，他们都各自禀承传授禅法，你们以后，也要将禅法世代相传，千万不能有任何差错。"

## 【原文】

大师先天二年癸丑岁八月初三日，是年十二月改元开元①，于国恩寺斋罢，谓诸徒众曰："汝等各依位坐，吾与汝别。"法海白言："和尚留何教法？令后代迷人得见佛性。"师言："汝等谛听。后代迷人，若识众生，即是佛性②；若不识众生，万劫觅佛难逢。吾今教汝，识自心众生，见自心佛性。欲求见佛，但识众生，只为众生迷佛，非是佛迷众生。自性若悟，众生是佛；自性若迷，佛是众生。自性平等，众生是佛；自性邪险，佛是众生。汝等心若险曲③，即佛在众生中；一念平直，即是众生成佛。

　　　　我心自有佛，自佛是真佛；

　　　　自若无佛心，何处求真佛④？

　　汝等自心是佛，更莫狐疑。外无一物而能建立，皆是本心生万种法。故经云：'心生种种法生，心灭种种法灭。'⑤吾今留一偈，与汝等别，名《自性真佛偈》⑥。后代之人，识此偈意，自见本心，自成佛道⑦。"偈曰：

　　　　真如自性是真佛，邪见三毒是魔王⑧；

　　　　邪迷之时魔在舍，正见之时佛在堂。

　　　　性中邪见三毒生，即是魔王来住舍；

　　　　正见自除三毒心，魔变成佛真无假。

　　　　法身、报身及化身，三身本来是一身；

　　　　若向性中能自见，即是成佛菩提因。

　　　　本从化身生净性，净性常在化身中；

　　　　性使化身行正道，当来圆满真无穷。

　　　　婬性本是净性因⑨，除婬即是净性身；

　　　　性中各自离五欲，见性刹那即是真。

　　　　今生若遇顿教门，忽悟自性见世尊。

　　　　若欲修行觅作佛，不知何处拟求真？

若能心中自见真，有真即是成佛因；

不见自性外觅佛，起心总是大痴人。

顿教法门今已留，救度世人须自修；

报汝当来学道者，不作此见大悠悠⑩。

师说偈已，告曰："汝等好住。吾灭度后，莫作世情悲泣雨泪，受人吊问⑪，身著孝服⑫，非吾弟子，亦非正法。但识自本心，见自本性，无动无静，无生无灭⑬，无去无来，无是无非，无住无往。恐汝等心迷，不会吾意，今再嘱汝，令汝见性。吾灭度后，依此修行，如吾在日；若违吾教，纵吾在世，亦无有益。"

复说偈曰：

兀兀不修善⑭，腾腾不造恶⑮；

寂寂断见闻⑯，荡荡心无著⑰。

**【校注】**

①"二"，大谷本作"一"。

又此夹注真朴本、金陵本作正文。

②案《解义》："所谓佛性，即是心之本体。所谓众生，即是心之变相。心若不动，即是佛性，即非众生，心若要动，即非佛性，即成众生。心何以妄动？以五阴覆盖真如，六尘牵引，不得不动。若能屏息诸缘，了达五蕴本空，则五阴之外别无众生，众生之外无别烦恼，烦恼已尽，心得自在，而佛性现矣。"

③险曲：指邪恶不正。

④案敦煌本此偈颂共十四句，云名《见真佛解脱颂》。

⑤案马鸣造、南朝梁真谛译《大乘起信论》:"唯心虚妄,以心生则种种法生,心灭则种种法灭。"

⑥"《自性真佛偈》",敦煌本作"《自性真佛解脱颂》"。

⑦案《讲座》:"一个宗派的发展和繁荣,仅靠法统是不够的,它本身还应具有超凡的实践力量和普遍性。对于这一点,也是其它宗派所不能比拟的。自己就是佛,'自修、自行、自成佛道',六祖大师归结的这一总纲,就圆满地解决了这一问题。六祖在这一段中所阐述的,是整部《坛经》的浓缩。"

⑧魔王:指天魔之王。《笺注》:"魔王名波旬,在他化自在天中,有大力鬼神,娆乱修行人者。"

⑨淫性:指淫欲染污之性。

⑩案《笺注》:"悠悠,悠忽度日,无精进工夫也。"

⑪吊问:指吊唁慰问。

⑫"著",真朴本作"着"。

孝服:指居丧时所穿之衣服。

⑬"无生无灭",原作"无灭无生",据诸本改。

⑭兀兀:指止息状。

⑮腾腾:指安逸状。

⑯寂寂:指幽静状。

⑰荡荡:指宽广状。

## 【释义】

惠能于唐玄宗先天二年(713)癸丑岁八月初三日,在国恩寺用完斋饭后,对诸位弟子说道:"你们各自按照座位坐好,我将与你们告别了。"法海问道："和尚您留下什么教法，使后代迷惑之人能够得以见到佛性？"惠能答道："你们仔细听好。后代迷惑之人，如果能认识到众生本性，就是见到佛性；如果不能认识到众生本性，就算经历一万劫去找佛都难以遇到。我现在教导你们，要认识自心众生，见到自心佛性。想要求得见佛，只要识得众生，因为是众生迷惑了佛性，并不是佛性迷惑了众生。自性如果领悟，众生就是佛；自性如果迷惑，佛就是众生。自性如果平等，众生就是佛，自性如果邪险，佛就是众生。你们自心如果险恶邪曲，就是佛堕入众生之中；你们一念如果平等正直，就是众生成就佛道。我心中自有佛性，自性佛才是真佛；自己如果没有佛心，又到何处去寻求真佛呢？你们的自心就是佛，不要再狐疑不定了。身外没有一个事物能够建立起真实自性，全都是本心自性生起的一切万法。所以经中说：'心念生起则种种法就生起；心念灭掉则种种法就灭掉。'我现在留下一首偈颂，与你们作为告别，名叫《自性真佛偈》。后代之人，能够识得这首偈颂的意旨，就能自见本心，自成佛道。"《自性真佛偈》的内容是：

> 众生的真如自性就是真正的佛性，
>
> 邪见与贪、嗔、痴三毒才是障道魔王；
>
> 邪见迷惑的时候魔王就在屋舍里，
>
> 获得正见的时候佛就出现在殿堂。
>
> 自性之中有了邪见三毒就会生起，
>
> 这就是魔王前来住到你的屋子里，
>
> 正见能够自动除去邪见三毒之心，
>
> 魔王因此转变成佛真实而无虚假。

清净法身、圆满报身及千百亿化身，
这三身本来就是一身并没有分别；
如果向自性中能够自见三身如一，
这就是成就佛果的无上菩提妙因。
本来从化身之中产生了清净自性，
而清净自性又恒常处在化身之中；
清净自性使得化身能够修行正道，
将来成就圆满功德真是无有穷尽。
淫欲自性本来就是清净自性之因，
除去淫欲自性就是清净自性之身；
在自性中各自脱离淫等五种欲望，
在见性刹那就是真如佛性的显现。
今生如果遇到禅宗顿教最上法门，
忽然悟得自性从而见到佛陀世尊。
如果想通过修行来寻觅成佛之道，
不知到何处去拟度寻求真如佛性？
如果能在心中自见本具真如佛性，
有真如佛性就是成佛的殊胜妙因；
不见自性而去向外寻觅真如佛性，
起心动念之间都是极大愚痴之人。
禅宗顿教法门现在已经留存于世，
要以此救度世人就必须自我修行；
我现报告给你们及将来学道之人，

如果不能作此见解必定虚度一生。

惠能说完偈颂后，告诉弟子们道："你们要好好住止。在我去世之后，不要像世人俗情那样悲伤哭泣泪流雨下，接受别人的吊唁慰问，身上穿着孝服。如果这样做就不是我的弟子，也不是正法行径。只要识得自己本心，见到自己本性，无有动静，无有生灭、去来、是非、住往。恐怕你们会心意迷乱，不能领会我的意志，现在再次嘱咐你们，让你们得见本性。我去世之后，依照此教法法修行，就如同我在世时候一样，如果违背我的教法，纵然我依然在世，也无有任何益处。"

惠能又说偈颂道：

> 兀兀停止休息而不修习任何善业，
> 腾腾安逸悠闲而不造作各种恶业，
> 寂寂悄然幽静从而断除见闻觉知，
> 荡荡宽广无边从而使心无所执著。

## 【原文】

师说偈已，端坐至三更，忽谓门人曰："吾行矣。"奄然迁化①。于时异香满室②，白虹属地，林木变白，禽兽哀鸣。十一月，广、韶、新三郡官僚洎门人、僧俗③，争迎真身④，莫决所之⑤，乃焚香祷曰："香烟指处⑥，师所归焉。"时香烟直贯曹溪。十一月十三日，迁神龛併所传衣钵而回⑦。次年七月二十五日⑧，出龛，弟子方辩以香泥上之⑨。门人忆念取首之记，仍以铁叶漆布⑩，固护师颈。入塔，忽于塔内白光出现，直上冲天，三日始散。韶州奏闻，奉敕立碑，纪师道行⑪。

师春秋七十有六，年二十四传衣，三十九祝发⑫，说法利生三十七载。嗣法四十三人⑬，悟道超凡者莫知其数。达磨所传信衣⑭，西域屈眴布也⑮，中宗赐磨衲、宝钵，及方辩塑师真相并道具⑯，永镇宝林道场。留传《坛经》，以显宗旨，兴隆三宝，普利群生者⑰。

【校注】

①奄然：指忽然。

迁化：指迁移化灭，即死亡。

②"室"，金陵本作"岩"。

③"僧俗"，真朴本、金陵本作"缁白"。

④真身：指惠能之遗体。

⑤案《笺注》："广州之官僚欲迎六祖真身往法性寺，韶州之官僚欲迎六祖真身往宝林寺，新州之官僚欲即安六祖真身于国恩寺，故云莫决所之。"

⑥"煙"，金陵本作"烟"。下同。

⑦迁神龛：指装有惠能遗体之禅龛。《笺注》："此神龛非指塔与塔下室而言，乃指禅龛而言也。俗谓供佛之小室曰佛龛，亦其类也。案龛形如轿，三面合木，一面为户。禅者端坐于中习静，禅堂中恒置之。"

⑧"二十五日"，原无，据真朴本、金陵本补。

⑨香泥：指混合香末以制成之泥。

⑩铁叶漆布：指将铁片裹上漆布。

⑪道行：指修道之行业。

⑫祝发：指剃发。

⑬"嗣法"，真朴本、金陵本作"得旨嗣法者"。

案依北宋道原《景德传灯录》卷五所列，此四十三人为："西印度堀多三藏、韶州法海禅师、吉州志诚禅师、匰檐山晓了禅师、河北智隍禅师、洪州法达禅师、寿州智通禅师、江西志彻禅师、信州智常禅师、广州志道禅师、广州法性寺印宗和尚、吉州青原山行思禅师、南岳怀让禅师、温州永嘉玄觉禅师、司空山本净禅师、婺州玄策禅师、曹溪令韬禅师、西京光宅寺慧忠禅师、西京荷泽寺神会禅师、韶州祇陀禅师、抚州净安禅师、嵩山寻禅师、罗浮山定真禅师、南岳坚固禅师、制空山道进禅师、善快禅师、韶山缘素禅师、宗一禅师、会稽秦望山善现禅师、南岳梵行禅师、并州自在禅师、西京咸空禅师、峡山泰祥禅师、光州法净禅师、清凉山辩才禅师、广州吴头陀、道英禅师、智本禅师、广州清苑法真禅师、玄楷禅师、昙璀禅师、韶州刺史韦据、义兴孙菩萨。"

⑭信衣：指为证明传法之袈裟。《行由》第一："祖复曰：'昔达磨大师初来此土，人未之信，故传此衣以为信体，代代相承。'"

⑮"西"上，真朴本、金陵本有"係"。

"眴"，原作"都"，据诸本改。

屈眴布：梵 kārpāsaka，指以木棉花心纺成之上好布料。

⑯"具"下，真朴本、金陵本有"等主埳（塔）侍者尸之"。

道具：指资助修道之器具。此谓惠能生前使用过之遗物。

⑰"普"，真朴本无。

## 【释义】

惠能说完偈颂之后，端坐至三更时分，忽然对弟子们说道："我走了。"奄然迁神化灭。当时有异香充满屋室，天上有白色长虹直落到地，树林草木为之变成白色，飞禽走兽为之哀号鸣叫。到了十一月，广州、韶州、新州三郡的官员，以及惠能的弟子们、僧俗大众，都争相迎请惠能真身，但不能决定由何处供养，便焚香祷告道："香的烟气指向何处，惠能的真身就放到那里供养。"当时香的烟气直接飘向韶州曹溪。十一月十三日，装有惠能真身的迁神龛及所传衣钵一同运回。次年七月，请惠能真身出龛，弟子方辩以粉香为泥塑著真身之上。弟子们回忆起惠能有人将要盗取其首级的预言，便用铁片包上漆布，用来固定保护惠能真身的颈部。当将惠能真身供入塔中的时候，忽然在塔内有一道白光出现，直冲天上，三天之后才逐渐散去。韶州刺史将此事上奏朝廷闻知，朝廷下诏，奉敕命立碑，纪录惠能道行。

惠能享年七十六岁，二十四岁时获五祖弘忍传付衣法，三十九岁时剃度为僧，说法利生三十七年。获得惠能正式传法的嗣法弟子共有四十三人，因受惠能开示而悟道超凡的人就不计其数了。达磨所传信衣袈裟，唐中宗所赐磨衲和水晶宝钵，以及方辩所塑的惠能真相，再加上惠能生前所用之物，全都随同惠能真身一起供入塔中，永久镇守宝林道场。惠能所留传下来的《坛经》，以开显禅宗顿教旨，从而兴隆佛、法、僧三宝，普遍利益后世众生。

## 【原文】

师入塔后①，至开元十年壬戌八月三日夜半②，忽闻塔中如拽铁索声。众僧惊起，见一孝子从塔中走出③，寻见师颈有伤，具以贼事闻于州县。县令杨侃、刺史柳无忝得牒④，切加擒捉。五日，于石角村捕得贼人⑤，送韶州鞫问⑥。云："姓张，名净满，汝州梁县人⑦。于洪州开元寺⑧，受新罗僧金大悲钱二十千⑨，令取六祖大师首，归海东供养⑩。"柳守闻状，未即加刑，乃躬至曹溪⑪，问师上足令韬曰⑫："如何处断？"韬曰："若以国法论，理须诛夷⑬。但以佛教慈悲，冤亲平等，况彼求欲供养，罪可恕矣。"柳守加叹曰："始知佛门广大！"遂赦之。上元元年，肃宗遣使就请师衣钵归内供养⑭。至永泰元年五月五日，代宗梦六祖大师请衣钵⑮。七日，敕刺史杨缄云："朕梦感能禅师请传衣袈裟却归曹溪，今遣镇国大将军刘崇景顶戴而送。朕谓之国宝，卿可于本寺如法安置，专令僧众亲承宗旨者严加守护，勿令遗坠。"⑯后或为人偷窃，皆不远而获，如是者数四。宪宗谥大鉴禅师⑰，塔曰元和灵照。其馀事迹，系载唐尚书王维⑱、刺史柳宗元⑲、刺史刘禹锡等碑⑳，守塔沙门令韬录。㉑

《六祖大师法宝坛经》终㉒。

【校注】

①"师"上，真朴本有"纪"。

②夜半：指半夜。

③孝子：指穿著孝服之人。

④牒：指文书。

⑤石角村：指今广东省韶关市新丰县马头镇石角村。

⑥"鞫"，真朴本、金陵本作"鞠"。

鞠问：指审讯。

⑦汝州梁县：指今河南省汝州市。《笺注》："后魏汝北郡，北齐改为汝阴，隋置汝州。明、清为直隶州，属河南省。民国改为临汝县。"

⑧洪州开元寺：指今江西省南昌市佑民寺。

⑨新罗：指位于朝鲜半岛之新罗国（503—935）。《笺注》："新罗，国名，三韩之一。建国于西汉之季，至西晋之末兼并辰韩、弁韩。日本神功后来攻，乃结和好。后渐强，取日本之任那府。嗣为百济、高句丽所侵，乞援于唐。唐出兵灭百济、高句丽，其地以次归于新罗，遂统一半岛全部，而臣事于唐。五代时，国又分裂，旋为高丽所灭。"

⑩海东：指朝鲜。因朝鲜位于黄海之东，故朝鲜人以"海东"作为对本国之称呼。

⑪"躬"，《径山藏》作"躬"。

⑫上足：指上首之弟子。

⑬诛夷：指诛杀。

⑭肃宗：指唐肃宗李亨（711—762）。后晋刘昫《旧唐书》卷一○有纪。

⑮代宗：指唐代宗李豫（726—779）。后晋刘昫《旧唐书》卷一一有纪。

⑯案《全唐文》卷四八《代宗》，题此为《遣送六祖衣钵谕刺史杨瑊敕》。

⑰宪宗：指唐宪宗李纯（778—820）。后晋刘昫《旧唐书》卷一四、一五有纪。

⑱王维（701—761）：字摩诘，山西祁县人。后晋刘昫《旧唐书》卷

一九〇、北宋欧阳修《新唐书》卷二〇二有传。

⑲柳宗元（773—819）：字子厚，山西永济人。后晋刘昫《旧唐书》卷一六〇、北宋欧阳修《新唐书》卷一六八有传。

⑳刘禹锡（772—842）：字梦得，江苏徐州人。后晋刘昫《旧唐书》卷一六〇、北宋欧阳修《新唐书》卷一六八有传。

㉑此段金陵本为双行夹注，真朴本附在书后，其馀诸本附在《佛衣铭》后。

㉒"《六祖大师法宝坛经》终"，大谷本无，金陵本作"《坛经》一卷"，又真朴本无"终"字。又《普慧藏》于"附录"后末页有"《六祖大师法宝坛经》宗宝本终"。

## 【释义】

惠能真身入塔供奉后，到了唐玄宗开元十年（722）壬戌八月三日夜半，忽然听到塔中有拽拉铁索的声音。众僧人被惊醒纷纷起身，看见一个孝子模样的人从塔中走了出来，最后就发现惠能真身的颈部有损伤，众僧人就将此贼人之事如实报告给州县衙门。县令杨侃、刺史柳无忝接到报案后，立刻加以擒拿捕捉。五日，就在石角村抓到贼人，并押送到韶州审讯。贼人供述道："自己姓张，名叫净满，河南汝州梁县人。于江西洪州开元寺，接受了新罗僧人金大悲吊钱二十千，让他盗取六祖大师真身首级，好带回海东新罗国供养。"柳无忝听完张净满的供述后，没有立即对他施加刑法，乃是亲自来到曹溪，向惠能的高足弟子令韬请问道："应如何处理决断此案？"令韬答道："如果以国法而论，理应将张净满诛杀。但佛教是讲慈悲的，冤家和亲属一视同仁，况且他盗取真身首级也是为了供养，罪犹可恕矣。"柳无忝大加赞叹道："我才知道佛门是如此广大啊！"于是就赦免了张净满。唐肃宗上元元年（760），肃宗派遣使臣恭请惠能衣钵到内廷供养。到了唐代宗永泰元年（765）五月五日，代宗梦到六祖大师要来请回衣钵。七日，代宗便敕命刺史杨缄道："朕梦感惠能禅师来请传衣袈裟回归曹溪，现在派遣镇国大将军刘崇景顶戴恭敬送回。朕谓六祖大师衣钵为国宝，你可要在曹溪本寺中如法安置，专门让那些能够亲自传承禅法宗旨的僧众严加守护，切勿使之遗失坠落。"后来衣钵确有被人偷窃，但盗贼没跑多远就都被抓获了，像这样的事情发生过四次。唐宪宗赐惠能谥号为大鉴禅师，墓塔称元和灵照。惠能的其馀事迹，都记载于唐尚书王维、刺史柳宗元、刺史刘禹锡等人撰写的碑铭中。以上内容，是由守塔沙门令韬记录的。

《六祖大师法宝坛经》至此完毕终了。

# 附

## 《坛经赞》之五玄要义

　　案"五玄要义"者，"五重玄要"与"五重玄义"之合称也。"玄要"总标《赞》之精要，"玄义"别释《赞》之科句。今以日本《大正藏》所收本为底本，以《永乐南藏》、《清藏》及北宋契嵩《镡津文集》卷三《辅教篇》下所收本对校，并于《赞》中引典、名相略作考释。

# 《坛经赞》之五重玄要

《坛经赞》者，北宋明教大师契嵩所撰也。其以"五重玄义"阐一经之宗要，兼释经中文句，虽题之为"赞"，实为经之注论。

今依五重玄科，略述五重要义，以显明教大师赞论《坛经》之旨。

## 一、释名

此处未释经名，仅诠"赞"义。其云："赞者，告也，发经而溥告也。"此"赞"义已非文体之标识，而意指对全经之阐发宣告。故《坛经赞》既为赞文，又为论经之作。

## 二、辨体

《坛经》乃惠能"宣心"之作。其所宣之心，为释尊所传之"妙心"。此"妙心"为全经所诠之体，而"心之妙处"即在其体性之"清净常一"、内涵之"觉义真实"。

凡人心智幽昧，圣人心智显明。然不论凡圣，此"妙心"之体，均清净常一，无有变异。又此"妙心"非惠能所创，乃是释尊于灵山会上，拈华示众，将此"涅槃妙心"付嘱摩诃迦叶。自此以后，虽代代相传，此"妙心"之体，仍然清净常一，至于惠能已是三十三世。惠能亦未改"妙心"之旨，只是将其弘传广大而已。

心法广大，所包森罗，外化纷繁。如血肉、缘虑、集起、坚实等四心，心所有法等诸多之心，其虽皆名之为心，然各自所指不同，故谓"名同实异"。又如真如、生灭、烦恼、菩提等诸多之心，其虽名相不同，然各自所指又实为一心，故谓"义多心一"。"心"有多端，大分为二，即：觉与不觉。觉义之心，为真实心；不觉之心，为虚妄心。故《坛经》所谓之"心"，即"觉义真实"之"妙心"也。

三、明宗

释尊演教四十馀年，所说道法众多，然能传于后世者，皆为法要。"至妙"者为"要"，"法之要者"即为"法之妙者"。故知"妙法"为"法要"，"妙心"遂为"心要"。《坛经》之宗，尊其心要也。

心要者，妙心之精要也。妙心之体，明冥空灵，似有似无。谓为一物，则又周遍万物；谓为万物，则又统于一物。一物犹如万物，万物犹如一物。不可思议，只可玄解、神会、绝待、默体、冥通。故心要之体，玄妙难思，此"精要"之一也。心体虽玄，然非龟毛兔角。若能正得心要，入世教化，则能广度群迷；出世修行，则能速成佛道。故心要之用，力用无穷，此"精要"之二也。

心要之宗，体玄用妙，故根浅机钝之徒，无法窥知其量；根深机利之士，方可见其幽旨。宗体广大，显密圆通，演圆顿最上乘教，开如来清净禅观，即心即佛，旁行天下，故成无字玄学、天下宗门。

## 四、论用

《坛经》之用，定慧为本，行一行三昧，修戒、定、慧三学，持无相戒，发四弘愿，作无相忏，受三归戒，以摩诃般若大智，为上上根人演说妙法心要。其因正果正，故能始之成之；其本正迹效，故能得之用之。因果不异，本迹相顾，圣人必喻道于大乘，起教于大用。其所宣心要法义，均合于圣教，故能指示正途，以非修而修本成，以非证而证本明。至于凡夫迷妄，先天浑噩，圣教不明，杂染蔽暖，心外求法，计博言教，分别有无，必终不见道矣。

## 五、判教

释尊人灭以来，佛法皆以经书传世。然释尊临灭之际，自言四十九年，未说一字。故《坛经》示法非文字，直示其心，而使后世学人排云雾而见太清，登泰山而小天下也。修学佛法，必止四依。因法真而人假，故依法不依人；因义实而语假，故依义不依语；因智真而识妄，故依智不依识；因了义经尽理而不了义经未尽于理，故依了义经不依不了义经。此《坛经》虽为人说，其法真、义实、智真、尽理，皆合释尊经教。故知惠能上承释尊灵山付嘱，中以德智应世行化，下传心要流布后学。至人同圣，其所演《坛经》必为顿教最上大乘之法。

## 《坛经赞》之五重玄义

宋明教大师契嵩撰

菩萨戒优婆塞王孺童科释

### 甲一、释名

赞者，告也，发经而溥告也。

### 甲二、辨体 二

### 乙一、标

《坛经》者①，至人之所以宣其心也②。何心耶？佛所传之妙心也。

### 乙二、释 二

### 丙一、清净常一 二

大哉心乎！资始变化，而清净常若。

### 丁一、凡圣一心 二

### 戊一、凡圣幽显

凡然圣然，幽然显然，无所处而不自得之。

### 戊二、凡圣明昧

圣言乎明，凡言乎昧；昧也者变也，明也者复也。变复虽殊，而妙心一也。

## 丁二、传承有续

始释迦文佛③，以是而传之大龟氏，大龟氏相传之三十三世者④，传诸大鉴⑤。大鉴传之而益传也。

## 丙二、觉义真实 二

## 丁一、示心多端 二

说之者抑亦多端，固有名同而实异者也，固有义多而心一者也。

## 戊一、名同实异

曰血肉心者、曰缘虑心者、曰集起心者、曰坚实心者⑥，若心所之心益多也，是所谓名同而实异者也。

## 戊二、义多心一

曰真如心者，曰生灭心者，曰烦恼心者⑦，曰菩提心者，诸修多罗其类此者⑧，殆不可胜数，是所谓义多而心一者也。

## 丁二、妙心觉实

义有觉义、有不觉义，心有真心、有妄心，皆所以别其正心也。方《坛经》之所谓心者，亦义之觉义，心之实心也。

## 甲三、明宗 二

## 乙一、宗趣心要 二

## 丙一、释要义 二

## 丁一、教外别传

昔者圣人之将隐也，乃命乎龟氏教外以传法之要意。其人滞迹而忘返，固欲后世者提本而正末也。故《涅槃》曰："我有无上正法，悉已付嘱摩诃迦叶矣。"⑨

### 丁二、圣道妙法

天之道存乎易，地之道存乎简，圣人之道存乎要。要也者，至妙之谓也。圣人之道以要，则为法界门之枢机，为无量义之所会，为大乘之椎轮。《法华》岂不曰："当知是妙法，诸佛之秘要。"⑩《华严》岂不曰："以少方便，疾成菩提。"⑪要乎其于圣人之道利而大矣哉！

### 丙二、尊心要

是故《坛经》之宗，尊其心要也。

### 乙二、释心要义 二
### 丙一、心体玄妙

心乎若明若冥、若空若灵、若寂若惺，有物乎？无物乎？谓之一物，固弥于万物；谓之万物，固统于一物。一物犹万物也，万物犹一物也。此谓可思议也，及其不可思也，不可议也，天下谓之玄解，谓之神会，谓之绝待，谓之默体，谓之冥通。一皆离之遣之，遣之又遣，亦乌能至之微。

### 丙二、力用无穷

其果然独得，与夫至人之相似者，孰能谅乎？推而广之，则无往不可也；探而裁之，则无所不当也。施于证性，则所见至亲；施于修心，则所诣至正；施于崇德辩惑，则真忘易显；施于出世，则佛道速成；施于救世，则尘劳易歇。

### 乙三、天下宗门 二
### 丙一、宗体广大 二
### 丁一、浅量难知

此《坛经》之宗，所以旁行天下而不厌。彼谓"即心即佛"，浅者何其不知量也。以折锥探地而浅地，以屋漏窥天而小天，岂天地之然耶[⑫]？

### 丁二、通经可见

然百家者，虽苟胜之弗如也，而至人通而贯之，合乎群经，断可见矣。

### 丙二、显密圆通 二

### 丁一、不可拟议

圣人变而通之，非预名字，不可测也。故其显说之，有伦有义；密说之，无首无尾。天机利者得其深，天机钝者得其浅，可拟乎？可议乎？

### 丁二、姑谓玄宗

不得已况之，则圆顿教也，最上乘也，如来之清净禅也，菩萨藏之正宗也。论者谓之玄学，不亦详乎？天下谓之宗门，不亦宜乎？

### 甲四、论用五

### 乙一、释经文句 九

### 丙一、释定慧为本

《坛经》曰"定慧为本"者[⑬]，趣道之始也[⑭]。定也者，静也；慧也者，明也。明以观之，静以安之。安其心，可以体心也；观其道，可以语道也。

### 丙二、释一行三昧

"一行三昧"者[⑮]，法界一相之谓也。谓万善虽殊，皆正于一行者也。

丙三、释戒定慧 二

丁一、分释

"无相为体"者，尊大戒也；"无念为宗"者，尊大定也；"无住为本"者，尊大慧也。⑯

丁二、总说

夫戒、定、慧者，三乘之达道也。夫妙心者，戒、定、慧之大资也。以一妙心而统乎三法，故曰大也。

丙四、释无相戒

"无相戒"者⑰，戒其必正觉也。

丙五、释四弘愿

"四弘愿"者⑱，愿度，度苦也；愿断，断集也；愿学，学道也；愿成，成寂灭也。灭无所灭，故无所不断也。道无所道，故无所不度也。

丙六、释无相忏

"无相忏"者⑲，忏非所忏也。

丙七、释三归戒

"三归戒"者⑳，归其一也。一也者，三宝之所以出也。

丙八、释摩诃般若

说"摩诃般若"者㉑，谓其心之至中也。般若也者，圣人之方便也，圣人之大智也，固能寂之、明之、权之、实之。天下以其寂，可以泯众恶也；天下以其明，可以集众善也；天下以其权，可以大有为也；天下以其实，可以大无为也。至矣哉！般若也。圣人之道，非夫般若不明也、不成也；天下之务，非夫般若不宜也、不当也。至人之为，以般若振，不亦远乎？

### 丙九、释我法为上上根人说

"我法为上上根人说"者[22]，宜之也。轻物重用则不胜，大方小授则过也。从来默传分付者，密说之谓也。密也者，非不言而暗证也，真而密之也。不解此法而辄谤毁，谓百劫千生断佛种性者，防天下亡其心也。

### 乙二、大乘大用

伟乎！《坛经》之作也。其本正，其迹效；其因真，其果不谬。前圣也，后圣也，如此起之，如此示之，如此复之。浩然沛乎！若大川之注也，若虚空之通也，若日月之明也，若形影之无碍也，若鸿渐之有序也。妙而得之之谓本，推而用之之谓迹。以其非始者始之之谓因，以其非成者成之之谓果。果不异乎因，谓之正果也；因不异乎果，谓之正因也。迹必顾乎本，谓之大用也；本必顾乎迹，谓之大乘也。乘也者，圣人之喻道也；用也者，圣人之起教也。

### 乙三、合于圣教

夫圣人之道，莫至乎心；圣人之教，莫至乎修；调神入道，莫至乎"一相"；止观轨善成德，莫至乎"一行三昧"；资一切戒，莫至乎"无相"；正一切定，莫至乎"无念"；通一切智，莫至乎"无住"；生善灭恶，莫至乎"无相戒"；笃道推德，莫至乎"四弘愿"；善观过，莫至乎"无相忏"；正所趣，莫至乎"三归戒"；正大体裁大用，莫至乎"大般若"；发大信，务大道，莫至乎大志；天下之穷理尽性，莫至乎"默传"；欲心无过，莫善乎"不谤"。"定慧为始"，道之基也；"一行三昧"，德之端也；"无念之宗"，解脱之谓也；"无住之本"，般若之谓也；"无相之体"，法身之谓也；"无相戒"，戒之最也；"四弘愿"，愿之极也；"无相忏"，忏之至也；"三归戒"，真所归也；"摩诃智慧"，圣凡之大范也；"为上上根人说"，直说也；"默传"，传之至也；"戒谤"，戒之当也。

### 乙四、指示正途 三

### 丙一、本成本明

夫妙心者，非修所成也，非证所明也。本成也，本明也。

### 丙二、正修正证

以迷明者复明，所以证也；以背成者复成，所以修也。以非修而修之，故曰"正修"也；以非明而明之，故曰"正证"也。

### 丙三、至人现身

至人暗然不见其威仪，而成德为行蔼如也；至人颓然若无所持，而道显于天下也。盖以正修而修之也，以正证而证之也，于此乃曰：罔修罔证，罔因罔果，穿凿丛脞，竞为其说，缪乎至人之意焉。

### 乙五、凡人迷妄 四

### 丙一、先天浑噩

噫！放戒定慧，而必趋乎混茫之空，则吾末如之何也。甚乎！含识溺心而浮识，识与业相乘，循诸响而未始息也[23]。象之形之，人与物偕生，纷然乎天地之间，可胜数耶[24]？得其形于人者，固万万之一耳。人而能觉，几其鲜矣。

### 丙二、教不明醒

圣人怀此，虽以多义发之，而天下犹有所不明者也。圣人救此，虽以多方治之，而天下犹有所不醒者也。

### 丙三、杂染蔽暧

贤者以智乱，不肖者以愚壅，平平之人以无记惛。及其感物而发，喜之、怒之、哀之、乐之，益蔽者万端暧然，若夜行而不知所至。

### 丙四、心外求法

其承于圣人之言，则计之博之。若蒙雾而望远，谓有也、谓无也，谓非有也、谓非无也，谓亦有也、谓亦无也。以不见而却蔽固，终身而不得其审焉。海所以在水也，鱼龙死生在海，而不见乎水；道所以在心也，其人终日说道，而不见乎心。悲夫！心固微妙幽远，难明难凑，其如此也矣。

### 甲五、判教 四

### 乙一、法非文字

圣人既隐，天下百世虽以书传，而莫得其明验。故《坛经》之宗举，乃直示其心，而天下方知即正乎性命也。若排云雾而顿见太清，若登泰山而所视廓如也。王氏以方乎世书曰："齐一变至于鲁，鲁一变至于道。"㉕斯言近之矣。《涅槃》曰"始从鹿野苑，终至跋提河，中间五十年，未曾说一字"者㉖，示法非文字也，防以文字而求其所谓也。

## 乙二、法之四依

曰"依法不依人"者，以法真而人假也；曰"依义不依语"者，以义实而语假也；曰"依智而不依识"者，以智至而识妄也；曰"依了义经不依不了义经"者，以了义经尽理也。

## 乙三、人说同经

而菩萨所谓"即是宣说大涅槃"者㉗，谓自说与经同也；圣人所谓"四人出世㉘，护持正法，应当证知"者，应当证知，故至人推本以正其末也；自说与经同，故至人说经如经也；依义依了义经，故至人显说而合义也、合经也；依法依智，故至人密说变之通之而不苟滞也；示法非文字，故至人之宗尚乎默传也。

## 乙四、至人同圣 六

## 丙一、圣春至秋

圣人如春，陶陶而发之也㉙；至人如秋，濯濯而成之也。

## 丙二、圣命至效

圣人命之，而至人效之也。

## 丙三、圣师至徒

至人，固圣人之门之奇德殊勋者也㉚。

## 丙四、应世如圣 二

## 丁一、行化如圣

夫至人者，始起于微，自谓不识世俗文字㉛。及其成至也，方一席之说而显道救世，与乎大圣人之云为者，若合符契也。

## 丁二、德智如圣

固其玄德上智，生而知之，将自表其法而示其不识乎。

## 丙五、法化如圣

殁殆四百年②，法流四海而不息。帝王者，圣贤者，更三十世求其道而益敬。非至乎大圣人之所至，天且厌之久矣，乌能若此也。

## 丙六、流布后学

予固岂尽其道，幸蚊虻饮海亦预其味，敢稽首布之，以遗后学者也。

## 【校注】

①案《辅教篇》有注云："称经者，自后人尊其法，而非六祖之意也。今从其旧，不敢改易。亦可谓经，则论在其本经下卷之末。"

②"也"下，原有双行夹注云："至人，谓六祖，篇内同。"

③"文"，《清藏》无。

"佛"，《清藏》《辅教篇》作"殊"。

④"三十三世"，依北宋契嵩《传法正宗记》所述，指"西天二十八祖"与"中土五祖"之合称也。

⑤"鉴"下，原有双行夹注云："六祖，谥号大鉴禅师。"

⑥案唐宗密《禅源诸诠集都序》卷上之一："泛言心者，略有四种，梵语各别，翻译亦殊：一纥利陀耶，此云肉团心，此是身中五藏心也具如《黄庭经·五藏论》说也。二缘虑心，此是八识，俱能缘虑自分境故。此八各有心所、善恶之殊，诸经之中目诸心所总名心也，谓善心、恶心等。三质多耶，此云集起心，唯第八识。积集种子，生起现行故。四干栗陀耶，此云坚实心，亦云贞实心，此是真心也。然第八识无别自体，但是真心以不觉故，与诸妄想有和合、不和合义。和合义者，能含染净，目

为藏识；不和合者，体常不变，目为真如。都是如来藏，故《楞伽》云：'寂灭者，名为一心。一心者，即如来藏。'如来藏亦是在缠法身，如《胜鬘经》说：'故知四种心，本同一体。'故《密严经》云：'佛说如来藏，以为阿赖耶，恶慧不能知，藏即赖耶识。如来清净藏，世间阿赖耶，如金与指镮，展转无差别。'然虽同体，真妄义别，本末亦殊。前三是相，后一是性，依性起相，盖有因由。会相归性，非无所以，性相无碍，都是一心。"

⑦ "烦"，《清藏》作"以"。

⑧ "诸"，《辅教篇》无。

⑨案北凉昙无谶译《大般涅槃经》卷二《寿命品》："时诸比丘白佛言：'世尊。如佛所说离四倒者，则得了知常乐我净。如来今者永无四倒，则已了知常乐我净。若已了知常乐我净，何故不住一劫、半劫教导我等令离四倒，而见放舍欲入涅槃？如来若见顾念教敕，我当至心顶受修习。如来若入于涅槃者，我等云何与是毒身同共止住、修于梵行？我等亦当随佛世尊入于涅槃。'尔时佛告诸比丘：'汝等不应作如是语。我今所有无上正法，悉以付嘱摩诃迦叶。是迦叶者，当为汝等作大依止，犹如如来为诸众生作依止处。摩诃迦叶亦复如是，当为汝等作依止处。譬如大王多所统领，若游巡时，悉以国事付嘱大臣。如来亦尔，所有正法亦以付嘱摩诃迦叶。汝等当知，先所修习无常苦想，非是真实。譬如春时，有诸人等在大池浴乘船游戏，失琉璃宝，没深水中。是时，诸人悉共入水求觅是宝，竞捉瓦石、草木、沙砾，各各自谓得琉璃珠，欢喜持出，乃知非真。是时宝珠犹在水中，以珠力故，水皆澄清，于是大众乃见宝珠故在水下，犹如仰观虚空月形。是时众中，有一智人以方

便力，安徐入水，即便得珠。汝等比丘不应如是修习，无常、苦、无我想、不净想等以为实义，如彼诸人各以瓦石、草木、沙砾而为宝珠。汝等应当善学方便，在在处处常修我想、常乐净想。复应当知先所修习四法相貌悉是颠倒，欲得真实修诸想者，如彼智人巧出宝珠，所谓我想、常乐净想。'"

⑩案此偈出后秦鸠摩罗什译《妙法莲华经》卷一《方便品》。

⑪案东晋佛驮跋陀罗译《大方广佛华严经》卷四三《离世间品》："若菩萨摩诃萨受持此经，则能出生一切诸愿，以少方便，疾得阿耨多罗三藐三菩提。"

⑫"耶"，《辅教篇》作"邪"。

⑬案《坛经·定慧第四》："师示众云：善知识。我此法门，以定慧为本。大众勿迷，言定慧别。定慧一体，不是二。定是慧体，慧是定用。即慧之时定在慧，即定之时慧在定。若识此义，即是定慧等学。诸学道人，莫言'先定发慧、先慧发定'各别。作此见者，法有二相。口说善语，心中不善，空有定慧，定慧不等。若心口俱善，内外一如，定慧即等。自悟修行，不在于诤，若诤先后，即同迷人。不断胜负，却增我、法，不离四相。善知识。定慧犹如何等？犹如灯光。有灯即光，无灯即暗。灯是光之体，光是灯之用。名虽有二，体本同一。此定慧法亦复如是。"

⑭"趣"，《辅教篇》作"趋"。

⑮案《坛经·定慧第四》："师示众云：善知识。一行三昧者，于一切处行、住、坐、卧，常行一直心是也。《净名》云：'直心是道场。''直心是净土。'莫心行谄曲，口但说直。口说一行三昧，不行

直心。但行直心，于一切法勿有执著。迷人著法相，执一行三昧，直言常坐不动，妄不起心，即是一行三昧。作此解者，即同无情，却是障道因缘。"

⑯案《坛经·定慧第四》："善知识。我此法门，从上以来，先立无念为宗，无相为体，无住为本。无相者，于相而离相。无念者，于念而无念。无住者，人之本性，于世间善恶、好丑，乃至冤之与亲，言语触刺欺争之时，并将为空，不思酬害。念念之中，不思前境。若前念、今念、后念，念念相续不断，名为系缚。于诸法上，念念不住，即无缚也。此是以无住为本。善知识。外离一切相，名为无相。能离于相，即法体清净。此是以无相为体。善知识。于诸境上，心不染曰无念。于自念上，常离诸境，不于境上生心。若只百物不思，念尽除却，一念绝即死，别处受生，是为大错，学道者思之。若不识法意，自错犹可，更误他人；自迷不见，又谤佛经，所以立无念为宗。善知识。云何立无念为宗？只缘口说见性迷人于境上有念，念上便起邪见，一切尘劳妄想从此而生。自性本无一法可得，若有所得，妄说祸福，即是尘劳邪见，故此法门立无念为宗。善知识。无者，无何事？念者，念何物？无者，无二相，无诸尘劳之心。念者，念其如本性。真如即是念之体，念即是真如之用。真如自性起念，非眼、耳、鼻、舌能念。其如有性，所以起念。真如若无，眼、耳、色、声当时即坏。善知识。真如自性起念，六根虽有见闻觉知，不染万境而真性常自在。故经云：'能善分别诸法相，于第一义而不动。'"

⑰案《坛经·般若第二》："善知识。不悟，即佛是众生；一念悟时，众生是佛。故知万法尽在自心，何不从心中顿见真如本性？《菩萨戒

经》云：'我本元自性清净。'若识自心见性，皆成佛道。《净名经》云：'即时豁然，还得本心。'"又敦煌本《坛经》署作"兼受无相戒弘法弟子法海集记"，其云："惠能大师，于大梵寺讲堂中升高座，说摩诃般若波罗蜜法，受无相戒。其时，座下僧尼、道俗一万馀人，韶州刺史韦据，及诸官寮三十馀人、儒士馀人，同请大师说摩诃般若波罗蜜法。刺史遂令门人僧法海集记，流行后代，与学道者承此宗旨，递相传授，有所依约，以为禀承，说此《坛经》。""《维摩经》云：'即时豁然，还得本心。'《菩萨戒》云：'本源自性清净。'善知识。见自性自净，自修自作，自性法身，自行佛行，自作自成佛道。善知识。惣须自躰与受无相戒，一时逐惠能口道，令善知识见自三身佛：'于自色身归依清净法身佛，于自色身归依千百亿化身佛，于自色身归依当来圆满报身佛。'"

⑱案《坛经·忏悔第六》："善知识。既忏悔已，与善知识发四弘誓愿，各须用心正听：'自心众生无边誓愿度，自心烦恼无边誓愿断，自性法门无尽誓愿学，自性无上佛道誓愿成。'善知识。大家岂不道'众生无边誓愿度'，怎么道，且不是惠能度。善知识。心中众生，所谓邪迷心、诳妄心、不善心、嫉妒心、恶毒心，如是等心尽是众生，各须自性自度，是名真度。何名自性自度？即自心中邪见、烦恼、愚痴众生，将正见度。既有正见，使般若智打破愚痴迷妄众生，各各自度。邪来正度，迷来悟度，愚来智度，恶来善度。如是度者，名为真度。又'烦恼无边誓愿断'，将自性般若智，除却虚妄思想心是也。又'法门无尽誓愿学'，须自见性，常行正法，是名真学。又'无上佛道誓愿成'，既常能下心，行于真正，离迷离觉，常生般若，除真除妄，即见佛性，即言下佛道成。常念修行，是愿力法。"

⑲案《坛经·忏悔第六》："今与汝等授无相忏悔，灭三世罪，令得三业清净。善知识。各随我语一时道：'弟子等。从前念、今念及后念，念念不被愚迷染，从前所有恶业愚迷等罪悉皆忏悔，愿一时销灭，永不复起。弟子等。从前念、今念及后念，念念不被㤭诳染，从前所有恶业㤭诳等罪悉皆忏悔，愿一时销灭，永不复起。弟子等。从前念、今念及后念，念念不被嫉妒染，从前所有恶业嫉妒等罪悉皆忏悔，愿一时销灭，永不复起。'善知识。已上是为无相忏悔。云何名忏？云何名悔？忏者，忏其前愆，从前所有恶业愚迷、㤭诳、嫉妒等罪悉皆尽忏，永不复起，是名为忏；悔者，悔其后过，从今以后所有恶业、愚迷、㤭诳、嫉妒等罪，今已觉悟，悉皆永断，更不复作，是名为悔；故称忏悔。凡夫愚迷，只知忏其前愆，不知悔其后过。以不悔故，前愆不灭，后过又生。前愆不灭，后过复又生，何名忏悔？"

⑳案《坛经·忏悔第六》："善知识。今发四弘愿了，更与善知识授无相三归依戒。善知识。归依觉，两足尊；归依正，离欲尊；归依净，众中尊。从今日去，称觉为师，更不归依邪魔外道，以自性三宝常自证明，劝善知识归依自性三宝。佛者，觉也；法者，正也；僧者，净也。自心归依觉，邪迷不生，少欲知足，能离财色，名两足尊。自心归依正，念念无邪见，以无邪见故，即无人我贡高、贪爱执著，名离欲尊。自心归依净，一切尘劳爱欲境界，自性皆不染著，名众中尊。若修此行，是自归依。凡夫不会，从日至夜，受三归戒。若言归依佛，佛在何处？若不见佛，凭何所归？言却成妄。善知识。各自观察，莫错用心。经文分明言：'自归依佛。'不言归依他佛。自佛不归，无所依处。今自悟，各须归依自心三宝，内调心性，外敬他人，是自归依也。"

㉑案《坛经·般若第二》："次日，韦使君请益。师陞座告大众曰：'总净心念摩诃般若波罗蜜多。'复云：'善知识。菩提般若之智，世人本自有之，只缘心迷，不能自悟，须假大善知识示导见性。当知愚人、智人，佛性本无差别，只缘迷悟不同，所以有愚有智。吾今为说摩诃般若波罗蜜法，使汝等各得智慧。志心谛听，吾为汝说。善知识。世人终日口念般若，不识自性般若，犹如说食不饱。口但说空，万劫不得见性，终无有益。善知识。摩诃般若波罗蜜是梵语，此言大智慧到彼岸。此须心行，不在口念。口念心不行，如幻如化、如露如电；口念心行，则心口相应。本性是佛，离性无别佛。何名摩诃？摩诃是大。心量广大，犹如虚空，无有边畔，亦无方圆大小，亦非青黄赤白，亦无上下长短，亦无瞋无喜、无是无非、无善无恶、无有头尾。诸佛刹土，尽同虚空。世人妙性本空，无有一法可得。自性真空亦复如是。善知识。莫闻吾说空便即著空，第一莫著空。若空心静坐，即著无记空。善知识。世界虚空能含万物色像，日月星宿、山河大地、泉源谿涧、草木丛林，恶人善人、恶法善法、天堂地狱，一切大海、须弥诸山，总在空中。世人性空亦复如是。善知识。自性能含万法是大，万法在诸人性中。若见一切人恶之与善，尽皆不取不捨，亦不染著，心如虚空，名之为大，故曰摩诃。善知识。迷人口说，智者心行。又有迷人，空心静坐，百无所思，自称为大。此一辈人不可与语，为邪见故。善知识。心量广大，遍周法界，用即了了分明，应用便知一切。一切即一，一即一切。去来自由，心体无滞，即是般若。善知识。一切般若智，皆从自性而生，不从外入，莫错用意，名为真性自用，一真一切真。心量大事，不行小道。口莫终日说空，心中不修此行，恰似凡人自称国王，终不可得，非吾弟

子。善知识。何名般若？般若者，唐言智慧也。一切处所、一切时中，念念不愚，常行智慧，即是般若行。一念愚即般若绝，一念智即般若生。世人愚迷，不见般若。口说般若，心中常愚，常自言：'我修般若。'念念说空，不识真空。般若无形相，智慧心即是。若作如是解，即名般若智。何名波罗蜜？此是西国语，唐言到彼岸，解义离生灭。着境生灭起，如水有波浪，即名为此岸。离境无生灭，如水常通流，即名为彼岸，故号波罗蜜。善知识。迷人口念，当念之时，有妄有非。念念若行，是名真性。悟此法者，是般若法；修此行者，是般若行。不修即凡，一念修行自身等佛。善知识。凡夫即佛，烦恼即菩提。前念迷即凡夫，后念悟即佛。前念着境即烦恼，后念离境即菩提。善知识。摩诃般若波罗蜜，最尊、最上、最第一，无住、无往亦无来，三世诸佛从中出。当用大智慧打破五蕴烦恼尘劳，如此修行，定成佛道，变三毒为戒定慧。'"

㉒案《坛经·般若第二》："善知识。我此法门，从一般若生八万四千智慧。何以故？为世人有八万四千尘劳。若无尘劳，智慧常现，不离自性。悟此法者，即是无念、无忆、无着，不起诳妄。用自真如性，以智慧观照，于一切法不取不舍，即是见性成佛道。善知识。若欲入甚深法界及般若三昧者，须修般若行，持诵《金刚般若经》，即得见性。当知此经功德无量无边，经中分明赞叹，莫能具说。此法门是最上乘，为大智人说，为上根人说。小根小智人闻，心生不信。何以故？譬如大龙下雨于阎浮提，城邑、聚落悉皆漂流，如漂枣叶；若雨大海，不增不减。若大乘人，若最上乘人，闻说《金刚经》，心开悟解。故知本性自有般若之智，自用智能常观照故，不假文字。譬如雨水，不从天有，元是龙能兴致，令一切众生、一切草木、有情无情悉皆蒙润。百川

众流，却入大海，合为一体。众生本性般若之智亦复如是。善知识。小根之人闻此顿教，犹如草木根性小者，若被大雨悉皆自倒，不能增长。小根之人亦复如是，元有般若之智，与大智人更无差别，因何闻法不自开悟？缘邪见障重，烦恼根深。犹如大云，覆盖于日，不得风吹，日光不现。般若之智亦无大小，为一切众生自心迷悟不同。迷心外见，修行觅佛，未悟自性，即是小根。若开悟顿教，不能外修，但于自心常起正见，烦恼尘劳常不能染，即是见性。"

案《坛经·般若第二》："善知识。后代得吾法者，将此顿教法门，于同见同行，发愿受持。如事佛故，终身而不退者，定入圣位。然须传授，从上以来默传分付，不得匿其正法。若不同见同行，在别法中不得传付，损彼前人，究竟无益。恐愚人不解，谤此法门，百劫千生断佛种性。"

㉓ "响"，《辅教篇》作"向"。

㉔ "耶"，《辅教篇》作"邪"。

㉕案此语出《论语·雍也》。

㉖ "《涅槃》曰"，北宋契嵩《传法正宗论》卷下作"又经云"。

案此颂非《涅槃经》原偈。又北宋遵式《注肇论疏》卷三："《涅槃》云：'始从鹿野苑，终至跋提河。如是二中间，未曾说一字。'"北宋克勤《佛果圜悟禅师碧岩录》卷三："始从光耀土，终至跋提河。于是二中间，未尝说一字。"清隐元《普照国师语录》卷中："又云：始从鹿野苑，终至跋提河。于是二中间，未曾说一字。"日规庵祖圆《南院国师语录》卷下："始从成道朝，终至泥洹夕。于是二中间，未曾说一字。"

㉗案《坛经·机缘第七》："师自黄梅得法，回至韶州曹侯村，人无

知者。有儒士刘志略，礼遇甚厚。志略有姑为尼，名无尽藏，常诵《大涅槃经》。师暂听，即知妙义，遂为解说。尼乃执卷问字，师曰：'字即不识，义即请问。'尼曰：'字尚不识，焉能会义？'师曰：'诸佛妙理，非关文字。'"

㉘"世"下，原有双行夹注云："即四依也。"

㉙"陶陶"，《辅教篇》作"淘淘"。

㉚"者"，《永乐南藏》、《辅教篇》作"大"。

㉛案《坛经·行由第一》："惠能曰：'惠能不识字，请上人为读。'"

㉜"殁"，《永乐南藏》、《辅教篇》作"死"。

# 《国民阅读经典》已出书目

论语译注　杨伯峻译注　定价：29元

孟子译注　杨伯峻译注　定价：36元

谈美书简　朱光潜著　定价：13元

新月集　飞鸟集　[印度]泰戈尔著　郑振铎译　定价：18元

爱的教育　[意大利]德·亚米契斯著　夏丏尊译　定价：25元


人间词话（附手稿）　王国维著　徐调孚校注　定价：19元

百喻经译注　王孺童译注　定价：33元

中国史纲　张荫麟著　定价：26元

物种起源　[英]达尔文著　谢蕴贞译　定价：39元

宽容　[美]房龙著　刘成勇译　定价：29元


周易译注　周振甫译注　定价：29元

谈修养　朱光潜著　定价：19元

诗词格律　王力著　定价：23元

拿破仑传　[德]埃米尔·路德维希著　梁锡江、石见穿、

龚艳译　定价：32元

国富论　[英国]亚当·斯密著　谢祖钧译　定价：58元


朝花夕拾（典藏对照本）　鲁迅原著　周作人解说　止庵编订
　定价：16元

金刚经·心经释义　王孺童译注　定价：38元

中国哲学史大纲　胡适著　定价：34元

圣经的故事　[美]房龙著　张稷译　定价：35元

大学中庸译注　王文锦译注　定价：24元


梦的解析　[奥]弗洛伊德著　高申春译　车文博审订
　定价：36.00元

乡土中国[插图本]　费孝通著　定价：19.00元

道德经讲义　王孺童讲解　定价：20.00元

歌德谈话录　[德]爱克曼辑录　朱光潜译　定价：26.00元

毛泽东诗词欣赏[插图典藏本]　周振甫著　定价：26.00元